唐李延壽撰

南史

第　二　册

卷二一一至卷二二三（傳）

中華書局

南史卷十一

列傳第一

后妃上

六宮位號，前史代有不同。晉武帝采漢魏之制，置貴嬪、夫人、貴人，是爲三夫人，位視三公；淑妃、淑媛、淑儀、修華、修容、修儀、婕妤、容華、充華，是爲九嬪，位視九卿，其餘有美人、才人、中才人，爵視千石以下。宋武帝省二才人，其餘仍用晉制。案貴嬪，魏文帝所制。夫人，魏武初建魏國所制。貴人，漢光武所制。淑妃，魏明帝所制。淑媛、淑儀、修華，晉武帝所制。修容，魏文帝所制。修儀，魏明帝所制。婕妤、容華、前漢舊號。充華，晉武帝所制。美人，漢光武所制。及孝武建三年，省夫人，置貴妃，位比相國，進貴嬪比丞相，貴人比三司，以爲三夫人。又置昭儀、昭容、昭華，以代修華、修儀、修容。又置中才人、充衣，以爲散位。案昭儀，漢元帝所制。昭容，孝武所制。昭華，魏明帝所制。中才人、晉武帝所制。充衣，前漢舊制。

及明帝泰始二年，〔一〕省淑妃、昭華、中才人、充衣，復置修華、修儀、修容、才人、良人；三年，又省貴人，置貴姬，以備三夫人之數；又置昭華，增淑容、承徽、列榮：以淑媛、淑儀、淑容、昭華、昭儀、昭容、修華、修儀、修容爲九嬪，婕妤、容華、充華、承徽、列榮：凡五職，亞九嬪；美人、才人、良人三職爲散役。其後，帝留心後房，擬百官，備置內職焉。

及齊高帝建元元年，有司奏置貴嬪、夫人、貴人爲三夫人，修華、修儀、修容、淑妃、淑媛、淑儀、婕妤、容華、充華爲九嬪，美人、中才人、才人爲散職。三年，太子宮置三內職：良

姊比開國侯，保林比五等侯，才人比駙馬都尉。及永明元年，有司奏貴妃、淑妃並加金章紫綬，佩于寘玉；淑妃舊擬九棘，以淑爲溫恭之稱，妃爲亞后之名，進同貴妃，以比三司；夫人之號，不殊蕃國，降淑媛以比九卿。七年，復置昭容，位在九嬪焉。

梁武撥亂反正，深鑒奢逸，配德早終，長秋曠位。定令制貴妃、貴嬪、貴姬爲三夫人；淑媛、淑儀、淑容、昭華、昭儀、昭容、修華、修儀、修容爲九嬪；婕妤、容華、充華、承徽、列榮爲五職；美人、才人、良人爲三職。東宮置良娣、保林爲二職。及簡文、元帝出自儲蕃，或迫在拘縶，或逼於寇亂，且妃並先殂，更不建椒閨。

陳武光膺天歷，以樸素自居，故後宮員位，其數多闕。文帝天嘉之後，詔宮職備員。其所制立，無改梁舊。編之令文，以爲後法。然帝性恭儉，而嬪嬙不備。宣帝、後主，無所改作。今總綴緝，以立此篇云。

宋孝穆趙皇后諱安宗，下邳僮人也。父裔，平原太守。后以晉穆帝升平四年嬪于孝皇帝，以產武帝，殂于丹徒官舍，葬晉陵丹徒縣東鄉練壁里零山。宋初追崇號謚，陵曰興寧。永初二年，有司奏追贈裔光祿大夫，加金章紫綬；裔命婦孫氏封豫章郡建昌縣君。其年，又

追封齊臨賀縣侯。齊子倫之自有傳。

孝懿蕭皇后諱文壽，蘭陵人也。父卓字子略，洮陽令。后為孝皇帝繼室，生長沙景王道憐、臨川烈武王道規。義熙七年，拜豫章公太夫人，武帝為宋公、宋王，又加太妃、太后之號。帝踐阼，尊曰皇太后，居宣訓宮。上以恭孝為行，奉太后素謹，及即大位，春秋已高，每旦朝太后，未嘗失時刻。少帝即位，加崇曰太皇太后。景平元年，崩于顯陽殿，年八十一。遺令：「漢世帝后，陵皆異處。今可於塋域之內別為一壙，一遵往式」。初，武帝微時，貧約過甚，孝皇之殂，葬禮多闕。帝遺旨：「太后百歲後不須祔葬」。至是故稱后遺令云。

卓初與趙裔俱贈金紫光祿大夫，又追封封陽縣侯。妻下邳趙氏封吳郡壽昌縣君。卓子源之襲爵，源之見子思話傳。

武敬臧皇后諱愛親，東莞人也。祖汪，尚書郎，父儁，郡功曹。后適武帝，生會稽宣長公

主興弟。帝以儉正率下，后恭謹不違。義熙四年正月甲子，殂於東城，追贈豫章公夫人，〔三〕還葬丹徒。帝臨崩，遺詔留葬建鄴。於是備法駕迎梓宮，祔葬初寧陵。宋初追贈僑金紫光祿大夫，妻高密叔孫氏還陵永平鄉君。僑子熹、熹，並自有傳。

武帝張夫人，諱闕，不知何許人也。生少帝及義興恭長公主惠媛。永初元年拜夫人。少帝即位，有司奏上尊號爲皇太后，宮曰永樂。少帝廢，太后還璽紱，隨居吳郡。文帝元嘉元年，拜營陽國太妃，二年薨。

文章胡太后諱道安，〔三〕淮南人也。義熙初，武帝所納。文帝生五年，被譴賜死，葬丹徒。武帝踐阼，追贈婕妤。文帝即位，有司奏上尊號曰章皇太后，陵曰熙寧，立廟建鄴。

少帝司馬皇后諱茂英，晉恭帝女也。初封海鹽公主，少帝以公子尚焉。宋初拜皇太子

妃，少帝即位，爲皇后。元嘉元年，降爲營陽王妃，又爲南豐王太妃。十六年薨。

文元袁皇后諱齊嬀，陳郡陽夏人，左光祿大夫湛之庶女也。母本卑賤，后年至六歲方見舉。後適文帝，初拜宜都王妃，生子劭、東陽獻公主英娥。上待后恩禮甚篤，袁氏貧薄，后每就上求錢帛以贍之。上性儉，所得不過五三萬、五三四。後潘淑妃有寵，愛傾後宮，咸言所求無不得。后聞之，未知信否，乃因潘求三十萬錢與家，以觀上意，宿昔便得。因此患恨稱疾，不復見上，遂憤恚成疾。元嘉十七年疾篤，上執手流涕，問所欲言。后視上良久，乃引被覆面，崩于顯陽殿。上甚悼痛之，詔前永嘉太守顏延之爲哀策，文甚麗。及奏，上自益「撫存悼亡，感今懷昔」八字以致意焉。有司奏謚宣皇后，詔謚曰元。

初，后生劭，自詳視之，使馳白帝：「此兒形貌異常，必破國亡家，不可舉。」便欲殺之。文帝狠狽至后殿戶外，手搣幔禁之乃止。

后亡後，常有小小靈應。明帝所生沈美人嘗以非罪見責，應賜死，從昔所住徽音殿前度。此殿有五間，自后崩後常閉。美人至殿前流涕大言曰：「今日無罪就死，先后若有靈，當知之。」殿戶應聲豁然開，職掌者遽白文帝，驚往視之，美人乃得釋。

大明五年，孝武乃詔追后之所生外祖親王夫人為豫章郡新淦平樂鄉君，又詔趙、蕭、臧光祿、袁敬公、平樂鄉君墓，先未給塋戶，各給鑾戶三以供灑掃。后父湛之自有傳。〔四〕

後宮。

潘淑妃者，本以貌進，始未見賞。帝好乘羊車經諸房，淑妃每莊飾襄帷以候，並密令左右以鹹水灑地。帝每至戶，羊輒舐地不去。帝曰：「羊乃為汝徘徊，況於人乎。」於此愛傾後宮。

孝武昭路太后諱惠男，丹陽建康人也。以色貌選入後宮，生孝武帝，拜為淑媛。及年長，無寵，常隨孝武出蕃。孝武即位，有司奏奉尊號曰太后，宮曰崇憲。太后居顯陽殿，上於閨房之內禮敬甚寡，有所御幸，或留止太后房內，故人間咸有醜聲。宮掖事祕，亦莫能辨也。

孝建二年，追贈太后父興之散騎常侍，興之妻餘杭縣廣昌鄉君。大明四年，太后弟子撫軍參軍瓊之上表自陳。有司承旨，奏贈瓊之父道慶給事中，瓊之及弟休之、茂之並居顯職。太后頗豫政事，賜與瓊之等財物，家累千金，居處器服與帝子相侔。大明五年，太后隨

上巡南豫州，妃主以下並從。

初，明帝少失所生，為太后所攝養，撫愛甚篤。及即位，供奉禮儀，不異舊日。有司奏宜別居外宮，詔欲親奉晨昏，盡歡闈禁，不如所奏。及聞義嘉難作，太后心幸之，延上飲酒，置毒以進。侍者引上衣，上寤，起以其巵上壽。是日太后崩，祕之，喪事如禮。遷殯東宮，題曰崇憲宮。又詔述太后恩慈，特齊衰三月，以申追遠。謚曰昭皇太后，葬孝武陵東南，號曰脩寧陵。

先是，晉安王子勛未平，巫者謂宜開昭太后陵，毀去梓宮以厭勝。修復倉卒，不得如禮。上性忌，慮將來致災，泰始四年夏，詔有司曰：「崇憲昭太后脩寧陵地，大明之世，久所考卜。前歲遭諸蕃之難，禮從權宜，未暇營改，而堂隧之所，山原卑陋，可式遵舊典，以禮改創。」有司奏請「脩寧陵玄宮補葺毀壞，權施油殿，暫出梓宮，事畢即窆」。〔四〕詔可。

廢帝景和中，又追贈興之侍中、金紫光祿大夫，謚曰孝侯。道慶光祿大夫、開府儀同三司，謚曰敬侯。道慶女為皇后，以休之為侍中。

明宣沈太后諱容姬，不知何許人也。為文帝美人，生明帝，拜婕妤。元嘉三十年卒，葬

建康之莫府山。孝武即位，追贈湘東國太妃。明帝即位，有司奏上尊號為皇太后，諡曰宣，陵號崇寧。

孝武文穆王皇后諱憲嫄，琅邪臨沂人也。元嘉二十年，拜武陵王妃，生廢帝、豫章王子尚、山陰公主楚玉、臨淮康哀公主楚佩、皇女楚琇、康樂公主脩明。孝武在藩，后甚寵異，及即位為皇后焉。

大明四年，后率六宮躬桑于西郊，皇太后觀禮，妃主以下並加班錫。廢帝即位，尊曰皇太后，宮曰永訓。其年崩于含章殿，祔葬景寧陵。父偃別有傳。

殷淑儀，南郡王義宣女也。麗色巧笑。義宣敗後，帝密取之，寵冠後宮。假姓殷氏，左右宣泄者多死，故當時莫知所出。及薨，帝常思見之，遂為通替棺，欲見輒引替觀屍，如此積日，形色不異。追贈貴妃，諡曰宣。及葬，給輼輬車、虎賁、班劍。鑾輅九旒、黃屋左纛、前後部羽葆、鼓吹，上自於南掖門臨，過喪車，悲不自勝，左右莫不掩泣。上痛愛不已，精神罔罔，頗廢政事。每寢，先於靈牀酹奠酒飲之，既而慟哭不能自反。又諷有司奏曰：「據春秋，仲子

非魯惠公元嫡，尚得考別宮。今貴妃蓋天秩之崇班，理應創新。」乃立別廟於都下。

時有巫者能見鬼，說帝言貴妃可致。帝大喜，令召之。有少頃，果於帷中見形如平生。

帝欲與之言，默然不對。將執手，奄然便歇，帝尤哽恨，於是擬李夫人賦以寄意焉。謝莊作

哀策文奏之，帝臥覽讀，起坐流涕曰：「不謂當今復有此才。」都下傳寫，紙墨為之貴。或云，

貴妃是殷琰家人入義宣家，義宣敗入宮云。

前廢帝何皇后諱令婉，廬江灊人也。孝建三年，納為皇太子妃。大明五年，薨于東宮

徽光殿，諡曰獻妃。廢帝卽位，追崇曰獻皇后。明帝踐阼，遷后與廢帝合葬龍山北。

后父瑀字幼玉，〔六〕晉尚書左僕射澄曾孫也。瑀尚武帝少女豫章康長公主諱欣男。〔七〕

公主先適徐喬，美容色，聰敏有智數。文帝世，禮待特隆。瑀豪競於時，與平昌孟靈休、東

海何勗等並以與馬相尚。公主與瑀情愛隆密，何氏疏戚莫不霑被恩禮。瑀位右衛將軍，公

主薨，瑀墓開，〔八〕孝武追贈瑀金紫光祿大夫。

子邁尚文帝第十女新蔡公主諱英媚。邁少以貴戚居顯官，好犬馬馳逐，多聚才力士，

位南濟陰太守。廢帝納公主於後宮，偽言薨殞，殺一婢送出邁第，殯葬行喪禮，常疑邁有異

圖。邁亦招聚同志，欲因行廢立，事覺見誅。明帝即位，追封建寧縣侯。

瑀兄子衍性躁動，位黃門郎，拜竟，求司徒司馬，得司馬，復求太子右率，拜二日，復求侍中。旬日之間，求進無已。不得侍中，以怨詈賜死。

明恭王皇后諱貞風，琅邪臨沂人也。初拜淮陽王妃，明帝改封，又爲湘東王妃。生晉陵長公主伯姒、建安長公主伯媛。明帝即位，立爲皇后。上嘗宮內大集，而裸婦人觀之，以爲歡笑。后以扇鄣面，獨無所言。帝怒曰：「外舍家寒乞，今共作笑樂，何獨不視。」后曰：「爲樂之事，其方自多，豈有姑姊妹集聚，而裸婦人形體，以此爲樂。外舍爲歡適，與此不同。」帝大怒，令后起。后兄揚州刺史景文以此事語從舅陳郡謝綽曰：〔六〕「后在家爲儜弱婦人，不知今段遂能剛正如此。」

廢帝即位，尊爲皇太后，宮曰弘訓。廢帝失德，太后每加勗譬，始猶見順，後狂悖稍甚。太后嘗賜帝玉柄毛扇，帝嫌毛扇不華，因此欲加酖害，令太醫煮藥。左右止之曰：「若行此事，官便作孝子，豈得出入狡獪。」乃止。順帝即位，齊高帝執權，宗室劉晃、劉綽、卜伯興等有異志，太后頗與相關。順帝禪位，太后與帝遜于東邸，因遷居丹陽

宮，拜汝陰王太妃。順帝殂于丹陽，更立第都下。建元元年，薨于第，追加謚，葬以宋禮。后父僧朗，別有傳。

後廢帝陳太妃諱妙登，丹陽建康屠家女也。孝武嘗使尉司采訪人間子女有姿色者，太妃家在建康縣，居有草屋兩三間。上出行，問尉曰：「御道那得此草屋，當由家貧。」賜錢三萬，令起瓦屋。尉自送錢與之，家人並行，唯太妃在家，時年十二三。尉見其美，卽以白孝武，於是迎入宮，在路太后房內。經二年再呼不見幸，太后因言於上，以賜明帝。始有寵，一年衰歇，以賜李道兒。尋又迎還，生廢帝。先是人間言明帝不男，故皆呼廢帝為李氏子。廢帝後每微行，自稱李將軍，或自謂李統。明帝卽位，拜貴妃，秩同皇太子。廢帝踐阼，有司奏上尊號曰皇太妃，輿服一如晉孝武李太妃故事。宮曰弘化，置家令一人，改諸國太妃曰太姬。昇明初，降為蒼梧王太妃。

後廢帝江皇后諱簡珪，濟陽考城人也。泰始五年，明帝訪太子妃而雅信小數，名家女

多不合。江氏雖爲華族，而后父祖並已亡，弟又弱小，以卜筮吉，故爲太子納之。六年，拜皇太子妃，諷朝士州郡皆令獻物，多者將直百金。始興太守孫奉伯止獻琴書，其外無餘物。上大怒，封藥賜死，旣而原之。太子卽帝位，立爲皇后。帝旣廢，降后爲蒼梧王妃。祖智深自有傳。

順陳太妃諱法容，丹陽建康人也。明帝素肥，晚年廢疾不能內御，諸弟姬人有懷孕者，輒取以入宮。及生男，皆殺其母，而與六宮所愛者養之。順帝，桂陽王休範子也，以陳昭華爲母。明帝崩，昭華拜安成王太妃。順帝卽位，進爲皇太妃。順帝禪位，去皇存太妃之號。

順謝皇后諱梵境，陳郡陽夏人。右光祿大夫莊之孫也。父颺，車騎功曹。昇明二年，立爲皇后。順帝禪位，降爲汝陰王妃。祖莊自有傳。

齊宣孝陳皇后諱道止，臨淮東陽人，魏司徒矯之後也。后家貧，少勤織作，家人矜其勞，或止之，后終不改。嫁于宣帝。宣帝庶生子衡陽元王道度、始安貞王道生，后生高帝。高帝年二歲，乳人乏乳，后夢人以兩甌麻粥與之，覺而乳驚，因此豐足。宣帝從任在外，后常留家，有相者謂后曰：「夫人有貴子而不見之。」后歎曰：「我三子，誰當應之。」呼高帝小字曰：「政應是汝耳。」

宣帝殂後，后親執勤，婢使有過，皆恕而不問。高帝雖從宦，而家業本貧，為建康令時，明帝等冬月猶無縑纊，而奉膳甚厚，后每撤去兼肉，曰：「於我過足矣。」殂于縣舍。昇明二年，追贈竟陵公國太夫人。齊國建，為齊國太妃，並蜜印、畫青綬，祠以太牢。建元元年，追尊孝皇后。 贈外祖父肇之金紫光祿大夫，諡敬侯，后母胡氏為永昌縣靖君。

永明九年，詔太廟四時祭，宣皇帝薦起麵餅鴨臛，孝皇后薦筍鴨卵脯醬炙白肉，高皇帝薦肉膾菹羹，昭皇后薦茗粣炙魚。並生平所嗜也。

高昭劉皇后諱智容，廣陵人也。祖玄之，父壽之，並員外郎。后母桓氏，夢吞玉勝生后，時有紫光滿室，以告壽之。壽之曰：「恨非是男。」桓笑曰：「雖女亦足興家矣。」后寢臥，

見有羽蓋陰其上，家人試察之，常見其上掩藹如有雲氣。〔一〇〕

年十七，裴方明為子求婚，酬許已定，后夢見先有迎車至，次有迎至，龍旂豹尾，有異於常，后喜而從之。既而與裴氏不成婚，竟嬪于上。嚴整有軌度，造次必依禮法。生太子及豫章王嶷。太子初在孕，后嘗歸寧，遇家奉祠，爾日陰晦失曉，舉家狼狽共營祭食。后助炒胡麻，始復內薪，未及索火，火便自然。宋泰豫元年殂，歸葬宣帝墓側，則泰安陵也。門生王清與墓工始下錨，有白兔跳起，尋之不得。及墳成，兔還栖其上。昇明二年，贈竟陵公國夫人。三年，贈齊國妃印綬。齊建元元年，尊諡昭皇后。二年。贈后父壽之金紫光祿大夫，母桓氏上虞都鄉君。

武穆裴皇后諱惠昭，河東聞喜人也。祖封之，給事中。父璣之，左軍參軍。后少與豫章王妃庚氏為娣姒，庚氏勤女工，奉事高昭后恭謹不倦，后不能及，故不為舅姑所重，武帝亦薄焉。

性剛嚴，竟陵王子良妃袁氏布衣時有過，后加訓罰。昇明三年，為齊世子妃。建元元年，為皇太子妃。二年，后薨，諡穆妃，葬休安陵。

時議欲立石誌，王儉曰：「石誌不出禮典，〔二〕起宋元嘉中顏延之爲王球石誌。素族無

銘策，故以紀行。自爾以來，共相祖習。儲妃之重，禮絕恆例，旣有哀策，不煩石誌。」從之。

武帝即位，追尊皇后。贈父璵之金紫光祿大夫，后母檀氏餘杭廣昌鄉元君。

舊顯陽、昭陽二殿，太后皇后所居也。永明中無太后皇后，羊貴嬪居昭陽殿西，范貴妃

居昭陽殿東，寵姬荀昭華居鳳華柏殿。宮內御所居壽昌畫殿南閣，置白鷺鼓吹二部，乾光

殿東西頭，置鍾磬兩廂，皆宴樂處也。上數游幸諸苑囿，載宮人從後車。宮內深隱，不聞端

門鼓漏聲，置鍾於景陽樓上，應五鼓及三鼓。宮人聞鍾聲，早起莊飾。車駕數幸琅邪城，宮

人常從，早發，至湖北埭，雞始鳴，故呼爲雞鳴埭。

婦人吳郡韓蘭英有文辭，宋孝武時獻《中興賦》，被賞入宮。宋明帝時用爲宮中職僚。及

武帝以爲博士，教六宮書學。以其年老多識，呼爲韓公云。

文安王皇后諱寶明，琅邪臨沂人也。祖韶之，吳興太守。父曄之，太宰祭酒。宋世，高

帝爲文惠太子納后，建元元年，爲南郡王妃。四年，爲皇太子妃，無寵。太子爲宮人製新麗

衣裳及首飾，〔三〕而后褘帷陳故，古舊釵鑷十餘枚。永明十一年，爲皇太孫太妃。鬱林即

位，尊爲皇太后，稱宣德宮。置男左右三十人，前代所未有也。贈后父壽之金紫光祿大夫，

母桓氏豐安縣君。其年十二月，備法駕謁太廟。明帝即位，出居鄱陽王故第，爲宣德宮。

永元三年，梁武帝定建鄴，迎入宮，后稱制。至禪位，遜居外宮。梁天監十一年薨，葬

崇安陵，諡曰安后。祖詔之自有傳。

鬱林王何妃諱婧英，廬江灊人，撫軍將軍戢女也。初將納爲南郡王妃，文惠太子嫌戢

無男，門孤，不欲與昏。王儉以南郡王妃，便爲將來外戚，唯須高冑，不須強門。今何氏蔭

華族弱，實允外戚之義。永明三年，乃成昏。

妃稟性淫亂，南郡王所與無賴人游，妃擇其美者，皆與交歡。南郡王侍書人馬澄年少

色美，甚爲妃悅，常與鬪腕較力，南郡王以爲歡笑。

澄者本剡縣寒人，嘗於南岸逼略人家女，爲秣陵縣所錄，南郡王語縣散遣之。澄又逼求

姨女爲妾，姨不與，澄詣建康令沈徽孚訟之。徽孚曰：「姨女可爲婦，不可爲妾。」澄曰：「僕父

爲給事中，門戶既成，姨家猶是寒賤，政可爲妾耳。」徽孚訶而遣之。十一年，爲皇太孫妃。

又有女巫子楊珉之，亦有美貌，妃尤愛悅之，與同寢處，如伉儷。及太孫即帝位，爲皇后，封

后嫡母劉為高昌縣都鄉君，所生母宋為餘杭廣昌鄉君。后將拜，鏡在牀無因墮地。其冬，與太后同日謁太廟。楊珉之為帝所幸，常居中侍。明帝為輔，與王晏、徐孝嗣、王廣之並面請，不聽。又令蕭諶、坦之固請，皇后與帝同席坐，流涕覆面，謂坦之曰：「楊郎好年少，無罪過，何可枉殺。」坦之耳語於帝曰：「此事別有一意，不可令人聞。」帝謂皇后為阿奴，曰「阿奴暫去」。坦之乃曰：「外間並云楊珉之與皇后有異情，彰聞遐邇。」帝不得已，乃為敕。坦之馳報明帝，即令建康行刑，而果有敕原之，而珉之已死。

后既淫亂，又與帝相愛褻，故帝恣之。又迎后親戚入宮，嘗賜人百數十萬，以武帝曜靈殿處后家屬。帝廢，后貶為王妃。父戩自有傳。

海陵王王妃諱韶明，琅邪臨沂人，太常慈之女也。永明八年，納為臨汝公夫人。[二]鬱林王即位，為新安王妃。延興元年，為皇后。其年，降為海陵王妃。妃父慈自有傳。

明敬劉皇后諱惠端，彭城人，光祿大夫道弘孫也。高帝為明帝納之。建元三年，除西昌

侯夫人。永明七年卒，葬江乘縣張山。延興元年，贈宣城王妃。明帝即位，追尊敬皇后。贈父通直郎景猷爲金紫光祿大夫，母王氏平陽鄉君。明帝崩，改葬，祔于興安陵。

東昏褚皇后諱令璩，河南陽翟人，太常澄之女也。建武二年，納爲皇太子妃而無寵。帝謂左右曰：「若得如山陰主無恨矣。」山陰主，明帝長女也，後遂與之爲亂。明年，妃謁敬后廟。東昏即位，爲皇后。帝寵潘妃，后不被遇，黃淑儀生太子誦而卒，東昏廢，后及誦並爲庶人。后父澄自有傳。

和王皇后諱葬華，琅邪臨沂人，太尉儉之孫也。初爲隨王妃，中興元年爲皇后。帝禪位，后降爲妃。妃祖儉自有傳。

校勘記

〔一〕及明帝泰始二年　「二年」宋書作「元年」。

〔二〕 追贈豫章公夫人　「追」各本作「故」，據宋書改。

〔三〕 文章胡太后諱道安　「安」各本作「女」，據太平御覽一四二改。

〔四〕 后父湛之自有傳　「湛之」宋書袁湛傳無「之」字。本書亦作袁湛傳。

〔五〕 事畢即窆　「窆」各本譌「定」，據宋書改。

〔六〕 后父瑀字幼玉　「幼」宋書作「稺」，此避唐高宗小名而改。

〔七〕 瑀尚武帝少女豫章康長公主諱次男　「豫章」各本脫「章」字，據宋書補。「次男」宋書作「欣男」，未詳孰是。　殿本考證云：「凡公主之名皆不書諱，獨本傳此處與下文邁尚文帝第十女新蔡公主諱英媚，各衍一諱字。」

〔八〕 瑀位右衞將軍公主薨瑀墓開　「右衞將軍」宋書作「衞將軍」。「公主薨」各本脫「公」字，據宋書補。

〔九〕 后兄揚州刺史景文以此事語從舅陳郡謝綽曰　「謝綽」宋書作「謝緯」。張森楷南史校勘記：「據謝述傳是『緯』字，疑此作『綽』爲誤。」

〔一〇〕 常見其上掩藹如有雲氣　「有」各本作「似」，據宋書改。

〔一一〕 石誌不出禮典　各本脫「典」字，據南齊書禮志補。

〔一二〕 太子爲宮人製新麗衣裳及首飾　「爲」字各本並脫，據南齊書補。

〔三〕 納爲臨汝公夫人 「臨汝公」各本作「臨沂公」。按廢帝海陵王紀「封臨汝公」，南齊書紀傳並作「臨汝公」，今據改。

南史卷十二

列傳第二

后妃下

梁文獻張皇后　武德郗皇后　武丁貴嬪　武阮修容

簡文王皇后　元徐妃　敬夏太后　敬王皇后

陳武宣章皇后　文沈皇后　廢帝王皇后　宣柳皇后

後主沈皇后　張貴妃

梁文獻張皇后諱尚柔，范陽方城人也。父穆之娶文帝從姑而生后。后以宋元嘉中嬪於文帝，生長沙宣武王懿、永陽昭王敷，次生武帝。方孕，忽見庭前昌蒲花，[一]光采非常，驚報，侍者皆云不見。[二]后曰：「常聞見昌蒲花者當富貴。」因取吞之，是月生武帝。將產之夕，后見庭內若有衣冠陪列焉。次生衡陽宣王暢、義興昭長公主令嫕。后宋泰始七年殂

於秣陵縣同夏里舍，葬晉陵武進縣東城里山。

天監元年五月甲辰，追上尊號爲皇后，謚曰獻。〔二〕

穆之字思靜，晉司空華六世孫也。少方雅，有識鑒。初爲員外散騎侍郎，深被始興王

潘引納。穆之鑒其禍萌，求爲交阯太守，政有異績。宋文帝將以爲交州刺史，會病卒。子

弘籍字眞藝，齊初爲鎮西參軍，卒於官。梁武踐阼，追贈穆之光祿大夫，加金章紫綬。贈

弘籍廷尉卿。弘籍無子，從父弟弘策以子纘嗣，別有傳。

武德郗皇后諱徽，高平金鄉人也。祖紹，宋國子祭酒、領東海王師。父曄，太子舍人，

早卒。后母宋文帝女尋陽公主也，方娠，夢當生貴子。及后生，有赤光照室，器物盡明，家人

怪之。巫言此女光高，將有所妨，乃於水濱被除之。

后幼明慧，善隸書，讀史傳。女工之事，無不閑習。宋後廢帝將納爲后，齊初，安陸王

緬又欲結婚，郗氏並辭以女疾，乃止。齊建元末，嬪于武帝，生永興公主玉姚、永世公主玉

婉、永康公主玉嬛。及武帝爲雍州刺史，殂于襄陽官舍，年三十二。其年歸葬南徐州南東

海武進縣東城里山。中興二年，武帝爲梁公，齊帝詔贈后爲梁公妃。及武帝踐阼，追崇爲

皇后，謚曰德。陵曰脩陵。后父曄，贈金紫光祿大夫。

后酷妬忌，及終，化爲龍入于後宮井，[二]通夢於帝。或見形，光彩照灼。帝體將不安，龍

輒激水騰涌。於露井上爲殿，衣服委積，常置銀鹿盧金瓶灌百味以祀之。故帝卒不置后。

武丁貴嬪諱令光，譙國人也。祖父從官襄陽，因居河北五女村，寓於劉惠明廡下。貴

嬪生於樊城，初產有神光之異，紫氣滿室，故以「光」爲名。相者云「當大貴」。少時與鄰女

月下紡績，諸女並患蚊蚋，而貴嬪弗之覺也。鄉人魏益德將娉之，未及成，而武帝鎮樊城，

嘗登樓以望，見漢濱五采如龍，下有女子擘絖，則貴嬪也。又丁氏因人以相者言聞之於帝，

帝贈以金環，納之，時年十四。貴嬪生而有赤誌在左臂，療之不滅，又體多疣子，至是無何並

失所在。

德后酷忌，遇貴嬪無道，使日舂五斛，春每中程，若有助者，被遇雖嚴，益小心祗

敬。嘗於供養經案側，髣髴若見神人，心獨異之。

天監元年五月，有司奏爲貴人，未拜，其年八月，又奏爲貴嬪，[五]居顯陽殿。及太子定

位，有司奏曰：「皇太子副貳宸極，率土咸執吏禮。既盡禮皇儲，則所生不容無敬。王侯妃

主常得通信問者，及六宮三夫人雖與貴嬪同列，並應以敬皇太子之禮敬貴嬪。宋元嘉中，

始興、武陵國臣並以吏敬敬王所生潘淑妃、路淑媛。貴嬪於宮臣雖非小君，其義不異，與宋泰豫朝議百官以吏敬敬帝所生，事義政同。謂宮僚施敬，宜同吏禮，詣神獸門奉牋致謁，年節稱慶，亦同如此。且儲妃作配，率由盛則，以婦蹤姑，彌乖從序，謂貴嬪典章，一與太子不異。」於是貴嬪備典章禮數，同乎太子，言則稱令。

貴嬪性仁恕，及居宮接馭，自下皆得其歡心。不好華飾，器服無珍麗。未嘗為親戚私謁。及武帝弘佛教，貴嬪長進蔬膳。受戒日，甘露降于殿前，方一丈五尺。帝所立經義，[六]皆得其指歸，尤精淨名經。普通七年十一月庚辰，薨，移殯於東宮臨雲殿，時年四十二。詔吏部郎張纘為哀册文，有司奏諡曰穆，葬寧陵，祔于小廟。簡文即位，追崇曰太后。

貴嬪父道遷，天監初，為歷陽太守。盧陵威王之生，武帝謂之曰「賢女復育一男。」答曰「莫道猪狗子。」世人以為笑。後位兗州刺史、宣城太守。

文宣阮太后諱令嬴，會稽餘姚人也。本姓石。初，齊始安王遙光納焉。遙光敗，入東昏宮。建康城平，為武帝采女。在孕，夢龍罩其牀。天監七年八月，生元帝于後宮。[七]是日大赦。尋拜為修容，賜姓阮氏。嘗隨元帝出藩。大同九年六月，薨于江州正寢，[八]時年

六十七。其年十一月，歸葬江寧縣通望山，諡曰宣。元帝即位，有司奏追崇爲文宣太后，還

祔小廟。

承聖二年，追贈太后父齊故奉朝請石靈寶散騎常侍、左衛將軍，封武康縣侯，母陳氏武

康侯夫人。

簡文王皇后諱靈寶，琅邪臨沂人也。祖儉，齊太尉、南昌文憲公。父騫，金紫光祿大

夫、南昌安侯。后幼而柔明，叔父暕見之曰：「吾家女師也。」天監十一年，拜晉安王妃。生

哀太子大器、南郡王大連、長山公主妙契。大通三年十月，拜皇太子妃。太清三年三月，薨

于永福省，時年四十五。其年，簡文即位，追崇爲皇后，諡曰簡。大寶元年九月，葬莊陵。

元帝徐妃諱昭佩，東海郯人也。祖孝嗣，齊太尉、枝江文忠公。父緄，侍中、信武將軍。

妃以天監十六年十二月拜湘東王妃，生世子方等、益昌公主含貞。妃無容質，不見禮，帝

三二年一入房。妃以帝眇一目，每知帝將至，必爲半面粧以俟，帝見則大怒而出。妃性嗜

酒，多洪醉，帝還房，必吐衣中。與荊州後堂瑤光寺智遠道人私通。酷妬忌，見無寵之妾，便交杯接坐。纔覺有娠者，卽手加刀刃。帝左右暨季江有姿容，又與淫通。季江每歎曰：「柏直狗雖老猶能獵，蕭溧陽馬雖老猶駿，徐娘雖老猶尚多情。」時有賀徽者美色，妃要之於普賢尼寺，書白角枕爲詩相贈答。

既而貞惠世子方諸母王氏寵愛，未幾而終，元帝歸咎於妃，及方等死，愈見疾。太清三年，遂逼令自殺。妃知不免，乃透井死。帝以屍還徐氏，謂之出妻。葬江陵瓦官寺。帝制金樓子述其淫行。初，妃嫁夕，車至西州，而疾風大起，發屋折木。無何，雪霰交下，帷簾皆白。及長還之日，又大雷震西州聽事兩柱俱碎。帝以爲不祥，後果不終婦道。

敬夏太后，會稽人也。普通中，納于湘東王宮，生敬帝。承聖元年冬，拜晉安王國太妃。紹泰元年，尊爲太后。明年冬，降爲江陰國太妃。

敬王皇后，琅邪臨沂人也。承聖元年十一月，拜晉安王妃。紹泰元年十月，拜皇后。

明年，降爲江陰王妃。父儉自有傳。

陳武宣章皇后，諱要兒，吳興烏程人。本姓鈕，父景明爲章氏所養，因改姓焉。后母

蘇，嘗遇道士以小龜遺己，光采五色，曰「三年有徵」。及期，后生，紫光照室，因失龜所在。

后少聰慧，美容儀，手爪長五寸，色並紅白。每有篤功之服，則一爪先折。武帝先娶同

郡錢仲方女，早卒，後乃聘后。

后善書計，能誦詩及楚辭。帝爲長城縣公，后拜夫人。永定元年，立爲皇后。追贈后

父梁散騎侍郎景明特進、金紫光祿大夫，加金章紫綬。拜后母蘇安吉縣君。二年，安吉君

卒，與后父葬吳興。明年，追封后父爲廣德縣侯，諡曰溫。

武帝崩，后與中書舍人蔡景歷定計，秘不發喪。時衡陽獻王昌未至，召文帝。及卽位，

尊后爲皇太后，宮曰慈訓。廢帝卽位，后爲太皇太后。

光大二年，后下令黜廢帝爲臨海王，命宣帝嗣立。太建元年，復爲皇太后。二年三月

丙申，崩于紫極殿，時年六十五。遺令喪事並從儉約，諸饋奠不用牲牢。其年四月，羣臣上

諡曰宣，祔葬萬安陵。

后親屬無在朝者，唯本族兄鈕洽官至中散大夫。

文沈皇后諱妙容，吳興武康人也。父法深，梁安前中錄事參軍。后年十歲餘，以梁大同中歸于文帝。武帝之討侯景，文帝時在吳興，及后並被收，景平，乃獲免。武帝踐阼，后為臨川王妃。文帝即位，為皇后。追贈后父法深光祿大夫，加金章紫綬，封建城縣侯，諡曰恭。追贈后母高為綏安縣君，諡曰定。廢帝即位，尊后為皇太后，宮曰安德。

時宣帝與僕射到仲舉、舍人劉師知等，並受遺輔政。師知與仲舉恆居禁中，參決眾事，而宣帝為揚州刺史，與左右三百人入居尚書省。師知忌宣帝權重，矯敕令還東府理州務。[九]宣帝將出，毛喜止帝曰：「今若出外，便受制於人，如曹爽願作富家公不可得也。」宣帝乃稱疾，召師知留與語，使毛喜先入，言之於后。后曰：「今伯宗年幼，政事並委二郎，此非我意。」喜又言於廢帝，廢帝曰：「此自師知等所為，[一〇]非朕意也。」喜出報宣帝，帝因囚師知，自入見后及帝，極陳師知之短。仍自草敕請畫，以師知付廷尉，其夜於獄賜死。自是政歸宣帝。

后憂悶，計無所出，乃密賂宦者蔣裕，令誘建安人張安國使據郡反，冀因此圖帝。安國

事發被誅,時后左右近侍頗知其事,后恐連逮黨與,並殺之。

宣帝即位,以后為文皇后。陳亡入隋,大業初自長安歸于江南,頃之卒。

后兄欽,襲爵建城侯,位尚書左僕射。欽素無伎能,奉己而已。卒,諡曰成。子觀嗣,頗有學識,官至御史中丞。

廢帝王皇后,琅邪臨沂人也。天嘉元年,為皇太子妃。廢帝即位,立為皇后。廢帝為臨海王,后廢為妃。至德中薨。后生臨海嗣王至澤。至澤,光大元年為皇太子,太建元年,襲封臨海嗣王。陳亡,入長安。后父固自有傳。

宣帝柳皇后諱敬言,河東解縣人也。曾祖世隆,祖惲,父偃,並有傳。后九歲,幹理家事,有若成人。侯景之亂,后與弟盼往江陵,依梁元帝,帝以長城公主故,待遇甚厚,以配宣帝。承聖二年,后生後主於江陵。及魏剋江陵,宣帝遷于關右,后與後主俱留穰城。天嘉二年,與後主還朝,后為安成王妃。宣帝即位,立為皇后。

后美姿容，身長七尺二寸，手垂過膝。初，宣帝居鄉里，先娶吳興錢氏，及即位，拜貴妃，甚有寵。后傾心下之，每尚方供奉物，其上者皆推於貴妃，而已御其次焉。宣帝崩，始興王叔陵爲亂，後主賴后與吳媼救而獲免。後主即位，尊后爲皇太后，宮曰弘範。是時新失淮南地，隋師臨江，又國遭大喪，後主患創不能聽政。其誅叔陵，供大行喪事，邊境防守及百司衆務，雖假後主之敕，實皆決之於后。後主創愈，乃歸政焉。后性謙謹，未嘗以宗族爲請，雖衣食亦無所分遺。陳亡，入長安。隋大業十二年，薨於東都，年八十三。葬于洛陽之芒山。

後主沈皇后諱婺華，吳興武康人也。父君理自有傳。后母即武帝女會稽穆公主，早亡。時后尚幼，而毀瘠過甚。及服畢，每歲時朔望，恆獨坐涕泣，哀動左右，內外敬異焉。太建元年，拜爲皇太子妃。〔二〕後主即位，立爲皇后。

后性端靜，有識量，寡嗜欲，聰敏強記，涉獵經史，工書翰。後主在東宮，而后父君理卒，居憂處別殿，哀毀踰禮。後主遇后既薄，而張貴妃有寵，總後宮之政，后澹然未嘗有所忌怨。而身居儉約，衣服無錦繡之飾，左右近侍纔百許人，唯尋閱圖史及釋典爲事。嘗遇

歲旱，自暴而誦佛經，應時雨降。無子，養孫姬子胤爲己子。數上書諫爭，後主將廢之，而立張貴妃，會國亡不果，乃與後主俱入長安。及隋煬帝每巡幸，恒令從駕。及煬帝被殺，后自廣陵過江，於毗陵天靜寺爲尼，名觀音。

貞觀初卒。

張貴妃名麗華，兵家女也。父兄以織席爲業。後主爲太子，以選入宮。時龔貴嬪爲良娣，貴妃年十歲，爲之給使。後主見而悅之，因得幸，遂有娠，生太子深。後主即位，拜爲貴妃。性聰慧，甚被寵遇。

後主始以始興王叔陵之亂，被傷，臥于承香殿。時諸姬並不得進，唯貴妃侍焉。而柳太后猶居柏梁殿，即皇后之正殿也。而沈皇后素無寵於後主，不得侍疾，別居求賢殿。至德二年，乃於光昭殿前起臨春、結綺、望仙三閣，高數十丈，並數十間。其窗牖、壁帶、縣楣、欄檻之類，皆以沈檀香爲之，又飾以金玉，間以珠翠，外施珠簾，內有寶牀寶帳，其服玩之屬，瑰麗皆近古未有。每微風暫至，香聞數里，朝日初照，光映後庭。其下積石爲山，引水爲池，植以奇樹，雜以花藥。後主自居臨春閣，張貴妃居結綺閣，龔、孔二貴嬪居望仙閣，並複道交相往來。又有王、季二美人，〔三〕張、薛二淑媛，袁昭儀、何婕妤、江修容等七

人，並有寵，遞代以游其上。以宮人有文學者袁大捨等為女學士。後主每引賓客，對貴妃

等游宴，則使諸貴人及女學士與狎客共賦新詩，互相贈答。采其尤豔麗者，以為曲調，被以

新聲。選宮女有容色者以千百數，令習而歌之，分部迭進，持以相樂。其曲有玉樹後庭花、

臨春樂等。其略云：「璧月夜夜滿，瓊樹朝朝新。」大抵所歸，皆美張貴妃、孔貴嬪之容色。

張貴妃髮長七尺，鬢黑如漆，其光可鑑。特聰慧，有神彩，進止閑華，容色端麗。每瞻

視眄睞，光彩溢目，照映左右。嘗於閣上靚粧，臨于軒檻，宮中遙望，飄若神仙。才辯強記，

善候人主顏色。薦諸宮女，後宮咸德之，競言其善。又工厭魅之術，假鬼道以惑後主。置

淫祀於宮中，聚諸女巫使之鼓舞。

時後主怠於政事，百司啟奏，並因宦者蔡臨兒、李善度進請，後主倚隱囊，置張貴妃於

膝上共決之。李、蔡所不能記者，貴妃並為疏條，無所遺脫。因參訪外事，人間有一言一事，

貴妃必先知白之，由是益加寵異，冠絕後庭。而後宮之家，不遵法度，有繫於理者，但求恩於

貴妃，貴妃則令李、蔡先啟其事，而後從容為言之。大臣有不從者，因而譖之，言無不聽。

於是張、孔之權，薰灼四方，內外宗族，多被引用，大臣執政，亦從風而靡。閹宦便佞之徒，

內外交結，轉相引進。賄賂公行，賞罰無常，綱紀瞀亂矣。及隋軍剋臺城，貴妃與後主俱入

井，隋軍出之，晉王廣命斬之於青溪中橋。[二]

論曰：飲食男女，人之大欲存焉，故聖人順于人情而為之度。王宮六列，士室二等，皆隨事升降，以立節文。若夫義篤閨閫，政刑邦國，古先哲王有以之致化矣。夫后妃專夕，配以德升，姬嬙並御，進非色幸，欲使情有覃被，愛罔偏流，專貞內表，妖蠱外息，乃可以輔興君德，變理陰政。

宋氏因晉之舊典，聘納有方，倪天作儷，必四岳之後。自元嘉以降，內職稍繁，所選止於軍署，徵引極乎廝卑，非若晉氏采擇，濫及冠冕者焉。而愛止帷房，權無外授，戚屬餼賚，歲時不過肴漿，斯為美矣。及文帝之傾惑潘姬，謀及婦人；大明之淪沒殷姬，並后匹嫡，其為喪敗，亦已甚矣。

齊氏孝、昭二后，並有賢明之訓，惜乎早世，不得母臨萬國。有婦人焉，空慕周典，禎符顯瑞，徒萃徽名。高皇受命，宮禁貶約，衣不文繡，色無紅采，永巷貧空，有同素室。武帝嗣位，運藉休平，壽昌前興，鳳華晚構，香柏文㮰，花梁繡柱，雕金鏤寶，照燭房帷，趙瑟吳趨，承閑奏曲，事由私蓄，無損國儲。明帝統業，矯情儉陋，奉己之制，曾莫云改。東昏喪道，侈風大扇，哲婦傾城，同符殷、夏，可以垂誡，其在斯乎。

梁武志在約己，示存宮掖，雖貴嬪之徽華早著，誕育元良，唯見崇重，無聞正位。徐妃

無行，其殲滅也宜哉。

陳武撫茲歸運，奄開帝業。若夫儷天作則，變隆王化，則宣太后其懿焉。文、宣宮壼，

無聞於喪德，後主嗣業，實敗于椒房，既曰牝晨，亦唯家之索也。

校勘記

〔一〕忽見庭前昌蒲花　「昌蒲」下，梁書及太平御覽九九九有「生」字。

〔二〕驚報侍者皆云不見　梁書作「后驚視，謂侍者曰：『汝見不？』對曰：『不見。』」「驚視」此作「驚報」。

〔三〕謚曰獻　「獻」各本作「文獻」。「文」字衍文，據梁書刪。

〔四〕及終化爲龍入于後宮井　「井」字各本並脫，據太平御覽九二九補。按下文云「於露井上爲殿」，則此當有「井」字。

〔五〕又奏爲貴嬪　「爲」各本作「初」，據梁書改。

〔六〕帝所立經義　「經」字各本並脫，據梁書補。

〔七〕天監七年八月生元帝于後宮　「七年」各本作「六年」。王鳴盛十七史商榷五九：「按帝於承聖三

三年十一月爲魏人所戕，梁書云年四十七。從是年逆溯至天監七年，恰四十七。」據元帝紀及册府元龜一八二改。

〔八〕大同九年六月薨于江州正寢　「九年」各本作「六年」。王鳴盛十七史商榷五九據梁元帝所著金樓子云：「阮太后生於宋順帝昇明元年丁巳，薨於大同九年癸亥，年六十七。自丁巳至癸亥，正六十七年」。按王說是，今改正。

〔九〕如曹爽顧作富家公不可得也　「富家公」按三國魏志曹爽傳裴注引魏氏春秋作「富家翁」。陳書亦作「富家翁」。

〔10〕此自師知等所爲　「所」字各本並脫，據陳書補。

〔一一〕太建元年拜爲皇太子妃　「元年」各本作「二年」。按陳書及本書宣帝紀並作「元年」，今據改。

〔一二〕又有王季二美人　「季」陳書作「李」。

〔一三〕晉王廣命斬之於青溪中橘　各本脫「橘」字，據通志補。按陳書作「晉王廣命斬貴妃，傍於青溪中橘」。

南史卷十三

列傳第三

宋宗室及諸王上

> 長沙景王道憐　臨川烈武王道規 鮑照　營浦侯遵考
>
> 武帝諸子

長沙景王道憐，[一]宋武帝中弟也。謝琰為徐州，命為從事史。武帝剋京城及平建鄴，道憐常留侍太后，後以軍功封新渝縣男。從武帝征廣固，所部獲慕容超，以功改封竟陵縣公。及討司馬休之，道憐監太尉留府事。江陵平，為驃騎將軍、開府儀同三司、荊州刺史，護南蠻校尉，加都督，北府文武悉配之。

道憐素無才能，言音甚楚，舉止多諸鄙拙，畜聚常若不足。去鎮日，府庫為空。徵拜司空、徐兗二州刺史，加都督，出鎮京口。武帝受命，遷太尉，封長沙王。

先是，盧陵王義眞為揚州刺史，太后謂上曰：「道憐汝布衣兄弟，宜用為揚州。」上曰：

「寄奴於道憐，豈有所惜。揚州根本所寄，事務至重，非道憐所了。」太后曰：「道憐年長，不親其事，於聽

豈不如十歲兒邪。」上曰：「軍士雖為刺史，事無大小，皆由寄奴。道憐年五十，

望不足。」太后乃無言，竟不授。

永初三年薨，加贈太傅，葬禮依晉太宰安平王孚故事，鸞輅九旒，〔二〕黃屋左纛，輼輬

車、挽歌二部，前後羽葆、鼓吹、虎賁班劍百人。文帝元嘉九年，詔故太傅長沙景王、故大司

馬臨川烈武王、故司徒南康文宣公劉穆之、開府儀同三司華容縣公王弘、開府儀同三司永

脩縣公檀道濟、故青州刺史龍陽縣侯王鎮惡，並勒功天府，〔三〕配祭廟庭。

道憐子義欣嗣，位豫州刺史，鎮壽陽，境內畏服，道不拾遺，遂為盛藩強鎮。薨，贈開府

儀同三司，諡曰成王。

子悼王瑾嗣，傳爵至子，齊受禪，國除。

瑾弟韞字彥文，位雍州刺史，侍中，領右衛將軍，領軍將軍。昇明元年，〔四〕被齊高帝誅。

輼人才凡鄙，特為明帝所寵。在湘州、雍州，使善畫者圖其出行鹵簿羽儀，常自披玩。嘗以

圖示征西將軍蔡興宗，興宗戲之，陽若不解畫者，指輼形問之曰：「此何人而在輿？」輼曰：

「政是我。」其庸鄙類如此。

輯弟述字彥思，亦甚庸劣。從子俱疾危篤，父彥節母蕭對之泣，述嘗候之，便命左右取

酒肉令俱進之，皆莫知其意。或問焉，答曰：「禮云，有疾飲酒食肉。」述又嘗新有總慘，或詣

之，問其母安否。述曰：「惟有愁憒。」次訪其子，對曰：「所謂父子聚麀。」蓋謂麀為憂也。

義欣弟義融封桂陽縣侯，邑千戶。凡王子為侯，食邑皆千戶。義融位五兵尚書，領軍，

有質幹，善於用短稍。〔三〕卒諡恭侯。子孝侯覬嗣，無子，弟襲以子晃繼。襲字茂德，性庸

鄙，為郢州刺史，暑月露褌上聽事，時綱紀政伏閤，怪之，訪問乃知是襲。

義融弟義宗，幼為武帝所愛，字曰伯奴，封新渝縣侯，位太子左衛率。坐門生杜德靈放

橫打人，入義宗第藏隱，免官。德靈以姿色，故義宗愛寵之。義宗卒於南兗州刺史，諡曰惠

侯。子懷珍嗣，無子，弟彥節以子承繼。

彥節少以宗室清謹見知，孝武時，其弟遇坐通嫡母殷氏養女雲敷，殷每禁之。及殷亡，

口血出，衆疑退行毒害。孝武使彥節從弟祗諷彥節啟證其事。彥節曰：「行路之人尚不應

爾，今日酒可一門同盡，無容奉敕。」衆以此稱之。後廢帝即位，累遷尚書左僕射，參選。元

徽元年，領吏部，加兵五百人。桂陽王休範為逆，中領軍劉勔勔出守石頭，彥節權兼領軍將

軍，所給加兵，自隨入殿。封當陽侯，與齊高帝、袁粲、褚彥回分日入直，平決機事，遷中書

令，加撫軍將軍。及帝廢為蒼梧王，彥節出集議，於路逢從弟輯。輯問曰：「今日之事，故當

歸兄邪?」彥節曰:「吾等已讓領軍矣。」轀搥胸曰:「兄肉中詎有血邪,今年族矣。」齊高帝聞

而惡之。順帝即位,轉尚書令。時齊高帝輔政,彥節知運祚將遷,密懷異圖。及沈攸之舉

兵,齊高帝入屯朝堂,袁粲鎮石頭,潛與彥節及諸大將黃回等謀夜會石頭,詰旦乃發。彥節

素怯,騷擾不自安。再晡後,便自丹陽郡車載婦女,盡室奔石頭。臨去,婦蕭氏強勸令食。彥

節歡羹寫胸中,手振不自禁。及至見粲,粲驚曰:「何遽便來,事今敗矣。」彥節曰:「今得見

公,萬死何恨。」從弟韞直省內,與直閤將軍卜伯興謀其夜共攻齊高帝,會彥節事覺,秣陵令

劉實、建康令劉韞密告齊高帝,高帝夜使驍騎將軍王敬則收殺之,伯興亦遇害。粲敗,彥節

踰城走,於額檐湖見禽被殺。彥節子俁嘗賦詩云:「城上草,植根非不高,所恨風霜早。」時

咸云此為祆句。事敗,俱與弟訢剃髮被法服向京口,於客舍為人識,執於建康獄盡殺之。彥

節既貴,士子自非三署不得上方榻,時人以此少之。其妻蕭思話女也,常懼禍敗,每謂曰:

「君富貴已足,故應為兒作計。」彥節不從,故及禍。

彥節弟退字彥道,為嫡母殷暴亡,有司糾之,徙始安郡。後得還,位吳郡太守,至是亦

見誅。退人才甚凡,自諱名有同主諱,常對客曰:「孝武無道,見枉殺母。」其頑騃若此。及

彥節當權,退累求方伯。彥節曰:「我在事,而用汝作州,於聽望不足。」退曰:「富貴則言不

可相關,從坐之日得免不?」至是果死。

義宗弟義賓,封興安侯,位徐州刺史。卒,諡曰肅侯。義賓弟義綦,封營道縣侯,凡鄙無識。始興王濬嘗謂曰:「陸士衡詩云『營道無烈心』,其何意苦阿父如此。」義綦曰:「下官初不識士衡,何忽見苦。」其庸塞皆然。位湘州刺史,諡僖侯。

臨川烈武王道規字道則,武帝少弟也。倜儻有大志,預謀誅桓玄。時桓弘鎮廣陵,以為征虜中兵參軍。武帝剋京城,道規亦以其日與劉毅、孟昶斬弘。玄敗走,道規與劉毅、何無忌追破之。無忌欲乘勝直造江陵。道規曰:「諸桓世居西楚,羣小皆為竭力,桓振勇冠三軍。且可頓兵以計策縻之」無忌不從,果為振敗。乃退還尋陽,繕舟甲復進,遂平巴陵。[六]江陵之平,道規推毅為元功,無忌為次,自居其末。以起義勳,封華容縣公,累遷領護南蠻校尉、荊州刺史,加都督。善於刑政,士庶畏而愛之。

盧循寇逼建鄴,道規遣司馬王鎮之及揚武將軍檀道濟、廣武將軍到彥之等赴援朝廷,至尋陽,為循黨荀林所破。林乘勝伐江陵,聲言徐道覆已剋建鄴。而桓謙自長安入蜀,譙縱以謙為荊州刺史,與其大將譙道福俱寇江陵。道規乃會將士告之曰:「吾東來文武足以濟

事，欲去者不禁。」因夜開城門，衆咸憚服，莫有去者。雍州刺史魯宗之自襄陽來赴，或謂宗之未可測。道規乃單車迎之，衆咸感悅。衆議欲使檀道濟、到彥之共擊荀林等。道規曰：「非吾自行不決。」乃使宗之居守，委以心腹，率諸將大敗謙，斬之。諮議劉遵追荀林，斬之巴陵。初，謙至枝江，江陵士庶皆與謙書，言城內虛實。道規一皆焚燒，衆乃大安。

徐道覆奄至破冢，魯宗之已還襄陽，人情大震。或傳循已剋都，遣道覆上為刺史。江、漢士庶感其焚書之恩，無復二志。道規使劉遵為游軍，自拒道覆，[乙]前驅失利。道規壯氣愈厲，遵自外橫擊，大破之。初使遵為游軍，衆咸言不宜割見力置無用之地。及破道覆，果得游軍之力，衆乃服焉。

遵字慧明，臨淮海西人，[六]道規從母兄也，位淮南太守，追封監利縣侯。

道規進號征西大將軍、開府儀同三司，改授豫州，以疾不拜。義熙八年薨于都，贈司徒，諡曰烈武，進封南郡公。武帝受命，贈大司馬，追封臨川王。無子，以長沙景王第二子義慶嗣。初，文帝少為道規所養，武帝命紹焉。咸以禮無二繼，文帝還本，而定義慶為後。

義慶為荊州，廟主當隨往江陵，文帝下詔褒美勳德及慈蔭之重，追崇丞相，加殊禮，鑾輅九旒，黃屋左纛，給節鉞，前後部羽葆、鼓吹，虎賁班劍百人。及長沙太妃檀氏、臨川太妃曹氏後薨，葬皆準給。

義慶幼為武帝所知，年十三襲封南郡公。永初元年，襲封臨川王。元嘉中為丹陽尹。

有百姓黃初妻趙殺子婦遇赦，應避孫讎。義慶議以為「周禮父母之仇，避之海外，蓋以莫大之冤，理不可奪。至於骨肉相殘，當求之法外。禮有過失之宥，律無讎祖之文。況趙之縱暴，本由於酒，論心即實，事盡荒悖。豈得以荒悖之王母，等行路之深讎，宜共天地同域，無虧孝道」。六年，加尚書左僕射。八年，太白犯左執法，義慶懼有災禍，乞外鎮。文帝詔諭之，以為「玄象茫昧，左執法嘗有變，王光祿至今平安。日蝕三朝，天下之至忌，晉孝武初有此異。彼庸主耳，猶竟無他」。義慶固求解僕射，乃許之。

九年，出為平西將軍、荊州刺史，加都督。荊州居上流之重，資實兵甲居朝廷之半，故武帝諸子偏居之。義慶以宗室令美，故特有此授。性謙虛，始至及去鎮，迎送物並不受。十二年，普使內外羣臣舉士，義慶表舉前臨沮令新野庾實、前徵奉朝請武陵襲祈、處士南陽師覺授。[九]義慶留心撫物，州統內官長親老不隨在官舍者，一年聽三吏餉家。先是，王弘為江州，亦有此制。在州八年，為西土所安。撰徐州先賢傳十卷奏上之。又擬班固典引為典

敍，以述皇代之美。

改授江州，又遷南兗州刺史，並帶都督。尋即本號加開府儀同三司。性簡素，寡嗜慾，愛好文義，文辭雖不多，足為宗室之表。歷任無浮淫之過，唯晚節奉沙門頗致費損。少善

騎乘，及長，不復跨馬，招聚才學之士，遠近必至。太尉袁淑文冠當時，義慶在江州請爲衞

軍諮議。其餘吳郡陸展、東海何長瑜、鮑照等，並有辭章之美，引爲佐吏國臣。〔一〇〕所著世說

十卷，撰集林二百卷，並行於世。文帝每與義慶書，常加意斟酌。

鮑照字明遠，東海人，文辭贍逸。嘗爲古樂府，文甚遒麗。元嘉中，河濟俱清，當時以

爲美瑞。照爲河清頌，其序甚工。照始嘗謁義慶未見知，欲貢詩言志，人止之曰：「卿位尙

卑，不可輕忤大王。」照勃然曰：「千載上有英才異士沉沒而不聞者，安可數哉。大丈夫豈可

遂蘊智能，使蘭艾不辨，終日碌碌，與燕雀相隨乎。」於是奏詩，義慶奇之。賜帛二十匹，尋

擢爲國侍郎，甚見知賞。遷秣陵令。文帝以爲中書舍人。〔一一〕上好爲文章，〔一二〕自謂人莫能

及，照悟其旨，爲文章多鄙言累句。咸謂照才盡，實不然也。臨海王子頊爲荊州，照爲前

軍參軍，掌書記之任。子頊敗，爲亂兵所殺。

義慶在廣陵有疾，而白虹貫城，野麕入府，心甚惡之。因陳求還，文帝許解州，以本號

還朝。二十一年，薨于都下，追贈司空，謚曰康王。子哀王曄嗣，爲元凶所殺。曄子綽嗣，

昇明三年見殺，國除。

營浦侯遵考，武帝族弟也。曾祖淳，皇曾祖武原令混之弟，位正員郎。祖巖，海西令。父涓子，彭城內史。始武帝諸子並弱，宗室唯有遵考。及北伐平定，以為并州刺史，領河東太守，鎮蒲坂。關中失守，南還，再遷冠軍將軍。晉帝遜位，居秣陵宮，遵考領兵防衛。武帝初卽位，封營浦縣侯。元嘉中，累遷寧蠻校尉、雍州刺史，加都督。為政嚴暴，聚斂無節，為有司所糾，上寢不問。孝武大明中，位尚書左僕射，領崇憲太僕。後老疾失明。元徽元年卒，贈左光祿大夫、開府儀同三司，謚曰元公。

子澄之，昇明末貴達。澄之弟琨之為竟陵王誕司空主簿。誕有寶琴，左右犯其徽，誕罰焉。琨之諫，誕曰：「此余寶也。」琨之曰：「前哲以善人為寶，不以珠玉為寶，故王孫圉稱觀父為楚國之寶。未聞以琴瑟為寶。」誕怫然不悅。誕之叛，以為中兵參軍。辭曰：「忠孝不得並，琨之老父在，將安之乎。」誕殺之。後贈黃門郎，詔謝莊為誄。

遵考從父弟思考亦官歷清顯，卒於散騎常侍、金紫光祿大夫。

子季連字惠續，早歷清官。齊高帝受禪，將及誅，太宰褚彥回素善之，固請乃免。建武中，為平西蕭遙欣長史、南郡太守。遙欣多招賓客，明帝甚惡之。季連有憾於遙欣，以為益州刺史，令據遙欣上流。明帝言其有異迹。明帝乃以遙欣為雍州刺史，而心德季連，以為益州刺史，令據遙欣上流。

季連父思考，宋時爲益州，雖無政績，州人猶以義故，故善待之。季連存問故老，見父時人吏皆泣對之。遂寧人襲愜累世有學行，辟爲府主簿。及聞東昏失德，稍自驕矜。性忌褊，遂嚴愎酷很，士人始怨。

永元元年九月，因聲講武，遂遣中兵參軍宋買以兵襲中水穰人李託。買戰不利，退還，州郡遂多叛亂。明年十月，巴西人趙續伯反，奉其鄉人李弘爲聖主。弘乘佛輿，以五綵裹青石，誑百姓云，天與己玉印，當王蜀。季連遣中兵參軍李奉伯大破獲之。將刑，謂刑人曰：「我須臾飛去。」復曰：「汝空殺我，我三月三日會更出。」遂斬之。

梁武帝平建鄴，遣左右陳建孫送季連二子及弟通直郎子深喻旨。[二]季連受命，修還裝。武帝以西臺將鄧元起爲益州刺史。元起，南郡人，季連爲南郡時，待之素薄。元起典籤朱道琛者，嘗爲季連府都錄，無賴，季連欲殺之，逃免。至是說元起請先使檢校緣路奉迎。軍府大懼，言於及至，言語不恭，又歷造府州人士，見器物輒奪之，曰「會屬人，何須苦惜」。季連大慚，言於季連，季連以爲然。既而召兵算之，精甲十萬。臨軍歎曰：「據天嶮之地，握此盛兵，進可以匡社稷，退不失作劉備，欲以此安歸乎。」遂矯稱齊宣德皇后令，復反，收朱道琛殺之。書報朱士略，兼召涪令李膺，並不受命。

天監元年六月，元起至巴西，季連遣其將李奉伯拒戰，見敗。季連固守，元起圍之。城中餓死者相枕，又從而相食。二年，乃肉袒請罪。元起遷季連于外，俄而造焉，待之以禮。季連謝曰：「早知如此，豈有前日之事。」元起誅李奉伯，送季連還都。將發，人莫之視，唯襲愜送焉。初，元起在道，懼事不集無以賞，士之至者皆許以辟命，於是受別駕，中從事檄者將二千人。

季連既至，詣闕謝罪，自東掖門入，數步一稽首以至帝前。帝笑謂曰：「卿欲慕劉備而會不及公孫述，豈無臥龍之臣乎。」赦為庶人。四年，出建陽門，為蜀人藺相如所殺。〔四〕季連在蜀，殺其父。變名走建鄴，至是報焉。

乃面縛歸罪，帝壯而赦之。

宋武帝七男：張夫人生少帝，孫修華生廬陵孝獻王義眞，胡婕妤生文帝，王修容生彭城王義康，桓美人生江夏文獻王義恭，孫美人生南郡王義宣，呂美人生衡陽文王義季。

廬陵孝獻王義眞，美儀貌，神情秀徹。初封桂陽縣公。年十二，從北征。及關中平，武

帝東還，〔一五〕欲留偏將，恐不足固人心，乃以義眞爲雍州刺史，加都督。以太尉諮議參軍京

兆王脩爲長史，委以關中任。帝將還，三秦父老泣訴曰：「殘生不霑王化，於今百年。始覩

衣冠，方仰聖澤。長安十陵，是公家墳墓，咸陽宮殿，是公家屋宅，捨此何之？」武帝爲之憫

然，慰譬曰：「受命朝廷，不得擅留。今留第二兒與文武才賢共鎭此境。」〔一六〕臨還，自執義眞

手以授王脩，令脩執其子孝孫手授帝。義眞又進都督幷、東秦二州，領東秦州刺史。時關

上流戶多在關中，望得歸本。及置東秦州，父老知無復經略隴右、固關中之意，咸共歎息。

而赫連勃勃寇逼交至。

沈田子既殺王鎭惡，王脩又殺田子，兼裁減義眞賜左右物。左右怨之，因白義眞曰：

「鎭惡欲反，故田子殺之；脩殺田子，豈又欲反也。」義眞使左右劉乞殺脩。脩字叔〔一七〕京兆

霸城人。初南度見桓玄，玄謂曰：「君平世吏部郎才也。」脩既死，人情離異。武帝遣右將軍

朱齡石代義眞鎭關中，使義眞疾歸。諸將競斂財貨，方軌徐行。建威將軍傅弘之曰：「虜騎

若至，何以待之？」賊追兵果至。至青泥，大敗，義眞獨逃草中。中兵參軍段宏單騎追尋，義

眞識其聲，曰：「君非段中兵邪？身在此。行矣，必不兩全，可刎身頭以南，使家公望絕。」宏

泣曰：「死生共之，下官不忍。」乃束義眞於背，單馬而歸。義眞謂宏曰：「丈夫不經此，何以

知艱難。」

初，武帝未得義眞審問，怒甚，剋日北伐。謝晦諫不從，及得宏啓，知義眞免乃止。義眞

尋爲司州刺史，加都督。以段宏爲義眞諮議參軍。宏鮮卑人，爲慕容超尚書左僕射，武帝

伐廣固歸降。

　　義眞改揚州刺史，鎭石頭。永初元年，封廬陵王。武帝始踐阼，義眞色不悅，侍讀博士

蔡茂之問其故。對曰：「安不忘危，何可恃也。」明年遷司徒。武帝不豫，以爲車騎將軍、開

府儀同三司、南豫州刺史，加都督，鎭歷陽。未之任而武帝崩。義眞聰敏，愛文義，而輕動無

德業，與陳郡謝靈運、琅邪顏延之、慧琳道人並周旋異常，云「得志日，以靈運、延之爲宰相，

慧琳道人爲西豫州刺史」。徐羨之等嫌義眞與靈運、延之昵狎過甚，使故吏范晏戒之。[一八]

義眞曰：「靈運空疎，延之隘薄，魏文云『鮮能以名節自立』者。但性情所得，未能忘言於悟

賞，故與游耳。」將之鎭，列部伍於東府前。既有國哀，義眞與靈運、延之、慧琳等坐視部伍，

因宴舫裏，使左右剝母舫函道施己船而取其勝者，及至歷陽，多所求索，羨之等每不盡與。

深怨執政，表求還都。

　　初，少帝之居東宮，多狎羣小，謝晦嘗言於武帝曰：「陛下春秋既高，宜思存萬代。神器

至重，不可使負荷非才。」帝曰：「廬陵何如？」晦曰：「臣請觀焉。」晦造義眞，義眞盛欲與談，

晦不甚答，還曰：「德輕於才，非人主也。」由是出居于外。及羨之等專政，義眞愈不悅。時

少帝失德，羨之等謀廢立，次第應在義眞。以義眞輕訬，不任主社稷，因其與少帝不協，奏廢爲庶人，徙新安郡。前吉陽令張約之上疏諫，徙爲梁州府參軍，[二0]尋殺之。景平二年，羨之等遣使殺義眞於徙所，時年十八。元嘉元年八月，詔追復先封，迎靈樞，幷孫修華、謝妃一時俱還。三年正月，誅徐羨之、傅亮等。是日，詔追崇侍中、大將軍，王如故。贈張約之以郡。

義眞無子，文帝以第五子紹字休胤嗣，[二一]襲廬陵王。紹少寬雅，位揚州刺史。薨。無子，以南平王鑠子敬先嗣。

彭城王義康，永初元年，封彭城王。歷南豫、南徐二州刺史，並加都督。文帝卽位，爲驃騎將軍、開府儀同三司。元嘉三年，改授都督、荊州刺史，給班劍三十人。

義康少而聰察，及居方任，職事修理。六年，司徒王弘表義康宜還入輔。徵爲侍中、司徒、錄尚書事、都督、南徐州刺史。二府置佐領兵，與王弘共輔朝政。弘旣多疾，且每事推謙，自是內外衆務一斷之義康。太子詹事劉湛有經國才用，義康昔在豫州，湛爲長史，旣素情歡，至是待遇特隆，動皆諮訪，故前後在藩多善政。九年，王弘薨，又領揚州刺史。十二

年，又領太子太傅。

義康性好吏職，銳意文案，糾剔是非，莫不精盡。既專朝權，事決自己，生殺大事，皆以

錄命斷之。凡所陳奏，入無不可，方伯以下，並委義康授用，由是朝野輻湊，權傾天下。義

康亦自強不息，無有懈倦。府門每旦常有數百乘車，雖復位卑人微，皆被接引。又聰識過

人，一聞必記，嘗所暫遇，終身不忘。稱人廣坐，每標題所憶，以示聰明，人物益以此推服

之。愛惜官爵，未嘗以階級私人。凡朝士有才用者，皆引入己府，自下樂為竭力，不敢欺

負。文帝有虛勞疾，每意有所想，便覺心中痛裂，屬纊者相係。義康入侍醫藥，盡心衛奉，

湯藥飲食，非口所嘗不進。或連夕不寢，彌日不解衣。內外眾事，皆專決施行。

十六年，進位大將軍，領司徒。義康素無術學，待文義者甚薄。袁淑嘗詣義康，義康問

其年，答曰：「鄧仲華拜衮之歲。」義康曰：「身不讀書，君無為作才語見向。」其淺陋若此。淑又曰：「陸機入洛之年。」義康曰：

「身不識也。」既闇大體，自謂兄弟至親，不復存君臣形

迹。率心而行，曾無猜防。私置僮六千餘人，不以言臺。時四方獻饋，皆以上品薦義康，而

以次者供御。上嘗冬月噉柑，歎其形味並劣。義康在坐，曰：「今年柑殊有佳者。」遣還東府

取柑，大供御者三寸。

僕射殷景仁為帝所寵，與劉湛素善，而意好晚乖，湛常欲因宰輔之權傾之。景仁為帝

所保持，義康屢言不見用，湛愈憤。南陽劉斌，湛之宗也，有涉俗才用，〔三〕爲義康所知，自

司徒右長史擢爲左長史。從事中郎琅邪王履，主簿沛郡劉敬文、祭酒魯郡孔胤秀並以傾側

自入，見帝疾篤，皆謂宜立長君。義康還省，流涕以告湛及景

仁。湛曰：「天下艱難，詎是幼主所御。」義康、景仁並不答，〔三〕而胤秀等輒就尚書儀曹索晉

咸康立康帝舊事，義康不知也。及帝疾瘳，微聞之，而斌等既爲義康所寵，遂結朋黨，若有

盡忠奉國不同己者，必搆以罪黜。每采景仁短長，或虛造同異以告湛，自是主相之勢分矣。

義康欲以斌爲丹陽尹，言其家貧。上覺之，曰：「以爲吳郡。」後會稽太守羊玄保求還，

義康又欲以斌代之。上時未有所擬，倉卒曰：「我已用王鴻。」上以嫌隙既成，將致大禍，十七

年，乃收劉湛，又誅斌及大將軍錄事參軍劉敬文并賊曹孔劭秀、中兵邢懷明、主簿孔胤秀、

丹陽丞孔文秀、司空從事中郎司馬亮、烏程令盛曇泰，徙尚書庫部郎何默子、餘姚令韓景

之，永興令顏遙之、湛弟黃門郎素、斌弟給事中溫於廣州，王履廢於家。青州刺史杜驥勒兵

殿內，以備非常。義康時入宿，留止中書省，遣人宣旨告以湛等罪。義康上表遜位，改授江

州刺史，出鎮豫章，實幽之也。停省十餘日，桂陽侯義融、新渝侯義宗、秘書監徐湛之往來

慰視。於省奉辭，便下渚，上唯對之慟哭，遣沙門慧琳視之。義康曰：「弟子有還理不？」琳

公曰：「恨公不讀數百卷書。」征虜司馬蕭斌爲義康所昵，劉斌等讒之被斥，乃以斌爲諮議，

領豫章太守，事無大小皆委之。司徒主簿謝綜素爲義康所狎，以爲記室。左右愛念者並聽隨從至豫章。辭州見許，資奉優厚，朝廷大事，皆報示之。

義康未敗時，東府聽事前井水忽涌，野雉江鷗並入所住齋前。龍驤參軍巴東扶令育上表申明義康，卽收付建康獄賜死。[二三]

會稽長公主於兄弟爲長，帝所親敬。上嘗就主宴集甚歡，主起再拜頓首，悲不自勝。上不曉其意，起自扶之，主曰：「車子歲暮，必不見容，特乞其命。」因慟哭。上亦流涕，指蔣山曰：「必無此慮，若違今誓，便是負初寧陵。」卽封所飲酒賜義康曰：「會稽姊飲憶弟，所飲餘，今封送。」車子，義康小字也。

二十二年，太子詹事范曄等謀反，事連義康，詔特宥大辟，幷子女並免爲庶人，絕屬籍，徙安成郡。義康在安成讀《漢書》見淮南厲王長事，廢書歎曰：「前代乃有此，我得罪爲宜也。」

二十四年，豫章胡誕世、前吳平令袁惲等謀奉戴義康，太尉江夏王義恭奏徙義康廣州，奏可，未行，會魏軍至瓜步，天下擾動，上慮有異志者奉義康爲亂，孝武時鎮彭城及尚書左僕射何尚之並言宜早爲之所。二十八年正月，遣中書舍人嚴龔持藥賜死。[二四]義康不肯服藥，曰：「佛教自殺不復人身。」乃以被掩殺之，以侯禮葬安成郡。子允，元凶殺之。孝武大明四年，義康女玉秀等乞反葬舊塋，詔聽之。

江夏文獻王義恭，幼而明嶷，姿顏端麗，武帝特所鍾愛。帝性儉，諸子飲食不過五酸盤。義恭求須果食，日中無算，得未嘗噉，悉以與傍人。諸王未嘗敢求，求亦不得。

元嘉六年，為都督、荊州刺史。義恭涉獵文義，而驕奢不節。及出藩，文帝與書誡之曰：

禮賢下士，聖人垂訓，驕侈矜尚，先哲所去。豁達大度，漢祖之德，猜忌褊急，魏武之累。漢書稱衛青云：「大將軍遇士大夫以禮，與小人有恩。」西門、安于，矯性齊美，關羽、張飛，任偏同弊。行己舉事，深宜鑒此。汝一月日自用不可過三十萬，若能省此益美。

西楚殷曠，常宜早起，接對賓侶。園池堂觀，計無須改作。凡訊獄前一二日，可取訊簿密與劉湛輩共詳論，慎無以喜怒加人。能擇善者從之，美自歸己。不可專意自決，以矜獨斷之明也。刑獄不可壅滯，一月可再訊。

凡事皆應愼密。名器深宜愼惜，不可妄以假人。聲樂嬉游，不宜令過。宜數引見佐吏，非惟臣主自應相見。不數則彼我不親，不親無因得盡人情，人情不盡，何由具知

九年，爲南兗州刺史，加都督，鎮廣陵。十六年，進位司空。明年，彭城王義康有罪出藩，徵義恭爲侍中、都督揚南徐兗三州、司徒、錄尚書事，領太子太傅。給班劍二十人，置佐領兵。二十一年，進太尉，領司徒。義恭小心，且戒義康之失，雖爲總錄，奉行文書而已。文帝安之。年給相府錢二千萬，他物稱此。而義恭性奢，用常不足，文帝又別給錢年至千萬。時有獻五百里馬者，以賜義恭。

二十七年，文帝欲有事河、洛，義恭總統羣帥，出鎮彭城。及魏軍至瓜步，義恭與孝武閉城自守。初，魏軍深入，上慮義恭不能固彭城，備加誡勗。義恭答曰：「臣雖未能臨瀚海，濟居延，庶免劉仲奔逃之恥。」及魏軍至，義恭果欲走，賴衆議得停。降號驃騎將軍、開府儀同三司。魯郡孔子舊廟有栢樹二十四株，歷漢、晉，其大連抱。有二株先折，土人崇敬，莫之敢犯。義恭悉遣伐取，父老莫不歎息。又以本官領南兗州刺史，加都督，移鎮盱眙，修館宇擬東城。

二十九年冬，還朝，上以御所乘蒼鷹船上迎之。遭太妃憂，改授大將軍、南徐州刺史。元凶肆逆，其日劭急召義恭。先是，詔召太子及諸王，慮有詐妄致害者，召皆有人，至是，義恭求常所遣傳詔，劭遣之而後入。義恭凡府內兵仗，並送還臺。進位太保。

還鎮東府。

孝武入討，劭疑義恭有異志，使入住尚書下省，分諸子並住神獸門外侍中下省。[二六]孝

武前鋒至新亭，劭挾義恭出戰，故不得自拔。戰敗，義恭單馬南奔。劭大怒，遣始興王濬殺

義恭十二子。

義恭既至，勸孝武即位。授太尉、錄尚書六條事、假黃鉞。事寧，進位太傅、領大司馬，

增班劍為三十人，以在藩所服玉環大綬賜之。上不欲致禮太傅，諷有司奏「天子不應加拜」，

從之。及立太子，東宮文案，使先經義恭。

及南郡王義宣等反，又加黃鉞，白直百人入六門。事平，以臧質七百里馬賜義恭。孝

武以義宣亂逆，由於強盛，欲削王侯。義恭希旨，請省錄尚書，上從之。又與驃騎大將軍竟

陵王誕奏陳貶損之格九條，詔外詳議。於是有司奏九條之格猶有未盡，更加附益，凡二十

四條。大抵「聽事不得南面坐施帳；國官正冬不得跣登國殿，公主妃傳令，不得朱服；輿不得

重捆；郡扇不得雉尾；劍不得鹿盧形；槃耳不得孔雀白氅，夾轂隊不得絳襖；平乘但馬不得

過二匹，[二七]胡伎不得綵衣，舞伎正冬著袿衣，不得莊面；諸妃主不得著緄帶；信幡非臺省官

悉用絳；郡縣內史相及封內長官於其封君，罷官則不復追敬，不稱臣，諸鎮常行，車前不得

過六隊；刀不得過銀銅飾；諸王女封縣主，諸王子孫襲封王之妃及封侯者夫人行，並不得鹵

簿，諸王子繼體為王者，婚葬吉凶，悉依諸國公侯之禮，不得同皇弟皇子；車輿非軺車不得

油幢；平乘船皆下兩頭作露半形，不得擬象龍舟」。詔可。

孝建二年，爲揚州刺史，加入朝不趨，贊拜不名，劍履上殿。固辭殊禮。義恭撰要記五卷，起前漢訖晉太元，表上之。詔付秘閣。時西陽王子尚有盛寵，義恭解揚州以避之。乃進位太宰，領司徒。

義恭常慮爲孝武所疑，及海陵王休茂於襄陽爲亂，乃上表稱「諸王貴重，不應居邊。有州不須置府」。其餘制度又多所減省。時孝武嚴暴，義恭慮不見容，乃卑辭曲意附會，皆有容儀，每有祥瑞輒上賦頌。大明元年，有三脊茅生石頭西岸，又勸封禪，上甚悅。及孝武崩，遺詔：「義恭解尚書令，加中書監。柳元景領尚書令，入住城內。事無巨細，悉關二公，大事與沈慶之參決，若有軍旅，可爲總統。尚書中事委顏師伯，外監所統委王玄謨。」

前廢帝即位，復錄尚書，本官如故。尚書令柳元景即本號開府儀同三司，領兵置佐，一依舊準。又增義恭班劍爲四十人，更申殊禮之命。固辭殊禮。

義恭性嗜不恒，與時移變，自始至終，屢遷第宅。與人游款，意好亦多不終。奢侈無度，不愛財寶，左右親幸，一日乞與，或至一二百萬，小有忤意，輒追奪之。大明時，資供豐厚，而用常不足。賒市百姓物，無錢可還，民有通辭求錢者，輒題後作「原」字。善騎馬，解音律，游行或二三百里，孝武恣其所之。東至吳郡，登虎丘山，又登無錫縣烏山以望太湖。大

明中撰國史，孝武自爲義恭作傳。

及永光中，雖任宰輔，而承事近臣戴法興等常若不及。前廢帝狂悖無道，義恭、元景謀

欲廢立，廢帝率羽林兵於第害之，并其四子。〔二〇〕斷析義恭支體，分裂腹胃，挑取眼睛以蜜漬

之，以爲鬼目粽。〔二九〕明帝定亂，令書「追崇侍中、都督中外諸軍、丞相、領太尉、中書監、錄尚

書事、王如故。給九旒鸞輅，虎賁班劍百人，前後部羽葆、鼓吹、輼輬車」。泰始三年，又詔陪

祭廟庭。

南郡王義宣，生而舌短，澀於言論。元嘉元年，封竟陵王，都督、南兗州刺史，遷中書

監，中軍將軍，給鼓吹。時竟陵蠻蠻充斥，役劬民散，改封南譙王。十三年，出爲江州刺史，

加都督。

初，武帝以荊州上流形勝，地廣兵強，遺詔諸子次第居之。謝晦平後，以授彭城王義

康，義康入相，次江夏王義恭，又以臨川王義慶宗室令望，且臨川烈武王有大功於社稷，義

慶又居之。其後應在義宣，上以義宣人才素短，不堪居上流。十六年，以衡陽王義季代義

康，而以義宣爲南徐州刺史。而會稽公主每以爲言，上遲回久之。二十一年，乃以義宣都

督七州諸軍事、車騎將軍、荊州刺史。先賜中詔曰：「師護以在西久，比表求還，出內左右，自是經國常理，亦何必其應於一往。今欲聽許，以汝代之。師護雖無殊績，[三〇]潔己節用，通懷期物，不恣羣下。此信未易，在彼已有次第，爲士庶所安，論者乃謂未議遷之。今之回換，更在欲爲汝耳。汝與師護年時一輩，各有其美，方物之義，亦互有少劣，若今向事脫一減之者，既於西夏交有巨礙，還代之譏，必歸責於吾矣。」師護，義季小字也。義宣至鎮，勤自課厲，政事修理。白晳，美須眉，長七尺五寸，腰帶十圍。多畜嬪媵，後房千餘，尼媼數百，男女三十人。崇飾綺麗，費用殷廣。進位司空，改侍中。

二十七年，魏軍南侵，義宣慮寇至，欲奔上明。及魏軍退，文帝詔之曰：「善修民務，不須營潛逃計也。」還司徒、揚州刺史，侍中如故。

元凶弒立，以義宣爲中書監、太尉，領司徒。義宣聞之，即時起兵，徵聚甲卒，傳檄近遠。會孝武入討，義宣遣參軍徐遺寶率衆三千，助爲先鋒。孝武即位，以義宣爲中書監、都督揚、豫二州，丞相、錄尚書六條事、揚州刺史，加羽葆、鼓吹，給班劍四十人，改封南郡王。追諡義宣所生爲獻太妃，封次子宜陽侯愷爲南譙王。義宣固辭內任及愷王爵。於是改授都督八州諸軍事、荊湘二州刺史，持節、侍中、丞相如故。降愷爲宜陽縣王，將佐以下，並加賞秩。

義宣在鎮十年，兵強財富。既首創大義，威名著天下，凡所求欲，無不必從。朝廷所下

制度，意不同者，一不遵承。嘗獻孝武酒，先自酌飲，封送所餘，其不識大體如此。

初，臧質陰有異志，以義宣凡弱，易可傾移，欲假手為亂，以成其姦。自襄陽往江陵見

義宣，便盡禮；及至江州，每密信說義宣，以為「有大才，負大功，挾震主之威，自古勘有全

者。宜在人前早有處分，不爾，一旦受禍，悔無所及」。義宣陰納質言。而孝武閨庭無禮，與

義宣諸女淫亂，義宣因此發怒，密治舟甲，剋孝建元年秋冬舉兵，報豫州刺史魯爽、兗州刺

史徐遺寶使同。爽狂酒失旨，其年正月便反。遣府戶曹送版，以義宣補天子，并送天子羽

儀。遺寶亦勒兵向彭城。義宣及質狼狽起兵，二月，加都督中外諸軍事，置左右長史、司

馬，使僚佐悉稱名。遺傳奉表，以姦臣交亂，圖傾宗社，輒徵召甲卒，戮此凶醜。詔答之。太

傅江夏王義恭又與義宣書，諭以禍福。

義宣移檄諸州郡，遣參軍劉諶之、尹周之等率軍下就臧質。雍州刺史朱脩之起兵奉

順。義宣率衆十萬，發自江津，舳艫數百里。是日大風，船垂覆沒，僅得入中夏口。以第八

子愔為輔國將軍，留鎮江陵。遣魯秀、朱曇韶萬餘人北討朱脩之。秀初至江陵見義宣，既

出，拊膺曰：「阿兄誤人事，乃與癡人共作賊，今年敗矣。」義宣至尋陽，與質俱下。質為前鋒

至鵲頭，聞徐遺寶敗，魯爽於小峴授首，相視失色。孝武使鎮北大將軍沈慶之送爽首於義

宣并與書，義宣、質並駭懼。

上先遣豫州刺史王玄謨舟師頓梁山洲內，東西兩岸爲却月城，營柵甚固。撫軍柳元景

據姑孰爲大統，偏師鄭琨、武念戍南浦。質徑入梁山，去玄謨一里許結營。義宣屯燕湖。五

月十九日，西南風猛，質乘風順流攻玄謨西壘，冗從僕射胡子友等戰失利，棄壘度就玄謨。

質又遣將龐法起數千兵趣南浦，仍使自後掩玄謨。與琨、念相遇。法起戰大敗，赴水死略

盡。義宣至梁山，質上出軍東岸攻玄謨。玄謨分遣游擊將軍垣護之，竟陵太守薛安都等出

壘奮擊，大敗質軍，軍人一時投水。護之等因風縱火，焚其舟乘，風勢猛盛，煙燄覆江。義

宣時屯西岸，延火燒營殆盡。諸將乘風火之勢，縱兵攻之，衆一時奔潰。義宣與質相失，各

單舸逃走。東人士庶並歸順，西人與義宣相隨者，船舸猶有百餘。女先適臧質子，過尋陽，

入城取女，載以西奔。至江夏，聞巴陵有軍被抄斷，回入迤口，步向江陵。衆散且盡，左右

唯有十許人。脚痛不復能行，就民僦露車自載。無復食，緣道求告。至江陵郭外，竺超人

其羽儀迎之，時帶甲尙萬餘人。

義宣既入城，仍出聽事見客。左右翟靈寶誠使撫慰衆賓，以「臧質違指授之宜，用致失

利，今治兵繕甲，更爲後圖。昔漢高百敗，終成大業」。而義宣誤云「項羽千敗」。衆咸掩口而

笑。魯秀、竺超人等猶爲之爪牙，欲收合餘燼，更圖一決。而義宣悕蟄，無復神守，入內不

復出，左右腹心相率奔叛。魯秀北走，義宣不復自立，欲隨秀去。乃於內戎服，盛糧糒，帶

背刀，攜息慆及所愛妾五人，皆著男子服相隨。城內擾亂，白刃交橫，義宣大懼落馬，仍便

步地。超人逶城外，更以馬與之。超人還守城。

義宣冀及秀，望諸將送北入魏。既失秀所在，未出郭，將士逃盡，唯餘慆及五妾兩黃門

而已。夜還向城，入南郡空廨，無牀，席地至旦。遣黃門報超人，超人遣故車一乘，載送刺

姦。義宣止獄戶，坐地歎曰：「臧質老奴誤我。」始與五妾俱入獄，五妾尋被遣出。義宣號泣

語獄吏曰：「常日非苦，今日分別始是苦。」大司馬江夏王義恭諸公王八座與荊州刺史朱脩

之書，言「義宣反道叛恩，便宜專行大戮」。書未達，脩之已至江陵，於獄盡之。孝武聽還葬

舊墓。

　長子恢年十一，拜南譙王世子。晉氏過江，不置城門校尉及衛尉官。孝武欲重城禁，

故復置衛尉卿，以恢為侍中，領衛尉。衛尉之置，自恢始也。義宣反，錄付廷尉，自殺。恢

弟愷字景穆，生而養於宮中，寵均皇子。十歲封宜陽侯，孝武時進為王。義宣反問至，愷於

尚書寺內著婦人衣，乘問訊車投臨汝公孟顗，顗於妻室內為地窟藏之。事覺，并詔誅。其

餘並為脩之所殺。

衡陽文王義季，幼而夷簡，無鄙近之累。文帝為荊州，武帝使隨往，由是特為文帝所愛。

元嘉元年，封衡陽王。十六年，代臨川王義慶為都督、荊州刺史。

先是義慶在任，遇巴、蜀擾亂，師旅應接，府庫空虛。義季畜財節用，數年還復充實。隊主續豐母老家貧，無以充養，遂不食肉。義季哀其志，給豐母月米二斛，錢一千，并制豐噉肉。義季素拙書，上聽使人書啟事，唯自署名而已。

嘗大蒐於郢，[二]有野老帶苦而耕，命左右斥之。老人擁未對曰：「昔楚子盤游，受譏令尹，今陽和扇氣，播厥之始，一日不作，人失其時。大王馳騁為樂，驅斥老夫，非勸農之意。」義季止馬曰：「此賢者也。」命賜之食。老人曰：「吁！願大王均其賜也。苟不奪人時，則一時皆享王賜，老人不偏其私矣。斯飯也弗敢當。」問其名，不言而退。

王義康廢後，遂為長夜飲，略少醒日。文帝詰責曰：「此非唯傷事業，亦自損性，皆汝所諳。近長沙兄弟皆緣此致故，將軍蘇徵耽酒成疾，且夕待盡。一門無此酣法，[三]汝於何得之？」義季雖奉旨，酣縱不改成疾，以至於終。

二十一年，徵為征北大將軍、開府儀同三司、南兗州刺史，加都督。發州之日，帷帳器服諸應隨刺史者，悉留之，荊楚以為美談。

二十二年,遷徐州刺史。明年,魏攻邊,北州擾動。義季慮禍,不欲以功勤自業,無他

經略,唯飲酒而已。文帝又詔責之。

二十四年,薨於彭城。太尉江夏王義恭表解職迎喪,不許。上遣東海王褘迎喪,追贈

司空。傳國至孫,齊受禪,國除。

論曰:自古帝王之興,雖係之于歷數,至於經啟多難,莫不藉親賢。當於餘祚內侮,

荀、桓交逼,荊楚之勢,同于累卵。如使上略未盡,一算或遺,則得喪之機,未可知也。烈武

王膺纍才,揚盛策,一舉而掃勍寇,蓋亦人謀之致乎。長沙雖位列台鼎,不受本根之寄,跡

其行事,有以知武皇之則哲。廬陵以帝子之重,兼高明之姿,釁跡未彰,禍生忌克,痛矣!夫

天倫猶子,分形共氣,親愛之道,人理斯同;富貴之情,其義則舛。善乎龐公之言:比之周

公、管、蔡,若處茅屋之內,宜無放殺之酷。觀夫彭城、南郡,其然乎。江夏地居愛子,位當

上相,大明之世,親禮冠朝,屈體降身,歸于卑下,得使兩朝暴主,永無猜色,歷載踰十,以尊

戚自保。及在永光,幼主南面,公旦之重,屬有所歸,自謂踐冰之慮已除,泰山之安可恃,曾

未云幾,而磔體分肌。古人以隱微致誠,斯為篤矣。衡陽晚存酒德,何先後之云殊,其將存

校勘記

〔一〕 長沙景王道憐　嚴可均輯全宋文載宋故散騎常侍護軍將軍臨澧侯劉使君墓誌，「道憐」作「道鄰」，唐顏師古匡謬正俗據其家藏宋高祖集亦作「道鄰」，謂「史牒誤爲『憐』字，莫有知其本實」。按誌、集是。

〔二〕 鸞輅九旒　「鸞輅」各本作「鸞路」。按晉書宗室安平獻王孚傳：「給鸞輅輕車。」南齊書輿服志：「黃屋車，建碧旒九旒」，本注：「九旒，鸞輅也。」路輅古今字，今改作「輅」。

〔三〕 故青州刺史龍驤侯王鎮惡並勒功天府　「龍陽縣侯」各本作「龍陽縣公」。按宋文帝紀及本傳並作「龍陽縣侯」，今據改。

〔四〕 昇明元年　「元年」各本作「二年」，據宋書順帝紀改。

〔五〕 善於用短楯　「短楯」各本脫「楯」字，據宋書補。

〔六〕 無忌欲乘勝直造江陵　「乘勝」下各本衍「追玄」二字，據宋書刪。按宋書云：「玄單舸走江陵，欲入蜀」，爲馮遷所殺，此即上「玄敗走」之事。道規等軍阻風不能進，乃攻破桓謐於馬頭，攻破桓蔚於龍洲，此即上「道規與劉毅、何無忌追破之」之事。桓玄死，桓謐破，桓謙、桓振復據江陵，故

「無忌欲乘勝直造江陵」。宋書此處無「追玄」二字，得其實。

〔七〕　道規使劉遵爲游軍自拒道覆　「自」字各本並脫，據宋書補。

〔八〕　臨淮海西人　「臨淮」各本作「淮南」。按宋書州郡志，臨淮屬縣有海西，據宋書改。

〔九〕　義慶表舉前臨沮令新野庾實至處士南陽師覺授　「臨沮」、「南陽」各本作「臨汝」、「南郡」。據宋書及宋書宗炳傳改。按本書孝義師覺授傳亦云「南陽涅縣人」。

〔一〇〕　引爲佐吏國臣　「佐吏」宋書作「佐史」。

〔一一〕　文帝以爲中書舍人在孝武時（見恩倖傳）　「文帝」宋書作「世祖」，乃孝武帝。錢大昕廿二史考異：「按鮑照爲中書舍人，此云文帝者誤也。」

〔一二〕　上好爲文章　「爲」字各本並脫，據宋書補。

〔一三〕　遣左右陳建孫送季連二子及弟通直郎子深喩旨　「子深」梁書作「子淵」，此避唐諱改。

〔一四〕　爲蜀人蘭相如所殺　「蘭相如」梁書作「蘭道恭」，此蓋習聞戰國蘭相如而謁。

〔一五〕　武帝東還　「還」各本作「遷」，據宋書改。

〔一六〕　今留第二兒與文武才賢共鎮此境　「與」各本作「令」，據通鑑改。

〔一七〕　悋字叔　「叔」宋書作「叔治」，此避唐諱省。

〔一八〕　徐羨之等嫌義眞與靈運延之昵狎過甚使故吏范晏戒之　「與」字「使」字各本並脫，據宋書補。

〔一九〕 徙爲梁州府參軍　「府參軍」各本作「府軍參軍」，據宋書刪。

〔二○〕 文帝以第五子紹字休胤嗣　「以」字各本並脱，據通志補。

〔二一〕 有涉俗才用　「涉」字各本並脱，據宋書補。

〔二二〕 湛曰至義康景仁並不答　「湛曰」之「湛」各本脱，「義康」各本作「滋」，並據宋書訂正。

〔二三〕 巴東扶令育上表申明義康奏即收付建康獄賜死　「扶令育」各本作「令扶育」，「獄」字各本並脱。

今據宋書乙補。

〔二四〕 遣中書舍人嚴龒持藥賜死　「嚴龒」宋書作「嚴龍」。

〔二五〕 不親無因得盡人情人情不盡何由具知衆事　二「情」字各本並脱，據宋書補。

〔二六〕 劭疑義恭有異志使入住俏書下省分諸子並住神獸門外侍中下省　「有」字及二「住」字，各本並

脱，據宋書補。

〔二七〕 平乘但馬不得過二四　「但馬」宋書禮志、冊府元龜二九一並作「誕馬」。張元濟南史校勘記謂

「但」、「誕」二字通。

〔二八〕 幷其四子　「其」字各本並脱，據太平御覽一五一引、通鑑、通志補。

〔二九〕 以爲鬼目粽　李慈銘宋書札記：「粽當作糉，即糝字。廣韻：『糝，蜜漬瓜食也』，即今之小菜。」

〔三○〕 師護雖無殊績　「師護」各本作「護」，下「汝與師護年時一輩」同。按古人雙字名無單稱一字者，

列傳第三　校勘記

三八三

據册府元龜一九六及通鑑補。

〔三〕 嘗大蒐於郢 「郢」太平御覽八三一引南史、又八五〇引宋書並作「郊」。按江陵，楚之郢都，作「郊」可通，然作「郊」義似更長。

〔三〕 一門無此醋法 「醋法」宋書作「醋酒」。

列傳第四

宋宗室及諸王下

宋文帝諸子　孝武諸子　孝明諸子

文帝十九男：元皇后生元凶劭，潘淑妃生始興王濬，路淑媛生孝武帝，吳淑儀生南平穆王鑠，高修儀生廬陵昭王紹，殷修華生竟陵王誕，曹婕妤生建平宣簡王宏，陳修容生東海王褘，[一]謝容華生晉熙王昶，江修容生武昌王渾，沈婕妤生明帝，楊美人生始安王休仁，[二]邢美人生山陽王休祐，[三]蔡美人生海陵王休茂，董美人生鄱陽哀王休業，顏美人生臨慶沖王休倩，陳美人生新野懷王夷父，荀美人生桂陽王休範，羅美人生巴陵哀王休若。紹出繼廬陵孝獻王義眞。

元凶劭字休遠，文帝長子也。帝卽位後，諒闇中生劭，故秘之。元嘉三年閏正月方云

劭生。自前代人君卽位後，皇后生太子，唯殷帝乙踐阼，正妃生紂，至此又有劭焉。

始生三日，帝往視之，簪帽甚堅，無風而墜于劭側，上不悅。年六歲，拜爲皇太子，中庶子二率入直永福省，初命之曰劭，在文爲召刀，

後惡焉，改刀爲力。年十二，出居東宮，納黃門侍郎殷淳女爲妃。十三加元服。好讀史傳，尤愛弓馬。及長，美

鬚眉，大眼方口，長七尺四寸。親覽宮事，延賓客，意之所欲，上必從之。東宮置兵與羽林

等。十七年，劭拜京陵，大將軍彭城王義康、竟陵王誕、桂陽侯義融並從。

二十七年，上將北侵，劭與蕭思話固諫，不從。魏太武帝至瓜步，上登石頭城，有憂色。

劭曰：「不斬江湛、徐湛之，無以謝天下。」上曰：「北伐自我意，不關二人；但湛等不異耳。」由

是與江、徐不平。

上時務本業，使宮內皆蠶，欲以諷勵天下。有女巫嚴道育夫爲劫，坐沒入奚官。劭姊

東陽公主應閣婢王鸚鵡白公主道育通靈，主乃白上託云善蠶，求召入。道育云：「所奉天

神，當賜符應。」時主夕臥，見流光相隨，狀若螢火，遂入巾箱化爲雙珠，圓靑可愛。於是主

及劭並信惑之。始與王濬素佞事劭，並多過失，慮上知，使道育所請，欲令過不上聞。歌儛

呪詛，不捨晝夜。道育輒云：「自上天陳請，必不泄露。」劭等敬事，號曰天師。後遂為巫蠱，刻玉為上形像，埋於含章殿前。

初，東陽公主有奴陳天興，鸚鵡養以為子而與之淫通。鸚鵡、天興及寧州所獻黃門慶國並與巫蠱事，劭以天興補隊主。東陽主薨，鸚鵡應出嫁，劭慮言語泄，與濬謀之，嫁與濬府佐吳興沈懷遠為妾。不啟上，慮事泄，因臨賀公主微言之。上後知天興領隊，遣閹人奚承祖讓劭曰：「汝閒用隊主副盡是奴邪？欲嫁者又嫁何處？」劭答：「南第昔屬天興求將吏驅使，視形容粗健，便兼隊副，下人欲嫁者猶未有處。」時鸚鵡已嫁懷遠矣。劭懼，書告濬，并使報臨賀主，上若問嫁處，當言未定。濬答書曰：「啟此事多日，今始來問，當是有感發之者。計臨賀故不應翻覆言語，自生寒熱也。此姥由來挾兩端，難可孤保，正爾自問臨賀冀得審實也。其若見問，當作依違答之。天興先署佞人府位，不審監上當無此簿領，可急宜犍之。〔四〕殿下已見王未？宜依此具令嚴自躬上啟聞。彼人若為不已，政可促其餘命，或是大慶之漸。」凡劭、濬相與書類如此。所言皆為名號，謂上為「彼人」，或以為「其」；謂太尉江夏王義恭為「佞人」；東陽主第在西掖門外，故云「南第」。王即鸚鵡姓。「躬上啟聞」者，令道育上天白天神也。鸚鵡既適懷遠，慮與天興私通事泄，請劭殺之。劭密使人害天興。既而慶國謂往來唯有二人，天興既死，慮將見及，乃以白上。上驚愕，即收鸚鵡家，得劭、濬手

書，皆呪詛巫蠱之言。得所埋上形像於宮內。道育叛亡，捕之不得。上詰責劭、濬，劭、濬

唯陳謝而已。道育變服為尼，逃匿東宮。濬往京口，又以自隨，或出止人張旿家。上謂江

夏王義恭曰：「常見典籍有此，謂止書傳空言，[五]不意親觀。劭南面之日，非復我及汝事。

汝兒子多，將來遇此不幸耳。」

先是二十八年，彗星起畢、昴，入太微，掃帝坐端門，滅翼、軫。二十九年，熒惑逆行守

氐，自十一月霖雨連雪，陽光罕曜。時道士范材修練形術，是歲自言死期，如期而死。既

殯，江夏王疑其仙也，使開棺視之，首如新剡，血流于背，上聞而惡焉。

三十年正月，大風飛霰且雷，上憂有竊發，輒加劭兵，東宮實甲萬人。其年二月，濬自

京口入朝，當鎮江陵，復載道育還東宮，欲將西上。有告上云：「京口人張旿家有一尼服食，

出入征北內，似是嚴道育。」上使掩得二婢，云：「道育隨征北還都。」上悑恨惋駭，須檢覆，廢

劭賜濬死。初，濬母卒，命潘淑妃養以為子。淑妃愛濬，濬心不附。妃被寵，上以謀告之。

妃以告濬，濬報劭，因有異謀。每夜饗將士，或親自行酒，密與腹心隊主陳叔兒、齋帥張超

之、任建之謀之。

其月二十一日夜，詐作上詔，云：「魯秀謀反，汝可平明率衆入。」因使超之等集素所養

士二千餘人皆被甲，云「有所討」。宿召前中庶子右軍長史蕭斌及左衛率袁淑、中舍人殷仲

素、左積弩將軍王正見並入，告以大事，自起拜斌等，因流涕。並驚愕。明旦，劭以朱服加

戎服上，乘畫輪車，與蕭斌同載，衛從如常入朝儀，從萬春門入。舊制，東宮隊不得入城，劭

語門衛云：「受詔有所收討。」令後速來，張超之等數十人馳入雲龍東中華門。及齋閣，拔刃

徑上合殿。上其夜與尚書僕射徐湛之屏人語，至旦燭猶未滅，門階戶席並無侍衛。上以几

自鄣，超之行殺，上五指俱落，并殺湛之。劭進至合殿中閤，文帝已崩。出坐東堂，蕭斌執

刀侍直，呼中書舍人顧嘏。〔六〕嘏懼，不時出，及至，問曰：「欲共見廢，何不早啓。」未及答，斬

之。遣人於崇禮闥，殺吏部尚書江湛。文帝左細仗主卜天與攻劭於東堂，見殺。又使人入

殺潘淑妃，剖其心觀其邪正。使者阿旨，答曰：「心邪。」劭曰：「邪佞之心，故宜邪也。」又殺

文帝親信左右數十人。急召始興王濬率衆屯中堂。

劭即僞位，百僚至者裁數十人，乃爲書曰：「徐湛之弒逆，吾勒兵入殿，已無所及。今罪

人斯得，元凶克殄，可大赦，改元爲太初。」素與道育所定也。蕭斌曰：「舊踰年改元。」劭以

問侍中王僧綽，僧綽曰：「晉惠帝即位便改年。」劭喜而從之。初使蕭斌作詔，斌辭以不文，

乃使王僧綽。始文帝未崩前一日甲夜，太史奏：「東方有急兵，其禍不測，宜列萬人兵於太

極前殿，可以銷災。」上不從。及劭弒逆，聞而歎曰：「幾誤我事。」乃問太史令曰：「我得幾

年。」對曰「得十年。」退而語人曰：「十旬耳。」劭聞而怒，毆殺之。

即位訖，便稱疾還入永福省，然後還大行皇帝升太極殿，以蕭斌爲尚書僕射，何尚之爲

司空。大行大斂，劭辭疾不敢出。先給諸處兵仗，悉收還武庫。遣人謂魯秀曰：「徐湛之常

欲相危，我已爲卿除之。」使秀與屯騎校尉龐秀之對掌軍隊。以侍中王僧綽爲吏部尚書，[七]

司徒左長史何偃爲侍中。

成服日，劭登殿臨靈，號慟不自持。博訪公卿，詢求政道，遣使分行四方。分浙江以東

五郡爲會州，省揚州，立司隸校尉，以殷沖補之。以大將軍江夏王義恭爲太保，司徒南譙王

義宣爲太尉。荊州刺史始興王濬進號驃騎將軍，王僧綽以先豫廢立見誅。長沙王瑾弟楷、

臨川王燁、桂陽侯覬、新渝侯玠，並以宿恨死。禮官希旨，謚文帝不敢盡美稱，謚曰中宗景

皇帝。及聞南譙王義宣、隨王誕等起義師，悉聚諸王於城內。移江夏王義恭住尚書下舍，

分義恭諸子住侍中下省。

四月，立妻殷爲皇后。

孝武檄至，劭自謂素習武事，謂朝士曰：「卿等助我理文書，勿廬意戎陣。若有寇難，吾

當自出，唯恐賊虜不敢動耳。」中外戒嚴。防孝武世子於侍中省，南譙王義宣諸子於太倉

空屋。劭使濬與孝武書，言「上親御六師，太保又執鉞臨統，吾與烏羊相尋即道。上聖恩

每厚法師，令在殿內住，想弟欲知消息，故及」。烏羊者，南平王鑠，法師，孝武世子小

劭欲殺三鎮士庶家口，江夏王義恭，何尚之說曰：「凡舉大事，不顧家口；且多是驅逼，

今忽誅其餘累，政足堅彼意耳。」劭乃下書，一無所問。

濬及蕭斌勸劭勒水軍自上決戰，江夏王義恭慮義兵倉卒，船舫陋小，不宜水戰。乃進

策以爲「宜以近待之，遠出則京師空弱，東軍乘虛，容能爲患。不如養銳待期」。劭善其議。

蕭斌厲色曰：「南中郎二十年少，業能建如此大事，○豈復可量。」劭不納。疑朝廷舊臣不

爲之用，厚撫王羅漢、魯秀，悉以兵事委之，多賜珍玩美色以悅其志。羅漢先爲南平王鑠右

軍參軍，劭以其有將用，故以心膂委焉。或勸劭保石頭城者，劭曰：「昔人所以固石頭，侯諸

侯勤王耳。我若守此，誰當見救，唯應力戰決之。」日日自出行軍，慰勞將士。使有司奏立

子偉之爲皇太子。

及義軍至新亭，劭登朱雀門躬自督戰。將士懷劭重賞，皆爲之力戰。將剋，而魯秀打

退鼓，軍乃止，爲柳元景等所乘，故大敗。褚湛之携二子與檀和之同歸順，劭懼，走還臺城。

其夜，魯秀又南奔。二十五日，江夏王義恭單馬南奔，劭遣濬殺義恭諸子，以輦迎蔣侯神像

於宮內，乞恩，拜爲大司馬，封鍾山郡王，蘇侯爲驃騎將軍。使南平王鑠爲祝文，罪狀孝武，

二十七日，臨軒，拜子偉之爲皇太子，百官皆戎服，劭獨袞衣，下書大赦，唯孝武、劉義恭、義

宣，誕不在原例。

五月三日，魯秀等攻大航，鉤得一舶。王羅漢昏醉作妓，聞官軍已度，驚放仗歸降。是夜，劭閉守六門，於門內鑿塹立柵，以露車為樓。城內沸亂，將吏並踰城出奔。劭使詹叔兒燒輦及袞冕服。

蕭斌聞大航不守，惶窘不知所為，宣令所統皆使解甲，尋戴白幡來降，即於軍門伏誅。

四日，劭腹心白直諸同逆先屯閶闔門外，並走還入殿。臧質從廣莫門入，同會太極殿前。即斬太子左衞率王正見，建平、東海等七王並號哭俱出。劭穿西垣入武庫井中，副隊高禽執之。濬率左右數十人，與南平王鑠於西明門出，俱南奔，於越城遇江夏王義恭。濬下馬，曰：「南中郎今何在？」義恭曰：「已君臨萬國。」又稱字曰：「虎頭來，得無晚乎？」義恭曰：「恨晚。」又曰：「故當不死？」義恭曰：「可詣行闕請罪。」又曰：「未審猶能得一職自效不？」義恭曰：「此未可量。」勒與俱自歸，命於馬上斬首。

濬字休明，將產之夕，有鵩鳴於屋上，聞者莫不惡之。元嘉十三年，年八歲，封始興王。

濬少好文籍，資質端妍，母潘淑妃有盛寵。時六宮無主，潘專總內政。濬人才既美，母又至愛，文帝甚所留心。與建平王宏、侍中王僧綽、中書郎蔡興宗等，並以文義往復。

初元皇后性忌，以潘氏見幸，恚恨致崩。故劭深病潘氏及濬。濬慮將來受禍，乃曲意

事劭，劭與之遂善。多有過失，屢爲上所讓，憂懼，乃與劭共爲巫蠱。後出鎮京口，乃因員

外散騎侍郎徐爰求鎮江陵，又求助於尚書僕射徐湛之。而尚書令何尚之等咸謂濬太子次

弟，不應遠出。上以上流之重，宜有至親，故以濬爲衞將軍，開府儀同三司，荆州刺史，加都

督，領護南蠻校尉。濬入朝，遣還京口，爲行留處分。至京口數日而巫蠱事發，時二十九

年七月也。上惋歎彌日，謂潘淑妃曰：「太子圖富貴，更是一理，虎頭復如此，非復思慮所

及。汝母子豈可一日無我邪？」明年荆州事方行。二月，濬還朝。十四日，臨軒受拜。其

日，臧嚴道育事發，明旦濬入謝，上容色非常，其夕即加詰問。濬唯謝罪。潘淑妃抱濬泣

曰：「汝始呪詛事發，猶冀刻己思愆，何意忽藏嚴道育。今日用活何爲，可送藥來，吾當先自

取盡，不忍見汝禍敗。」濬奮衣去，曰：「天下事尋自判，必不上累。」

劭入弒之旦，濬在西州。府舍人朱法瑜曰：「臺內叫喚，宮門皆閉，道上傳太子反，未測

禍變所至。」濬陽驚曰：「今當奈何？」濬未得劭信，不知事之濟不，騷擾不知所爲。將軍王慶

曰：「今宮內有變，未知主上安危，預在臣子，當投袂赴難。」濬不聽。俄而劭遣張超之馳

馬召濬，濬問狀訖，即戎服乘馬而去。朱法瑜固止濬，濬不從。至中門，王慶又諫不宜從

逆。濬曰：「皇太子令，敢有復言者斬。」及入見劭，勸殺荀赤松等。劭謂濬曰：「潘淑妃遂爲

亂兵所害。」濬曰：「此是下情由來所願。」其悖逆如此。劭將敗，勸劭入海，輦珍寶繒帛下船。

及劭入井，高禽於井出之。劭問天子何在，禽曰：「至尊近在新亭。」將劭至殿前，臧質見之慟哭。劭曰：「天地所不覆載，丈人何爲見哭。」質因辨其逆狀，答曰：「先朝當見枉廢，不能作獄中囚。問計於蕭斌，斌見勸如此。」又語質曰：「可得爲乞遠徙不？」質曰：「主上近在航南，自當有處分。」縛劭馬上，防送軍門。及至牙下，據鞍顧望。太尉江夏王義恭與諸王共臨視之，義恭曰：「我背逆歸順，有何大罪，頓殺十二兒。」劭厲聲曰：「汝輩復何煩爾。」劭曰：「殺諸弟此一事負阿父。」江湛妻庾氏乘車罵之，龐秀之亦加誚讓。南平王鑠曰：「此何有哉。」乃斬于牙下。臨刑歎曰：「不圖宋室一至於此。」劭、濬及其子並梟首大航，暴尸於市。劭妻殷氏賜死於廷尉，臨刑謂獄丞江恪曰：「汝家骨肉相殘，何以枉殺天下無罪人。」恪曰：「受拜皇后，非罪而何。」殷氏曰：「此權時耳，當以鸚鵡爲后也。」濬妻褚氏，丹陽尹湛之之女。濬之南奔之始，即見離絕，故免於誅。其餘子女妾媵並於獄賜死。投劭、濬尸首於江，其餘同逆及王羅漢等皆伏誅。張超之聞兵入，遂至合殿故基，止於御牀之所，爲亂兵所殺，剖腹刳心，臠割其肉，諸將生噉之。焚其頭骨。時不見傳國璽，問劭，云在嚴道育處。就取得之。道育、鸚鵡並都街鞭殺，於石頭四望山焚其尸，揚灰于江。毀劭

東宮所住齋，汙瀦其處。封高禽新陽縣男。追贈潘淑妃爲長寧園夫人，〔六〕置守冢。偽司隸校尉殷沖、丹陽尹尹弘並賜死。沖爲劭草立符文，又妃叔父；弘爲劭簡配兵士，盡其心力故也。

南平穆王鑠字休玄，文帝第四子也。元嘉十六年，年九歲，封南平王，少好學，有文才，未弱冠，擬古三十餘首，時人以爲亞迹陸機。二十二年，爲南豫州刺史，加都督。時文帝方事外略，罷南豫州併壽陽，以鑠爲豫州刺史，領安蠻校尉。

二十六年，魏太武圍汝南縣瓠城，行汝南太守陳憲保城自固，魏作高樓施弩射城內，城內負戶以汲。又毀佛圖，取金像以爲大鈎，施之衝車端以牽樓堞。城內有一沙門頗有機思，輒設奇以應之。魏人以蝦蟇車填塹，肉薄攻城，死者與城等，遂登尸以陵城。憲銳氣愈奮，戰士無不一當百，殺傷萬計，汝水爲之不流。相拒四十餘日，鑠遣安蠻司馬劉康祖與寧朔將軍臧質救之，魏人燒攻具而退。

元凶弒立，以鑠爲侍中、錄尚書事。劭迎蔣侯神於宮內，疏孝武年諱厭呪，祈請假授位號，使鑠造策文。及義軍入宮，鑠與濬俱歸孝武。濬即伏法。上迎鑠入宮，當時倉卒失國璽，事寧更鑄給之。進侍中、司空，領兵置佐。以國哀未闋，讓侍中。

鑠既歸義最晚，常懷憂懼，每於眠中蹶起坐，與人語亦多謬僻。語家人云：「我自覺無

復魂守。」鑠為人負才狷競，每與兄弟計度藝能，與帝又不能和，食中遇毒，尋薨。贈司徒，

加以楚穆之謚。三子：敬猷、敬深、敬先。[10]

敬深封南安縣侯，敬先繼盧陵王紹，前廢帝景和末，召鑠妃江氏入宮，命左右於前逼

之。江氏不受命，謂曰：「若不從，當殺汝三子。」江氏猶不從，於是遣使於第殺敬猷、敬深、

敬先等，輒江氏一百。其夕廢帝亦殞。明帝即位，追贈敬猷侍中，謚曰懷。改封孝武帝第

十八子臨賀王子產字孝仁為南平王，繼鑠。未拜被殺。泰始五年，立晉平王休祐第七子

宣曜為南平王，繼鑠。休祐死，宣曜被廢還本。後廢帝元徽元年，立衡陽恭王嶷第二子伯玉

為南平王，繼鑠後，昇明三年被誅。

竟陵王誕字休文，文帝第六子也。元嘉二十年，年十一，封廣陵王。二十六年，為雍州

刺史，加都督。以廣陵凋弊，改封隨郡王。上欲大舉侵魏，以襄陽外接關河，欲廣其資力，

乃罷江州軍府，文武悉配雍州，湘州入臺租稅雜物，悉給襄陽。及大舉北侵，命諸藩並出

師，皆奔敗，唯誕遣中兵參軍柳元景剋弘農、關、陝。元凶立，以揚州浙江西屬司隸校尉，浙

江東五郡立會州，以誕為刺史。

孝武入討，遣寧朔將軍顧彬之受誕節度，誕遣參軍劉季之舉兵與彬之并。遇劭將華

欽、庾遵於曲阿之奔牛塘，大敗之。事平，以誕爲荊州刺史，加都督、衛將軍、開府儀同三

司。誕以位號正與濬同，惡之，請求回改，乃進號驃騎將軍，加班劍二十人。南譙王義宣不

肯就徵，以誕爲侍中、驃騎大將軍、揚州刺史，開府如故。改封竟陵王。誕性恭和，得士庶

之心，頗有勇略。

明年義宣反，有荊、江、兗、豫四州之力，勢震天下。上卽位日淺，朝野大懼。上欲奉乘

輿法物以迎義宣，誕固執不可，曰：「奈何持此座與人。」帝加誕節，仗士五十八人出入六門。

上流平定，誕之力也。誕初討元凶，豫同舉兵，有奔牛之捷，至是又有殊勳。上性多猜，頗

相疑憚。而誕造立第舍，窮極工巧，圍池之美，冠於一時。多聚材力之士實之。第內精甲

利器，莫非上品。上意愈不平。

孝建二年，以司空太子太傅出爲都督南徐州刺史。上以京口去都密邇，猶疑之。

大明元年秋，又出爲南兗州刺史，加都督。誕知見猜，亦潛爲之備。至廣陵，因魏侵

邊，修城隍，聚糧練甲。嫌隙既著，道路常云誕反。

三年，建康人陳文紹訴父饒爲誕府史，[二]恒使入山圖畫道路，不聽歸家。誕大怒，使

人殺饒。吳郡人劉成又訴稱息道龍伏事誕，見誕在石頭城內修乘輿法物，習唱警蹕，向伴

侶言之。誕知，密捕殺道龍。豫章人陳談之又上書稱弟詠之在誕左右，見誕與左右莊慶、

傅元禮等潛圖姦逆，常疏陛下年紀姓諱，往巫鄭師憐家呪詛。詠之與建康右尉黃達往來，

誕疑其宣漏，誣以罪被殺。

其年四月，上使有司奏誕罪惡，宜絕屬籍，削爵土，收付法獄。上不許。有司又固請，

乃貶爵為侯，遣令之國。

上將謀誕，以義興太守垣閬為兗州刺史，[三]配以羽林禁兵。遣給事中戴明寶隨閬襲

誕，使閬以之鎮為名。閬至廣陵，誕未悟也。明寶夜報誕典籤蔣成使為內應，成以告府舍

人許宗之，宗之告誕。誕驚起，召錄事參軍王瑈之曰「我何罪於天，以至此。」斬蔣成，勒兵

自衛。遣腹心率壯士擊明寶等破之，閬即遇害，明寶逃自海陵界還。

上遣車騎大將軍沈慶之討誕，誕奉表投之城外，自申於國無負，并言帝宮闈之醜。孝

武忿誕深切，凡誕左右腹心同籍甚親並誅之，死者千數。車駕出頓宣武堂，內外纂嚴。誕

見眾軍大集，欲棄城北走，行十餘里，眾並不欲去，請誕乃還城。

五月十九日夜，有流星長十餘丈從西北來墜城內，是謂天狗。占曰：「天狗所墜，下有

伏尸流血。」廣陵城舊不開南門，云「開南門者不利其主」。[二]誕乃開焉。彭城邵領宗在城

內陰結死士欲襲誕，先欲布誠於慶之，乃說誕求為閒構，見許。領宗既出致誠畢，復還城

內。事泄，誕鞭二百，考問不伏，遂支解之。

上遣送章二紐：其一曰「竟陵縣開國侯，食邑千戶」。募賞禽誕。其二曰「建興縣開國男，食邑三百戶」。募賞先登。若剋外城舉一烽，剋內城舉二烽，禽誕舉三烽。

七月二日，慶之進軍，剋其外城，乘勝又剋小城。誕閒軍入，走趣後園墜水，引出殺之，傳首建鄴，因葬廣陵，貶姓留氏。帝命城中無大小悉斬，慶之執諫，自五尺以下全之，於是同黨悉伏誅。城內女口爲軍賞，男丁殺爲京觀，死者尙數千人，每風晨雨夜有號哭之聲。誕母殷、妻徐並自殺。追贈殷長寧園淑妃。〔四〕

初，誕爲南徐州刺史，在京口，夜大風飛落屋瓦，城門鹿牀倒覆，誕心惡之。及遷鎭廣陵，將入城，衝風暴起，揚塵晝晦。又嘗中夜閒坐，有赤光照室，見者莫不駭愕。誕甚怪懼。大明二年，發人築廣陵城，誕循行，有人干輿，揚聲大罵曰：「大兵尋至，何以辛苦百姓。」誕使執之，左右侍直，眠中夢人告之曰：「官須髮爲㫮耗。」既覺已失醫矣，如此者數十人。誕左右侍陵，將入城，衝風暴起，揚塵晝晦。又五音士忽狂易見鬼，驚怖啼哭曰：「外軍圍城，城上張白布帆。」誕以其言狂悖，殺之。城陷之日，雲霧晦冥，白虹臨北門，亘屬城內。

得至今。大禍將至，何不立六愼門。」誕問「六愼門云何」？答曰：「古有言，禍不過六愼門。」誕問其本末。答曰：「姓夷名孫，家在海陵。天公與道佛先議，欲燒除此間人。道佛苦諫，強誕執錄二十餘日乃殺。

八年，前廢帝卽位，義陽王昶爲徐州刺史，道經廣陵，至墓盡哀，表請改葬誕。詔葬誕

及妻子並以庶人禮。明帝泰始四年，又改葬，祭以少牢。

王琰之，琅邪人，有才局。其五子悉在建鄴。琰之嘗乘城，慶之縛其五子，示而招之，

許以富貴。琰之曰：「吾受主王厚恩，不可以二心。三十之年，未獲死所耳，安可以私親誘

之。」五子號叫於外，呼其父。及城平，慶之悉撲殺之。

建平宣簡王宏字休度，文帝第七子也。早喪母。元嘉二十一年，年十一，封建平王。

宏少而閑素，篤好文籍，文帝寵愛殊常，爲立第於雞籠山，盡山水之美。建平國職高他國一

階，歷位中護軍、中書令。

元凶弒立，孝武入討，勅錄宏殿內，自拔莫由。孝武先嘗以一手板與宏，宏遣左右親信

周法道齎手板詣孝武。事平，以爲尚書左僕射，使迎太后。還加中軍將軍、中書監。爲人

謙儉周慎，禮賢接士，明達政事，上甚信仗之。轉尚書令。宏少多病，求解尚書令。以本號

開府儀同三司，〔二〕未拜薨。追贈司徒。上痛悼甚至，每朔望出臨靈，自爲墓誌銘幷誄。五

年，益諸弟國各千戶，薨者不在其例，唯宏追益。子景素嗣。

景素少有父風，位南徐州刺史，加都督。桂陽王休範爲逆，景素雖纂集兵衆以赴朝廷爲

名，而陰懷兩端。及事平，進號鎮北將軍。

景素好文章書籍，招集才義之士，以收名譽，由是朝野屬意。而後廢帝狂凶失道，內外皆謂景素宜當神器，唯廢帝所生陳氏親戚疾忌之，而楊運長、阮佃夫並明帝舊隸，貪幼主以久其權，慮景素立，不見容於長主，深相忌憚。

元徽三年，景素防閣將軍王季符恨景素，因奔告之。運長等便欲遣軍討之。齊高帝及衛將軍袁粲以下並保持之，景素亦馳遣世子延齡還都，具自申理。運長乃徙季符於梁州，又奪景素鎮北將軍、開府儀同三司。〔一八〕自是廢帝狂悖日甚，朝野並屬心景素。陳氏及運長等彌相猜疑。景素因此稍爲自防之計，多以金帛結材力之士。時大臣誅夷，孝武諸子孫或殺或廢，無復在朝者。且景素在蕃甚得人心，而謗聲日積，深懷憂懼。嘗與故吏劉璡獨處曲臺，有鵲集於承塵上，飛鳴相追。景素泫然曰：「若斯鳥者，遊則參于風煙之上，止則隱于林木之下，飢則啄，渴則飲，形體無累于物，得失不關於心，一何樂哉。」

時廢帝單馬獨出，游走郊野。輔國將軍曹欣之等謀候廢帝出行，因聚衆作難，事剋，奉景素。景素每禁之，未欲怱怱舉動。運長密遣傖人周天賜僞投景素勸爲異計，景素知卽斬之，送首還臺。

四年七月，羽林監垣祗祖奔景素，〔一七〕言臺城已潰。景素信之，卽舉兵。運長等常疑景

素有異志，卽纂嚴。景素本乏威略，不知所爲，竟爲臺軍破，斬之。卽葬京口。

景素性甚仁孝，事獻太妃，朝夕不違侍養。太妃有不安，景素傍行蓬髮。與人言呴呴，常恐傷其情。又甚儉素，爲荆州時，州有高齋刻楹柏構，景素竟不處。朝廷欲賜以甲第，辭而不當。兩宮所遺珍玩，塵於笥篋。食常不過一肉，器用瓦素。時有獻鏤玉器，景素顧主簿何昌㝢曰：「我持此安所用哉。」乃謝而反之。及敗後，昌㝢與故記室王摛等上書訟其寃。齊受禪，景素故秀才劉璡又上書述其德美，陳寃，並不見省。至齊武帝卽位，下詔曰：「宋建平王劉景素，名父之子，雖末路失圖，而原心有本。可聽以禮葬舊塋。」

廬江王褘字休秀，〔二〇〕文帝第八子也。元嘉二十二年，年十一，封東海王。大明七年，進位司空。明帝踐阼，進太尉，封廬江王。初，廢帝目褘似驢，上以廢帝之言類，故改封焉。文帝諸子，褘尤凡劣，諸兄弟並蚩鄙之。南平王鑠薨，子敬深婚，褘視之，白孝武借伎。孝武答曰：「婚禮既不舉樂，且敬深孤苦，伎非宜也。」至是明帝與建安王休仁詔曰：「人既不比數西方公，汝便爲諸王之長。」時褘住西州，〔二一〕故謂之西方公。泰始五年，河東柳欣慰謀反，欲立褘，褘與相酬和。欣慰結征北諮議參軍杜幼文，幼文具奏其事。上暴其罪惡，黜爲南豫州刺史、車騎將軍、開府儀同三司。上遣腹心楊運長領兵防衛。明年，又令有司奏褘

晉熙王昶字休道，文帝第九子也。元嘉二十二年，年十歲，封義陽王。大明中，位中書

令、中軍將軍、開府儀同三司。廢帝卽位，爲徐州刺史，加都督。昶輕詖褊急，不能事孝武，

大明中常被嫌責，人間常言昶當有異志。

廢帝旣誅羣公，彌縱狂惑，常語左右曰：「我卽大位來，遂未戒嚴，使人邑邑。」江夏王義

恭誅後，昶表求入朝，遣典籤蘧法生銜使。帝謂法生：「義陽與太宰謀反，我政欲討之，今知

求還，甚善。」又問法生：「義陽謀反，何不啓？」法生懼，走還彭城，帝因此北討。法生至，昶

卽起兵，統內諸郡並不受命。昶知事不捷，乃夜開門奔魏，棄母妻，唯攜妾一人，作丈夫服

騎馬自隨。在道慷慨爲斷句曰：「白雲滿鄠來，黃塵半天起。關山四面絕，故鄉幾千里。」因

把姬手南望慟哭，左右莫不哀哽。每節悲慟，遙拜其母。

昶家還都，二妾各生一子，明帝卽位，名長者曰思遠，小者曰懷遠，尋並卒。帝以金千

兩贖昶于魏不獲，乃以第六皇子變字仲綏繼昶，封爲晉熙王。明帝旣以變繼昶，乃詔曰：

「晉熙國太妃謝氏，沈刻無親，物理罕比，骨肉至親，尚相棄蔑，況以義合，免苦爲難。可還

其本家，削絕蕃秩。」

先是，改謝氏爲射氏。元徽元年，變年四歲，以爲郢州刺史。明年，復昶所生謝氏爲賢

熙國太妃。齊受禪，變降封陰安縣公，〔二〇〕謀反賜死。

武昌王渾字休深，〔二〕文帝第十子也。元嘉二十四年，年九歲，封汝陰王。後徙武昌。

渾少而凶戾，嘗忿左右，拔防身刀斫之。元凶弒立，以爲中書令。山陵夕，裸身露頭往

散騎省戲，因彎弓射通直郎周朗中枕，以爲笑樂。

孝建元年，爲雍州刺史，監雍梁南北秦四州荆州之竟陵隨二郡諸軍事、寧蠻校尉。至

鎮，與左右人作文檄，自稱楚王，號年爲元光，備置百官以爲戲笑。長史王翼之得其手迹，

封呈孝武。上使有司奏免爲庶人，下太常絕屬籍，使付始安郡，逼令自殺。卽葬襄陽。大明

四年，聽還葬母江太妃墓次。明帝卽位，追封武昌縣侯。

建安王休仁，文帝第十二子也。元嘉二十九年，年十歲，立爲建安王。前廢帝景和元

年，累遷護軍將軍。時帝狂悖無道，誅害羣公，忌憚諸父，並聚之殿內，毆捶陵曳，無復人

理。休仁及明帝、山陽王休祐形體並肥壯，帝乃以籠盛稱之，以明帝尤肥，號爲猪王。號休

仁爲殺王，休祐爲賊王。以三王年長，尤所畏憚，故常錄以自近，不離左右。東海王褘凡

劣，號之驢王。桂陽王休範、巴陵王休若年少，故並得從容。嘗以木槽盛飯，內諸雜食，攪令和合，掘地為阬窆，實之以泥水。裸明帝內坑中，以槽食置前，令以口就槽中食之，用為歡笑。欲害明帝及休仁、休祐，前後以十數。休仁多計數，每以笑調佞諛悅之，故得推遷。常於休仁前，使左右淫逼休仁所生楊太妃。左右並不得已順命，至右衛將軍劉道隆，道隆歡以奉旨，盡諸醜狀。時廷尉劉蒙妾孕臨月，帝迎入後宮，冀其生男，欲立為太子。帝嘗忤旨，帝怒，乃裸之，縛其手腳，以杖貫手腳內，使擔付太官，即日屠豬。休仁笑謂帝曰：「未應死。」帝問其故，休仁曰：「待皇太子生，殺豬取肝肺。」帝意解，曰：「且付廷尉。」一宿出之。

帝將南游荊、湘二州，明旦欲殺諸父便發，其夕被殺於華林園。休仁即日便執臣禮於明帝。時南平王敬猷、盧陵王敬先兄弟被害，猶未殯斂，休仁、休祐同載臨之，開帷歡笑，鼓吹往反，時人咸非焉。

明帝以休仁為侍中、司徒、尚書令、揚州刺史，給三望車。時劉道隆為護軍，休仁求解職，曰：「臣不得與此人同朝。」上乃賜道隆死。尋諸方逆命，休仁都督征討諸軍事，增班劍為三十人，出據獸檻，〔三三〕進赭圻。尋領太子太傅，總統諸軍。中流平定，休仁之力也。明帝初與蘇侯神結為兄弟，以祈福助。及事平，與休仁書曰：「此段殊得蘇兄神力。」

休仁年與明帝相亞，俱好文籍，素相愛。及廢帝世，同經艱危，明帝又資其權譎之力。

泰始初，四方逆命，休仁親當矢石，大勳克建，任總百揆，親寄甚隆，四方輻湊。上甚不悅。受漆輪

休仁悟其旨，表解揚州，見許。進位太尉，領司徒，固讓。又加漆輪車，劍履升殿。

車，固辭劍履。

明帝末年多忌，休仁轉不自安。及殺晉平王休祐，[三]其年上疾篤，與楊運長爲身後

計。運長等又慮帝晏駕後，休仁一旦居周公之地，其輩不得執權，彌贊成上使害諸王。及

上疾暴甚，內外皆屬意休仁。主書以下皆往東府詣休仁所親信，豫自結納。其或直不得出

者皆懼。上與運長等定謀，召休仁入宿尚書下省，其夜遣人齎藥賜休仁死，休仁對使者罵

曰：「上有天下，誰之功也。孝武以誅子孫而至于滅，今復遵覆車，枉殺兄弟，奈何忠臣抱此

寃濫！我大宋之業，其能久乎。」上疾久，慮人情同異，自力乘輿出端門，休仁死後乃入。詔

稱其自殺，宥其二子，幷全封爵。有司奏請降休仁爲庶人，絕屬籍，兒息悉徒遠郡。詔休仁

特降爲始安縣王，幷停子伯融等流徒，聽襲封爵。及帝疾甚，見休仁爲祟，叫曰：「司徒小寬

我。」尋崩。伯融，妃殷氏所生。殷氏，吳興太守沖女也。范陽祖翻有醫術，姿貌又美，殷氏

有疾，翻入視脉，悅之，遂與姦。事泄，遣還家賜死。

晉平刺王休祐，文帝第十三子也。孝建二年，年十一，封山陽王。明帝卽位，以山陽荒弊，改封晉平王，位驃騎大將軍、開府儀同三司、荊州刺史。

休祐素無才能，彊梁自用。大明之世，不得自專，至是貪淫好財色，在荊州多營財貨。

以短錢一百賦人，田登就求白米一斛，米粒皆令徹白；若碎折者悉不受。人間糴此米一斗一百。至時又不受米，評米責錢，凡諸求利皆如此。百姓嗷然，不復堪命。徵爲南徐州刺史，加都督。〔三〕上以休祐貪虐，不可荏人，留之都下，遣上佐行州事。

休祐狠戾，前後忤上非一。在荊州時，左右范景達善彈棊，上召之，休祐留不遣。上怒詰責之，且慮休祐將來難制，欲方便除之。七年二月，車駕於巖山射雉，有一雉不肯入場，日暮將反，留休祐射之，令不得雉勿歸。休祐時從在黃麞內，左右從者並在部伍後。休祐便馳去，上遣左右數人隨之。上旣還，前驅清道，休祐人從悉散，不復相得。上遣壽寂之等諸壯士追之，日已欲闇，與休祐相及，蹴令墜馬。休祐素勇壯，有氣力，奮拳左右排擊，莫得近。有一人自後引陰，因頓地，卽共拉殺之。遣人馳白上，行唱驃騎落馬，上聞驚曰：「驃騎體大，落馬殊不易。」卽遣御醫上藥相係至，頃之休祐左右人至，久已絕矣。與以還第，贈司空。

時巴陵王休若在江陵，其日卽馳信報休若曰：「吾與驃騎南山射雉，驃騎馬驚，馬重驚，觸松樹墜地落硎中，時頓悶，故馳報弟。」其年夏文秀馬相蹋，文秀墮地，驃騎失控，

五月，追免休祐爲庶人，十三子並徙晉平。

明帝尋病，見休祐爲祟，使使至晉平撫其諸子。帝尋崩。廢帝元徽元年，聽諸子還都。順帝昇明三年，稱謀反，並賜死。

海陵王休茂，文帝第十四子也。孝建二年，年十一，封海陵王。大明二年，爲雍州刺史，加都督、北中郎將、寧蠻校尉。時司馬庾深之行府州事，休茂性急欲自專，深之及主帥每禁之。常懷忿，因左右張伯超至所親愛，多罪過，[一三]主帥常加訶責。伯超懼罪，謂休茂曰：「主帥密疏官罪，欲以啓聞。」休茂曰：「今爲何計？」伯超曰：「唯殺行事及主帥，舉兵自衞，縱不成，不失入虜中爲王。」休茂從之，夜使伯超等殺司馬庾深之，集兵建牙馳檄。休茂出城行營，諮議參軍沈暢之等閉門拒之。城陷，斬暢之。其日，參軍尹玄度起兵攻休茂，[一六]禽之，斬首。母妻皆自殺，同黨悉伏誅。有司奏絕休茂屬籍，貶姓爲留，不許。卽葬襄陽。

鄱陽哀王休業，文帝第十五子也。孝建二年，年十一，封鄱陽王。三年薨，以山陽王休祐次子士弘嗣，被廢國除。

臨慶沖王休倩，文帝第十六子也。孝建元年，年九歲，封東平王，未拜，薨。大明

七年，立第二十七皇子子嗣為東平王，紹休倩。泰始三年還本，遂絕。六年，以第五皇子

智井為東平王，繼休倩，未拜，薨。其年，追改休倩為臨慶王。休倩為文帝所愛，故前後屢

加紹嗣。

新野懷王夷父，文帝第十七子也。元嘉二十九年薨，明帝泰始五年，追加封諡。

桂陽王休範，文帝第十八子也。孝建三年，年九歲，封順陽王。大明元年，改封桂陽。休

範素凡訥，少知解，不為諸兄齒遇。明帝常指左右人謂王景文曰：「休範人才不及此，以我

弟故，生便富貴。[三]釋氏願生王家，良有以也。」及明帝晚年，晉平王休祐以狠戾致禍，建安

王休仁以權逼不容，巴陵王休若素得人情，以此見害，唯休範謹澀無才，不為物情所向，故

得自保而常憂懼。

及明帝晏駕，主幼時艱，休範自謂宗戚莫二，應居宰輔。事既不至，怨憤彌結。招引勇

士，繕修器械。行人經過尋陽者，莫不降意折節，於是至者如歸。朝廷知之，密相防禦。母

荀太妃薨，即葬廬山，以示不還之志。時夏口闕鎮，朝議以居尋陽上流，欲樹置腹心，重其

兵力。元徽元年，乃以第五皇弟晉熙王燮為郢州刺史，長史王奐行府州事，配以實力，出鎮

夏口。慮為休範所撥留，自太子洑去，不過尋陽。休範怒，欲舉兵，乃上表修城堞。其年進

位太尉，明年五月遂反。發自尋陽，晝夜取道。大雷戍主杜道欣馳下告變。道欣至一宿，

休範已至新林，朝廷震動。

齊高帝出次新亭壘。時事起倉卒，朝廷兵力甚弱，及開武庫，隨將士意取。休範於新

林步上攻新亭壘。屯騎校尉黄回乃偽往降，并宣齊高帝意。休範大悦，置之左右。休範壯

士李恒、鍾爽進諫不宜親之，休範曰：「不欺人以信。」時休範日飲醇酒，以二子德宣、德嗣付

與齊高帝為質，至即斬之。回與越騎校尉張敬兒直前斬休範首持還，左右並散。

初，休範自新林分遣同黨杜墨蠡、丁文豪等直向朱雀門。

道隆率羽林兵在朱雀門內，聞賊至，急召劉勔，勔自石頭來赴戰，死之。墨蠡等乘勝直入朱

雀門，道隆為亂兵所殺。墨蠡等唱云「太尉至」。休範之死也，齊高帝遣隊主陳靈寶齎首還

臺，逢賊，埋首道側，挺身得達。雖唱云「太尉已平」，而無以為據，衆愈疑惑。墨蠡徑至杜姥宅，宮

省怖擾，無復固志。撫軍長史褚澄以東府納賊。賊擁安成王據東府，稱休範教曰：「安成王

吾子也，勿得侵。」賊勢方逼，衆莫能振。尋而丁文豪之衆知休範已死，稍欲退散。文豪勇

氣殊壯，厲聲曰：「我獨不能定天下邪」休範首至，又羽林監陳顯達率所領於杜姥宅破墨蠢

等，諸賊一時奔散。斬墨蠢、文豪等。晉熙王燮自夏口遣軍平尋陽。

巴陵哀王休若，文帝第十九子也。孝建三年，年九歲，封巴陵王。明帝即位，出爲會稽

太守，加都督。二年，遷都督、雍州刺史、寧蠻校尉。前在會稽錄事參軍陳郡謝沈以諂側事

休若，多受財賂。時內外戒嚴並袴褶，〔三〇〕沈居母喪被起，聲樂酣飲，不異吉人。衣冠既無

殊異，並不知沈居喪。沈嘗自稱孤子，衆乃駭愕。休若坐與沈褻嬻，降號鎭西將軍。典籤

夏寶期事休若無禮，啓明帝殺之。慮不許，啓未報，於獄行刑。信反令鎖送，而寶期已死。

上怒敕之曰：「孝建之世，汝何敢爾。」使其母羅加杖三百。

四年，改行湘州刺史。六年，爲荆州刺史，加都督、征西大將軍、開府儀同三司。七年，

晉平王休祐被殺，建安王休仁見疑，都下訛言休若有至貴之表，明帝以此言報之。休若甚

憂，嘗衆寶滿坐，有一異鳥集席隅，哀鳴墜地死。又聽事上有二大白蛇長丈餘，哈哈有聲。

會被徵爲南徐州刺史，加都督、征北大將軍，開府如故。　休若腹心將佐咸謂還朝必有

休若甚惡之。

大禍，中兵參軍京兆王敬先勸割據荊楚。休若執錄，馳使白明帝，敬先坐誅。休若至京口，

上以休若善能諧緝物情，慮將來傾幼主，欲遣使殺之，慮不奉詔。徵入朝，又恐猜駭。乃偽

授為江州刺史，至，即於第賜死，贈侍中、司空。子沖始襲封。

孝武帝二十八男。文穆皇后生廢帝子業、豫章王子尚。陳淑媛生晉安王子勛。阮容

華生安陸王子綏。徐昭容生皇子深。何淑儀生松滋侯子房。殷

貴妃生始平孝敬王子鸞。次永嘉王子仁與皇子深同生。何婕妤生皇子子鳳。謝昭容生

始安王子真。江婕妤生皇子子玄。史昭儀生邵陵王子元。次齊敬王子羽與始平孝敬王子

鸞同生。江美人生皇子子衡。楊婕妤生淮南王子孟。次皇子子況與皇子子玄同生；次南平

王子產與永嘉王子仁同生；次晉陵孝王子雲、次皇子子文並與始平孝敬王子鸞同生；次廬

陵王子興與淮南王子孟同生；次南海哀王子師與始平孝敬王子鸞同生；次淮陽思王子霄與

皇子子玄同生；次皇子子雍與始安王子真同生；次皇子子趨與皇子子鳳同生；次皇子子期

與皇子子衡同生；次東平王子嗣與始安王子真同生。張容華生皇子子悅。安陸王子綏、南

平王子產、廬陵王子興並出繼。皇子子深、子鳳、子玄、子衡、子況、子文、子雍未封早夭。

子趨、子期、子悅未封，爲明帝所殺。

豫章王子尚字孝師，孝武第二子也。孝建三年，年六歲，封西陽王。大明三年，分浙江西立王畿，以浙江東爲揚州，以子尚爲刺史，加都督。五年，改封豫章王，[二九]領會稽太守。七年，進號車騎大將軍、開府儀同三司。時東土大旱，鄞縣多曠田，孝武使子尚表至鄞縣勸農，[三〇]又立左學，召生徒，置儒林祭酒一人，學生師敬，位比州中從事。文學祭酒一人，比州西曹。勸學從事二人比祭酒從事。

前廢帝卽位，罷王畿復舊，徵子尚都督揚、南徐二州諸軍事，領尙書令。初，孝建中，孝武以子尚太子母弟，甚留心，後新安王子鸞以母幸見愛，子尚寵衰。及長凶愿，有廢帝之風。明帝旣殞廢帝，乃稱太皇太后令曰：「子尚頑凶，楚玉淫亂，並於第賜盡。」楚玉，廢帝姊山陰公主也。廢帝改封會稽郡長公主，給鼓吹一部，加班劍二十人，未拜受而廢帝敗。[三一]

晉安王子勛字孝德，孝武第三子也。眼患風，不爲孝武所愛。大明四年，年五歲，封晉安王。七年，爲江州刺史，加都督。八年，改授雍州，未拜而孝武崩，還爲江州。

時廢帝狂凶，多所誅害。前撫軍諮議參軍何邁謀因帝出爲變，迎立子勛。事泄，帝誅

邁，使八座奏子勛與邁通謀，遣左右朱景詧藥賜子勛死。景至湓口，遣報長史鄧琬。琬等

奉子勛起兵，以廢立爲名。明帝定亂，進子勛車騎將軍、開府儀同三司。琬等不受命。

泰始二年正月七日，奉子勛爲帝，卽僞位於尋陽，年號義嘉，備置百官，四方響應。是

歲四方貢計，並詣尋陽。及軍敗，子勛見殺，時年十一。卽葬尋陽廬山。

松滋侯子房字孝良，孝武第六子也。大明四年，年五歲，封尋陽王。前廢帝景和元年，

爲會稽太守，加都督。明帝卽位，徵爲撫軍，領太常。長史孔覬不受命，舉兵應晉安王子

勛。上虞令王晏殺覬，送子房還建鄴。上宥之，貶爲松滋縣侯。司徒建安王休仁以子房兄

弟終爲禍難，勸上除之。廢徙遠郡見殺，年十一。

臨海王子頊字孝烈，孝武第七子也。初封歷陽王，後改封臨海，位荊州刺史。明帝卽

位，進督雍州，長史孔道存不受命，應晉安王子勛。事敗賜死，年十一。

始平孝敬王子鸞字孝羽，孝武第八子也。大明四年，封襄陽王，尋改封新安。五年，爲

北中郎將、南徐州刺史，領南琅邪太守。母殷淑儀寵傾後宮，子鸞愛冠諸子，凡為上眄遇者，莫不入子鸞府國。為南徐州，又割吳郡屬之。六年，丁母憂。

前廢帝素疾子鸞有寵，及即位，既誅羣臣，乃遣使賜子鸞死，時年十歲。子鸞臨死謂左右曰：「願後身不復生王家。」同生弟妹並死。明帝即位，改封始平王，以建平王景素子延年嗣。

始安王子真字孝貞，孝武第十一子也。大明五年，封永嘉王。明帝即位，以為湘州刺史。

帝尋從司徒建安王休仁計，未拜賜死，時年十歲。

永嘉王子仁字孝龢，孝武第九子也。

邵陵王子元字孝善，孝武第十三子也。並被明帝賜死。

齊敬王子羽字孝英，孝武第十四子也。生二歲而薨，追加封諡。

淮南王子孟字孝光，孝武第十六子也。初封淮南王，明帝改封安成王，未拜賜死。

晉陵孝王子雲字孝舉，孝武第十九子也。大明六年封，未拜而亡。

南海哀王子師字孝友，孝武第二十二子也。大明七年封，未拜，爲前廢帝所害。明帝即位追諡。

淮陽思王子霄字孝雲，孝武第二十三子也。早薨，追加封諡。

東平王子嗣字孝叔，孝武帝第二十七子也，明帝賜死。

武陵王贊字仲敷，小字智隨，明帝第九子也。明帝既誅孝武諸子，詔以智隨奉孝武爲子，封武陵郡王。順帝昇明二年薨，國除。

明帝十二男：陳貴妃生後廢帝。謝修儀生皇子法良。陳昭華生順帝。徐婕妤生第四皇子。鄭修容生皇子智井。次晉熙王燮與皇子法良同生。泉美人生邵陵殤王友；次江夏王躋與第四皇子同生。徐良人生武陵王贊。杜修華生隨陽王翽。次新興王嵩與武陵王贊同生。又泉美人生始建王禧。智井、燮、躋、贊並出繼。法良未封。第四皇子未有名，早夭。

邵陵殤王友字仲賢，明帝第七子也。年五歲，出為南中郎將、江州刺史，封邵陵王。後廢帝元徽二年，桂陽王休範誅後，王室微弱，友府州文案及臣吏不諱「有無」之「有」。〔三〕順帝昇明二年，徙南豫州刺史，薨。無子國除。

隨陽王翽字仲儀，明帝第十子也。初封南陽王，昇明二年，改封隨陽。齊受禪，封舞陰縣公。

新興王嵩字仲岳，明帝第十一子也。齊受禪，降封定襄縣公。

始建王禧字仲安，明帝第十二子也。齊受禪，降封荔浦縣公，尋並云謀反賜死。

論曰：甚矣哉，元嘉之遇禍也。殺逆之釁，事起肌膚，因心之童，遂亡天性。雖鳴鏑之酷，未極於斯，其不至覆亡，亦為幸也。明皇統運，疑隙內構，尋斧所加，先自王戚。晉刺以獷暴摧軀，巴哀由和良酖體，保身之路，未知攸適。昔之戒子，慎勿為善，詳求其旨，將遠有以乎。詩云：「不自我先，不自我後。」蓋古人之畏亂也。孝武諸子，提挈以成釁亂，遂至宇內沸騰，王室如燬，而帝之諸胤莫不殲焉。強不如弱，義在於此。明帝負螟之慶，事非己出，枝葉不茂，豈能庇其本乎。

校勘記

〔一〕陳修容生東海王禕　「東海王」目錄及本傳並作「廬陵王」。宋書作「廬江王」，而「東海王」為其始封。今改目錄「廬陵」為「廬江」。

〔二〕楊美人生始安王休仁　「始安王」目錄同，本傳作「建安王」。按「始安王」為其降封。

〔三〕邢美人生山陽王休祐　「山陽王」目錄及本傳並作「晉平王」。按「山陽王」為其始封。

〔四〕可急宜鍵之 「鍵」各本作「揵」，據宋書改。按鍵之謂闔割之。

〔五〕謂止書書傳空言 「謂止書書傳」各本作「謂之傳」，據宋書訂正。

〔六〕呼中書舍人顧碫 「碫」各本作「琅」，據宋書改。

〔七〕以侍中王僧綽為吏部尚書 「王僧綽」各本誤「王僧達」。按王僧綽傳：「劭立，轉僧綽吏部尚書。」今據改。

〔八〕南中郎二十年少業能建如此大事 百衲本、汲古閣本作「中郎二十年業不少，能建如此大事」。此據南、北監本及殿本、局本，通志同，惟無「業」字。

〔九〕追贈潘淑妃為長寧園夫人 「園」各本作「國」，據宋書改。按長寧宋文帝陵名。

〔一〇〕三子敬猷敬深敬先 「敬深」宋書作「敬淵」，此避唐諱改。

〔一一〕建康人陳文紹訴父饒為誕府史 「紹」各本作「詔」，據宋書改。

〔一二〕以義興太守垣閬為兗州刺史 「垣閬」各本作「桓閬」。張森楷南史校勘記：「據垣護之傳附載垣閬事，則是『垣』非『桓』也。」按「垣閬」各本作「桓閬」，今據改。

〔一三〕追贈殷長寧園淑妃 「長寧園」各本作「長寧國」。按長寧園為宋文帝陵園，據宋書改。

〔一四〕廣陵城舊不開南門云開南門者不利其主 「不利其主」各本作「其主王」，今據宋書改。

〔一五〕以本號開府儀同三司 「以」字各本並脫，據宋書補。

〔一六〕又奪景素鎮北將軍開府儀同三司 「鎮北」各本作「征北」。按上云「進號鎮北將軍」，通鑑胡注亦云「征北」當作「鎮北」，今改正。

〔一七〕羽林監垣祗祖奔景素 「垣」各本作「桓」，據宋書、通鑑改，南齊書作「袁祗」。

〔一八〕廬江王褘字休秀 「廬江王」各本作「廬陵王」。按宋宗室及諸王傳，「廬陵王」為武帝子義真封號，宋書作「廬江王」，是，今改正。

〔一九〕時褘住西州 各本脫「州」字，據宋書補。

〔二〇〕變降封陰安縣公 「陰安」各本作「安陰」，按陰安為南豫州晉熙郡屬縣，見宋、齊書州郡志，今乙正。

〔二一〕武昌王渾字休深 「深」宋書作「淵」，此避唐諱改。

〔二二〕出據獸檻 「獸」本字「虎」，避唐諱改。

〔二三〕及殺晉平王休祐 宋書此下有「憂懼彌切」四字，語意始完足。

〔二四〕加都督 宋書作「加侍中」。張森楷南史校勘記：「按休祐自初單為東揚州、湘州刺史，後凡再為徐州、荊州，無不都督者，非此除乃特加也。侍中非外任時應得，故云加，與都督不同。」

〔二五〕常懷忿怨因左右張伯超至所親愛多罪過 「忿」下，宋書有「怒」字，無「因」字。

〔二六〕參軍尹玄度起兵攻休茂 「度」宋書、通鑑並作「慶」。

〔二七〕以我弟故生便富貴　「弟」字各本並脱，據宋書補。

〔二八〕時內外戒嚴並袴褶　「並」下宋書有「著」字。

〔二九〕五年改封豫章王　「五年」各本作「六年」，據孝武紀及冊府元龜二六四改。

〔三〇〕孝武使子尚表至鄞縣勸農　「表」宋書作「上表」。

〔三一〕未拜受而廢帝敗　「廢帝」各本脱「帝」字，據宋書補。

〔三二〕友府州文案及臣吏不諱有無之有　「之有」各本譌「君之心」，據宋書删改。

南史卷十五

列傳第五

劉穆之 曾孫祥 從子秀之

傅亮 族兄隆 檀道濟 兄韶 韶孫珪 韶弟祗 徐羨之 從孫湛之 湛之孫孝嗣 孝嗣孫君蒨

劉穆之字道和，小字道人，〔一〕東莞莒人也，世居京口。初爲琅邪府主簿，嘗夢與宋武帝汎海遇大風，驚俯視船下，見二白龍挾船。既而至一山，山峯聳秀，意甚悅。及武帝剋京城，從何無忌求府主簿，無忌進穆之。帝曰：「吾亦識之。」卽馳召焉。時穆之聞京城有叫聲，晨出陌頭，屬與信會，直視不言者久之，反室壞布裳爲袴往見帝，帝謂曰：「我始舉大義，須一軍吏甚急，誰堪其選？」穆之曰：「無見踰者。」帝笑曰：「卿能自屈，吾事濟矣。」卽於坐受署。從平建鄴，諸大處分，皆倉卒立定，並穆之所建，遂動見諮詢。穆之亦竭節盡誠，無所遺隱。

四二三

時晉綱寬弛，〔三〕威禁不行，盛族豪家，負勢陵縱；重以司馬元顯政令違舛，桓玄科條繁

密。穆之斟酌時宜，隨方矯正，不盈旬日，風俗頓改。

遷尙書祠部郎，復爲府主簿、記室、錄事參軍，領堂邑太守。以平桓玄功，封西華縣五等

子。及揚州刺史王謐薨，帝次應入輔。劉毅等不欲帝入，議以中領軍謝混爲揚州，或欲令

帝於丹徒領州，以內事付僕射孟昶。遣尙書右丞皮沈以二議諮帝。沈先與穆之言，穆之僞

如厠，卽密疏白帝，言沈語不可從。帝既見沈，且令出外，呼穆之問焉。穆之曰：「公今日豈

得居謙，遂爲守蕃將邪？劉、孟諸公俱起布衣，共立大義，事乃一時相推，非宿定臣主分也。

力敵勢均，終相吞咀。揚州根本所係，不可假人。前授王謐，事出權道，今若復他授，便應

受制於人。一失權柄，無由可得。公功高勳重，不可直置疑畏，便可入朝共盡同異。公至

京邑，彼必不敢越公更授餘人。」帝從其言，由是入輔。

從廣固還盧循，常居幕中畫策。劉毅等疾之，每從容言其權重，帝愈信仗之。穆之

外所聞見，大小必以白，雖閭里言謔，皆二三以聞。帝每得人間委密消息以示聰明，皆由穆之

之。又愛賓游，坐客恒滿，布耳目以爲視聽，故朝野同異，穆之莫不必知。雖親昵短長，皆

陳奏無隱。人或譏之，穆之曰：「我蒙公恩，義無隱諱，此張遼所以告關羽欲叛也。」

帝舉止施爲，穆之皆下節度，帝書素拙，穆之曰：「此雖小事，然宣布四遠，願公小復留

意。」帝既不能留意，又稟分有在，穆之乃曰：「公但縱筆爲大字，一字徑尺無嫌。大既足有

所包，其勢亦美。」帝從之，一紙不過六七字便滿。

穆之凡所薦達，不納不止。常云：「我雖不及荀令君之舉善，然不舉不善。」穆之與朱齡

石並便尺牘，嘗於武帝坐與齡石並答書，自旦至日中，穆之得百函，齡石得八十函，而穆之

應對無廢。

遷中軍、太尉司馬，加丹陽尹。帝西討劉毅，以諸葛長人監留府，疑其難獨任，留穆之

輔之。加建威將軍，置佐吏，配給實力。長人果有異謀，而猶豫不能發，屏人謂穆之曰：「悠

悠之言，云太尉與我不平，何以至此？」穆之曰：「公泝流遠伐，以老母弱子委節下，若一豪不

盡，豈容若此。」長人意乃小安，穆之亦厚爲之備。長人謂所親曰：〔三〕「貧賤常思富貴，富貴

必踐危機。今日思爲丹徒布衣，不可得也。」帝還，長人伏誅。進前將軍。

帝西伐司馬休之，中軍將軍道憐知留任，而事無大小，一決穆之。遷尚書右僕射，領

選，〔四〕將軍、尹如故。帝北伐，留世子爲中軍將軍、監太尉留府。轉穆之左僕射、領監軍中

軍二府軍司，將軍、尹、領選如故，甲仗五十人入殿，入居東城。

穆之內總朝政，外供軍旅，決斷如流，事無壅滯。賓客輻湊，求訴百端，內外諮稟，盈階

滿室。目覽詞訟，手答牋書，耳行聽受，口並酬應，不相參涉，皆悉贍舉。又言談賞笑，彌日

耳時，未嘗倦苦。裁有閒暇，手自寫書，尋覽篇章，校定墳籍。性奢豪，食必方丈，旦輒爲十

人饌，未嘗獨餐。每至食時，客止十人以還，帳下依常下食，以此爲常。嘗白帝曰：「穆之家

本貧賤，贍生多闕，叨忝以來，雖每存約損，而朝夕所須，微爲過豐，此外無一豪負公。」

義熙十三年卒。帝在長安，本欲頓駕關中，經略趙、魏，聞問驚慟，哀惋者數日。以根

本虛，乃馳還彭城。以司馬徐羨之代管留臺，而朝廷大事常決於穆之者，並悉北諮。穆之

前軍府文武二萬人，以三千配羨之建威府。

帝又表天子曰：「臣聞崇賢旌善，王敎所先，念功簡勞，義深追遠。故司馬勳執策，在勤必記，

德之休明，沒而彌著。故尚書左僕射、前將軍臣穆之，爰自布衣，協佐義始，內竭謀猷，外勤

庶政，密勿軍國，心力俱盡。及登庸朝右，尹司京畿，敷讚百揆，翼新大猷。頃戎車遠役，居

中作捍，撫寧之勳，實洽朝野，識量局致，棟幹之器也。方宣讚盛化，緝隆聖世，忠績未究，

遠邇悼心。皇恩褒述，班同三事，榮哀既備，寵靈已泰。臣伏思尋，自義熙草創，艱患未弭，

外虞既殷，內難亦荐，時屯世故，靡有寧歲。臣以寡乏，負荷國重，實賴穆之匡翼之益。〔三〕豈

唯謨言嘉謀，溢于人聽，若乃忠規密謨，潛慮帷幕，造膝詭辭，莫見其際。事隔於皇朝，功隱

於視聽者，不可勝紀。所以陳力一紀，遂克有成，出征入輔，幸不辱命。微夫人之左右，未

有寧濟其事者矣。履謙居寡，守之彌固，每議及封爵，輒深自抑絕。所以勳高當年，而茅土

弗及，撫事永念，胡寧可昧。謂宜加贈正司，追甄土宇。俾忠貞之烈，不泯於身後，大寶所

及，永旌於善人。臣契闊屯夷，旋觀終始，金蘭之分，義深情感，是以獻其乃懷，布之朝聽。」

於是重贈侍中、司徒，封南昌縣侯。

及帝受禪，每歎憶之，曰：「穆之不死，當助我理天下。」可謂『人之云亡』，邦國殄瘁。』光

祿大夫范泰對曰：「聖主在上，英彥滿朝，穆之雖功著艱難，未容便關興毀。」帝笑曰：「卿不

聞驥騄縣乎，貴日致千里耳。」帝後復曰：「穆之死，人輕易我。」其見思如此。以佐命元勳，追

封南康郡公，諡曰文宣。

穆之少時，家貧誕節，嗜酒食，不修拘檢。好往妻兄家乞食，多見辱，不以為恥。其妻

江嗣女，甚明識，每禁不令往江氏。後有慶會，屬令勿來。穆之猶往，食畢求檳榔。江氏兄

弟戲之曰：「檳榔消食，君乃常飢，何忽須此？」妻復截髮市肴饌，為其兄弟以餉穆之，自此不

對穆之梳沐。及穆之為丹陽尹，將召妻兄弟，妻泣而稽顙以致謝。穆之曰：「本不匿怨，無

所致憂。」及至醉飽，[六]穆之乃令厨人以金柈貯檳榔一斛以進之。

元嘉二十五年，車駕幸江寧，經穆之墓，詔致祭墓所。

長子慮之嗣，卒。子邕嗣。先是郡縣為封國者，內史、相並於國主稱臣，去任便止。孝

建中始革此制爲下官致敬。河東王歆之嘗爲南康相，素輕邕。後歆之與邕俱豫元會並坐，

邕嗜酒，謂歆之曰：「卿昔見臣，今能見勸一盃酒不？」歆之因戲孫皓歌答曰：「昔爲汝作臣，

今與汝比肩，既不勸汝酒，亦不願汝年。」邕性嗜食瘡痂，以爲味似鰒魚。嘗詣孟靈休，靈休

先患灸瘡，瘡落在牀，邕取食之。靈休大驚，痂未落者，悉褫取飴邕。邕去，靈休與何勗書

曰：「劉邕向顧見噉，遂舉體流血。」南康國吏二百許人，不問有罪無罪，遞與鞭，瘡痂常以

給膳。

邕卒，子肜嗣，坐刀斫妻奪爵，以弟彪紹。齊建元初，降封南康縣侯、虎賁中郎將。坐

廟墓不修，削爵爲羽林監。又坐與亡弟母楊別居，楊死不殯葬，崇聖寺尼慧首剃頭爲尼，以

五百錢爲買棺，以泥洹輿送葬，爲有司奏，事寢不出。

穆之中子式之字延叔，爲宣城、淮南二郡太守，犯贓貨，揚州刺史王弘遣從事檢校之。

式之召從事謂曰：「還白使君，劉式之於國粗有微分，偷數百萬錢何有，況不偷邪。」從事還

白弘，由此得停。從征關洛有功，封德陽縣五等侯。卒，謚曰恭。

子瑀字茂琳，始興王濬爲南徐州，以瑀爲別駕。瑀性陵物護前，時濬征北府行參軍吳

郡顧邁輕薄有才能，濬待之厚。瑀乃折節事邁，邁以瑀與之款盡，濬所言密事，悉以語瑀。

瑀與邁共進射堂下，忽顧左右索單衣幘，邁問其故，瑀曰：「公以家人待卿，言無不盡，卿外宣泄。我是公吏，何得不啓白之。」潛大怒，啓文帝徙邁廣州。

瑀性使氣尚人，後爲御史中丞，甚得志。彈蕭惠開云：「非才非望，非勳非德。」彈王僧達云：「蔭藉高華，人品冗末。」朝士莫不畏其筆端。

轉右衛將軍。年位本在何偃前，孝武初，偃爲吏部尚書，瑀圖侍中不得。與偃同從郊祀，時偃乘車在前，瑀策駟居後，相去數十步，瑀蹋馬及之，謂偃曰：「君轡何疾？」偃曰：「牛駿馭精，所以疾耳。」偃曰：「君馬何遲。」曰：「騏驥羈於轅絆，所以居後」。偃曰：「何不著鞭使致千里」答曰：「一蹙自造青雲，何至與駑馬爭路。」然甚不得意，謂所親曰：「人仕宦，不出當入，不入當出，安能長居戶限上？」因求益州。及行，甚不得意，至江陵，與顏竣書曰：「朱脩之三世叛兵，一日居荊州，青油幕下，作謝宣明面目見向，使齋帥以長刀引吾下席，[七]於吾何有，政恐匈奴輕漢耳。」坐奪人妻爲妾免官。

後爲吳興太守，侍中何偃嘗案之云：[六]「參伍時望。」瑀大怒曰：「我於時望何參伍之有。」遂與偃絕。族叔秀之爲丹陽，瑀又與親故書曰：「吾家黑面阿秀遂居劉安衆處，朝廷不爲多士。」

其年疽發背，何偃亦發背癰。瑀疾已篤，聞偃亡，歡躍叫呼，於是亦卒。諡曰剛。

祥字顯徵，式之孫也。父敞，太宰從事中郎。祥少好文學，性韻剛疏，輕言肆行，不避高下。齊建元中，爲正員郎。司徒褚彥回入朝，以腰扇鄣日，祥從側過，曰：「作如此舉止，羞面見人，扇障何益。」彥回曰：「寒士不遜。」祥曰：「不能殺袁、劉，安得免寒士。」

永明初，撰《宋書》，譏斥禪代，尚書令王儉密以啟聞，上銜而不問。爲臨川王驃騎從事中郎。

祥兄整爲廣州，卒官，祥就整妻求還資，事聞朝廷。又於朝士多所貶忽。王奐爲尚書僕射，祥與奐子融同載，行至中堂，見路人驅驢，祥曰：「驢，汝好爲之，如汝人才，皆已令僕。」著《連珠》十五首，以寄其懷。其譏議者云：「希世之寶，違時必賤，偉俗之器，無聖則淪。」有以《連珠》啟上，上令御史中丞任遐奏其過惡，付廷尉。上別遣敕祥曰：「我當原卿性命，令卿萬里思愆。卿若能改革，當令卿得還。」乃徙廣州。不得意，終日縱酒，少時卒。

秀之字道寶，穆之從父兄子也。祖爽，山陰令。父仲道，餘姚令。秀之少孤貧，十歲時與諸兒戲前渚，忽有大蛇來，勢甚猛，莫不顚沛驚呼，秀之獨不動，衆並異之。東海何承天雅相知器，以女妻之。兄欽之爲朱齡石右軍參軍，隨齡石敗沒，秀之哀感不歡宴者十年。

宋景平二年，除駙馬都尉。元嘉中，再爲建康令，政績有聲。孝武鎮襄陽，以爲撫軍錄事參軍、襄陽令。襄陽有六門堰，良田數千頃，堰久決壞，公私廢業。孝武遣秀之修復，雍部由是大豐。

後除西戎校尉、梁南秦二州刺史，加都督。漢川饑饉，秀之躬自儉約。先是漢川悉以絹爲貨，秀之限令用錢，百姓利之。

二十七年，大舉北侵，遣輔國將軍楊文德、巴西梓潼二郡太守劉弘宗受秀之節度，震蕩汧隴。

元凶弒逆，秀之卽日起兵，求赴襄陽，司空南譙王義宣不許。事寧，遷益州刺史，折留奉祿二百八十萬付梁州鎮庫，此外蕭然。梁、益豐富，前後刺史莫不大營聚畜，多者致萬金。所攜賓僚並都下貧子，出爲郡縣，皆以苟得自資。秀之爲政整肅，遠近悅焉。

南譙王義宣據荊州爲逆，遣徵兵於秀之，秀之斬其使。以起義功，封康樂縣侯，徙丹陽尹。先是秀之從叔穆之爲丹陽，與子弟聽事上宴，聽事柱有一穿，穆之謂子弟及秀之，汝等試以粟遙擲柱，入穿者後必得此郡。唯秀之獨入焉，其言遂驗。時賒買百姓物不還錢，秀之以爲非宜，陳之甚切。雖納其言，竟不用。

之以爲非宜，陳之甚切。雖納其言，竟不用。

遷尚書右僕射。時定制令，疑人殺長吏科，[九]議者謂會赦宜以徙論。秀之以爲「律文

雖不顯人殺官長之旨，若遇赦但止徒論，便與悠悠殺人曾無一異。人敬官長比之父母，行
害之身雖遇赦，謂宜長付尚方，窮其天命，家口補兵」。從之。

後為寧蠻校尉、雍州刺史，加都督。將徵為左僕射，會卒。贈司空，諡忠成公。

秀之野率無風采，而心力堅正。上以其莅官清潔，家無餘財，賜錢二十萬，布三百疋。

傳封至孫，齊受禪，國除。

徐羨之字宗文，東海郯人也。祖寧，尚書吏部郎。父祚之，上虞令。羨之為桓脩撫軍
中兵參軍，與宋武帝同府，深相親結。武帝北伐，稍遷太尉左司馬，掌留任，副貳劉穆之。

帝議北伐，朝士多諫，唯羨之默然。或問何獨不言，羨之曰：「今二方已平，拓地萬里，
唯有小羌未定。公寢食不安，何可輕豫其議。」

穆之卒，帝欲用王弘代之。謝晦曰：「休元輕易，不若徐羨之。」乃以羨之為丹陽尹，總
知留任，甲仗二十人出入，加尚書僕射。

義熙十四年，軍人朱興妻周生子道扶，年三歲，先得癇病。周因其病，發掘地生埋之，
為道扶姑雙女所告，周棄市。羨之議曰：「自然之愛，豺狼猶仁，周之凶忍，宜加顯戮。臣以

為法律之外，尚弘通理，母之即刑，由子明法。為子之道，焉有自容之地。愚謂可特申之遐裔。」從之。

及武帝即位，封南昌縣公，位司空、錄尚書事、揚州刺史。羨之起自布衣，又無術學，直以局度，一旦居廊廟，朝野推服，咸謂有宰臣之望。沉密寡言，不以憂喜見色。顏工弈某，觀戲常若未解，當世倍以此推之。傅亮、蔡廓嘗言徐公曉萬事，安異同。嘗與傅亮、謝晦宴聚，亮、晦才學辯博，羨之風度詳整，時然後言。鄭鮮之歎曰：「觀徐、傅言論，不復以學問為長。」[一〇]

武帝不豫，加班劍三十人。宮車晏駕，與中書令傅亮、領軍將軍謝晦、鎮北將軍檀道濟同被顧命。少帝詔羨之、亮率衆官內月一決獄。[二一]

帝後失德，羨之等將謀廢立，而盧陵王義真多過，不任四海。乃先廢義真，然後廢帝。時謝晦為領軍，以府舍內屋敗應修理，悉移家人出宅，聚將士於府內。檀道濟以先朝舊將，威服殿省，且有兵衆，召入朝告之謀。既廢帝，侍中程道惠勸立皇子義恭，羨之不許。及文帝即位，改封南平郡公，固讓加封。有司奏車駕依舊臨華林園聽訟，詔如先二公權訊。

元嘉二年，羨之與傅亮歸政，三奏乃見許。羨之仍遜位，退還私第。兄子佩之及程道惠、吳興太守王韶之等，並謂非宜，敦勸甚苦。復奉詔攝任。

三年正月，帝以羨之、亮、晦旬月間再肆酖毒，〔二〕下詔暴其罪，誅之。爾日，詔召羨之

至西明門外，〔三〕時謝晦弟嚼為黃門郎正直，報亮云：「殿中有異處分。」亮馳報羨之，羨之乘

內人問訊車出郭，步走至新林，入陶竈中自縊而死，年六十三。羨之初不應召，上遣領軍到

彥之，右衛將軍王華追討。及死，野人以告，載尸付廷尉。

初，羨之年少時，嘗有一人來謂曰：「我是汝祖。」羨之拜。此人曰：「汝有貴相而有大

厄，宜以錢二十八文埋宅四角，可以免災。過此可位極人臣。」後羨之隨親之縣，住在縣內。

嘗暫出，而賊自後破縣，縣內人無免者，雞犬亦盡，唯羨之在外獲全。又隨從兄履之為臨海

樂安縣，嘗行經山中，見黑龍長丈餘，頭有角，前兩足皆具，無後足，曳尾而行。及拜司空，

守關將入，彗星辰見危南。又當拜時，雙鵠集太極殿東鴟尾鳴喚，〔四〕竟以凶終。

羨之兄欽之位祕書監。欽之子佩之輕薄好利，武帝以其姻戚，累加寵任，為丹陽尹。景

平初，以羨之知權，頗豫政事，與王韶之、程道惠、中書舍人邢安泰、潘盛為黨。時謝晦久病

連灸，不堪見客，佩之等疑其託疾有異圖，與韶之、道惠同載詣傅亮，稱羨之意，欲令作詔誅

之。亮曰：「已等三人同受顧命，豈可自相殘戮。」佩之等乃止。羨之既誅，文帝特宥佩之，

免官而已。其冬佩之謀反事發被誅。

佩之弟遠之尚武帝長女會稽宣公主，為彭城、沛二郡太守。武帝諸子並幼，以遠之姻

戚,將大任之,欲先令立功。及討司馬休之,使統軍爲前鋒,待克當即授荊州,於陣見害。追

贈中書侍郎。子湛之。

湛之字孝源,幼孤,爲武帝所愛。常與江夏王義恭寢食不離帝側。永初三年,詔以公

主一門嫡長,且湛之致節之胤,封枝江縣侯。數歲與弟淳之共車行,牛奔車壞,左右人馳來

赴之。湛之先令取弟,衆咸歎其幼而有識。及長頗涉文義,善自位待,事祖母及母以孝聞。

元嘉中,以爲黃門侍郎。祖母年老,辭以朝直不拜。後拜祕書監。會稽公主身居長

嫡,爲文帝所禮,家事大小必諮而後行。西征謝晦,使公主留止臺內,總攝六宮,每有不得

意,輒號哭,上甚憚之。

初,武帝微時,貧陋過甚,嘗自往新洲伐荻,〔一五〕有納布衣襖等,皆是敬皇后手自作。武

帝既貴,以此衣付公主曰:「後世若有驕奢不節者,可以此衣示之。」湛之爲大將軍彭城王義

康所愛,與劉湛等頗相附。及得罪,事連湛之。文帝大怒,將致大辟。湛之憂懼無計,以告

公主。公主即日入宮,及見文帝,因號哭下牀,不復施臣妾之禮。以錦囊盛武帝納衣,擲地

以示上曰:「汝家本賤貧,此是我母爲汝父作此納衣。今日有一頓飽食,便欲殘害我兒子。」

上亦號哭,湛之由此得全。

再遷太子詹事，尋加侍中。

游莫及，伎樂之妙，冠絕一時。門生千餘，皆三吳富人子，姿質端美，衣服鮮麗。每出入行

游，塗巷盈滿。泥雨日，悉以後車載之。文帝每嫌其侈縱。時安成公何勗，無忌之子，臨汝

公孟靈休，昶之子也，並名奢豪，與湛之以肴膳器服車馬相尚，都下為之語曰：「安成食，臨

汝飾。」湛之美兼何、孟。勗官至侍中，追謚荒公。靈休善彈棊，官至祕書監。

湛之後遷丹陽尹，加散騎常侍，以公主憂不拜。過葬，復授前職。二十二年，范曄等謀

反，湛之始與之同，後發其事，所陳多不盡，為曄等款辭所連。有司以湛之關豫逆黨，事起

積歲，末乃歸聞，多有蔽匿，請免官削爵，付廷尉。上不許。湛之詣闕上疏請罪，以為「初通

其謀，為誘引之辭，曄等並見怨咎，規相禍陷。又昔義康南出之始，敕臣入相伴慰，懃懃異

意，頗形言旨。遺臣利刃，期以際會。非為納受，曲相蔽匿。臣苦相諫譬，深加拒塞，以為怨憤所至，不足為虞，便

以關啟，懼成虛妄。又令申情范曄，釋中間之憾，致懷蕭思話，恨婚

意未申。謂此僥倖，亦不宜達。陛下敦惜天倫，彰於四海，蕃禁優簡，親理咸通。又昔蒙眷

顧，不容自絕，音翰信命，時相往來。或言少意多，旨深文淺，辭色之間，往往難測。臣顧惟

心無邪悖，故不稍以自嫌，僂僂丹實，其如此啟。臣雖鸞下，情匪木石，豈不知醜點難嬰，伏

劍為易，而靦然視息，忍此餘生，實非苟客微命，假延漏刻。誠以負戾灰滅，貽恥方來，貪

及視息，少自披訴。乞蒙隙放，[一0]伏待鈇鑕。」上優詔不許。

二十四年，服闋，轉中書令、太子詹事，出為南兗州刺史。善政俱蕭，威惠並行。廣陵舊有高樓，湛之更修整之，南望鍾山。城北有陂澤，水物豐盛，湛之更起風亭、月觀、吹臺、翠室，果竹繁茂，花藥成行。招集文士，盡游玩之適。時有沙門釋惠休善屬文，湛之與之甚厚。孝武命使還俗。本姓湯，位至揚州從事史。

二十六年，湛之入為丹陽尹、領太子詹事。二十七年，魏太武帝至瓜步，湛之與皇太子分守石頭。二十八年，魯爽兄弟率部曲來奔，爽等軌子也，湛之以為廟算特所獎納，不敢苟申私怨，乞屏田里。不許。

轉尚書僕射，領護軍將軍。時尚書令何尚之以湛之國戚，任遇隆重，欲以朝政推之。湛之以令事無不總，又以事歸尚之。互相推委，御史中丞袁淑奏並免官。詔乃使湛之與尚之並受辭訴。尚之雖為令，而以朝事悉歸湛之。

初，劉湛伏誅，殷景仁卒，文帝任沈演之、庾仲文、范曄等，[一二]後又有江湛、何瑀之。自曄誅，仲文免，演之、瑀之並卒，至是江湛為吏部尚書，與湛之並居權要，世謂之江、徐。上每疾，湛之輒侍醫藥。

二凶巫蠱事發，上欲廢劭，賜濬死，而孝武無寵，故累出外藩，不得停都下。南平王鑠、

建平王宏並被愛，而鑠妃卽湛妹，湛勸上立之，〔一八〕徵鑠自壽陽入朝。至又失旨，欲立宏，嫌

其非次，議久不決。〔一九〕與湛之議，或連日累夕。每夜，使湛之自執燭繞壁檢行，慮有竊聽

者。劭入弒之旦，其夕上與湛之屏人語，至曉猶未滅燭。湛之驚起趣北戶，未及開，見害，

時年四十四。孝武卽位，追贈司空，謚曰忠烈公。子韋之爲元凶所殺。韋之子孝嗣。

孝嗣字始昌。父被害，孝嗣在孕，母年少，欲更行，不願有子，自牀投地者無算，又以擣

衣杵舂其腰，幷服墮胎藥，胎更堅。及生，故小字遺奴。

幼而挺立。八歲襲爵枝江縣公，〔二〇〕見宋孝武，升階流涕，迄于就席。帝甚愛之，尚康

樂公主，拜駙馬都尉。泰始中，以登殿不著韤，爲書侍御史蔡準所奏，罰金二兩。

孝嗣姑適東莞劉舍，舍兄藏爲尚書左丞，孝嗣往詣之。藏退謂舍曰：「徐郎是令僕人，

三十餘可知，汝宜善自結。」昇明中，爲齊高帝驃騎從事中郎，帶南彭城太守，轉太尉諮議參

軍。齊建元初，累遷長兼侍中。〔二一〕善趨步，閑容止，與太宰褚彥回相埒。尚書令王儉謂人

曰：「徐孝嗣將來必爲宰相。」轉御史中丞。武帝問儉曰：「誰可繼卿？」儉曰：「臣東都之日，

其在徐孝嗣乎。」

出爲吳興太守，儉贈孝嗣四言詩曰：「方軌叔茂，追淸彥輔，柔亦不茹，剛亦不吐。」時人

以比蔡子尼之行狀也。在郡有能名。

王儉亡，上徵孝嗣爲五兵尚書。其年，敕撰江左以來儀典，令諮受孝嗣。明年，遷太子詹事。從武帝幸方山。上曰：「朕經始此山之南，復爲離宮，應有邁靈丘。」靈丘山湖，新林苑也。孝嗣答曰：「繞黃山，款牛首，乃盛漢之事。今江南未廣，願陛下少更留神。」上乃止。竟陵王子良甚善之。歷吏部尚書，右軍將軍，領太子左衞率，臺閣事多以委之。

武帝崩，遺詔以爲尚書右僕射。隆昌元年，爲丹陽尹。明帝謀廢鬱林，遣左右莫智明以告孝嗣，孝嗣奉旨無所釐替，即還家草太后令。明帝入殿，孝嗣戎服隨後。鬱林既死，明帝須太后令，孝嗣於袖出而奏之，帝大悅。時議悉誅高、武子孫，孝嗣堅保持之，故得無恙。以廢立功，封枝江縣侯，甲仗五十人入殿。轉左僕射。明帝即位，進爵爲公，給班劍二十人，加兵百人。舊拜三公乃臨軒，至是，帝特詔與陳顯達、王晏並臨軒拜授。時王晏爲令，人情物望不及孝嗣，晏誅，轉尚書令。孝嗣愛好文學，器量弘雅，不以權勢自居，故見容明帝之世。

初在率府，晝臥齋北壁下，夢兩童子遽云：「移公牀。」孝嗣驚起，聞壁有聲，行數步而壁崩壓牀。建武四年，即本號開府儀同三司，讓不受。

時連年魏軍動，國用虛乏，孝嗣表立屯田，讓不受。帝已寢疾，兵事未已，竟不行。及崩，受遺

託，重申開府之命，加中書監。　永元初輔政，自尚書下省出住宮城南宅，不得還家。帝失

德，孝嗣不敢諫；及江祏誅，內懷憂恐，然未嘗表色。　始安王遙光反，衆懷惶惑，見孝嗣入宮

乃安，然羣小用事，不能制也。

　時孝嗣以帝終亂天常，與沈文季俱在南掖門，欲要文季以門為應，四五目之，文季輒亂

以他語，孝嗣乃止。　進位司空，固讓。求解丹陽尹，不許。　孝嗣文人，不顯同異，名位雖大，

故得未及禍。虎賁中郎將許準有膽力，陳說事機，勸行廢立。孝嗣遲疑，謂必無用干戈理，

須少主出游，閉城門，召百僚集議廢之。雖有此懷，終不能決。　羣小亦稍憎孝嗣，勸帝除

之。其冬，孝嗣入華林省，遣茹法珍賜藥，孝嗣容色不異，謂沈昭略曰：「始安事，吾欲以門

應之，賢叔若同，無今日之恨。」少能飲酒，飲藥至斗餘方卒，乃下詔言誅之。于時凡被殺

者，皆取其蟬冕，剝其衣服。　衆情素敬孝嗣，得無所侵。

　長子演，尚齊武帝女武康公主，位太子中庶子，第三子況，尚明帝女山陰公主，並拜駙

馬都尉，俱見殺。

　孝嗣之誅，衆人懼，無敢至者，唯會稽魏溫仁奔赴，以私財營喪事，當時稱之。

　初，孝嗣復故封，使故吏吳興丘叡筮之，當傳幾世。叡曰：「恐不終尊身。」孝嗣容色甚

惡，徐曰：「緣有此慮，故令卿決之。」

中興元年，和帝贈孝嗣太尉。二年，改葬宣德太后，詔增班劍四十人，加羽葆、鼓吹，謚

曰文忠，改封餘干縣公。

子緄，仕梁，位侍中、太常，信武將軍，謚頤子。

緄子君蒨字懷簡，幼聰朗好學，尤長丁部書，問無不對。善弦歌，為梁湘東王鎮西諮議

參軍。頗好聲色，侍妾數十，皆佩金翠，曳羅綺，服玩悉以金銀。飲酒數升便醉，而閉門盡

日酣歌。每遇歡謔，則飲至斗。有時載伎肆意游行，荊楚山川，靡不畢踐。朋從遊好，莫得

見之。時襄陽魚弘亦以豪侈稱，於是府中謠曰：「北路魚，南路徐。」然其服翫次於弘也。

君蒨辯於辭令，湘東王嘗出軍，有人將婦從者。王曰：「才愧李陵，未能先誅女子，將非

孫武，遂欲驅戰婦人。」君蒨應聲曰：「項籍壯士，猶有虞兮之愛，紀信成功，亦資姬人之力。」

君蒨文冠一府，特有輕艷之才，新聲巧變，人多諷習，竟卒於官。

傅亮字季友，北地靈州人，晉司隸校尉咸之玄孫也。父瑗以學業知名，位至安成太守。

瑗與郗超善，超常造瑗，見二子迪及亮。亮年四五歲，超令人解衣使持去，初無吝色。超謂

瑗曰：「卿小兒才名位宦當遠蹤於兄，然保家終在大者。」迪字長猷，宋初終五兵尚書，贈太常。

亮博涉經史，尤善文辭。義熙中，累遷中書黃門侍郎，直西省。宋武帝以其久直之勤勞，欲以為東陽郡。先以語迪，大喜告亮，亮不答，即馳見武帝，陳不樂出。帝笑曰：「謂卿須祿耳，能如此，甚協所望也。」以為太尉從事中郎，掌記室。宋國初建，除侍中，領世子中庶子，加中書令。從還壽陽，武帝有受禪意，而難於發言，乃集朝臣宴飲，從容曰：「桓玄暴篡，鼎命已移，我首唱大義，興復皇室，今年時將暮，欲歸老京師。」羣臣唯盛稱功德，莫曉此意。亮悟旨，日晚宮門已閉，叩扉請見曰：「臣暫宜還都。」帝知意，無復他言，直云：「須幾人自送？」亮曰：「須數十人。」於是奉辭。及出，夜見長星竟天，拊髀曰：「我常不信天文，今始驗矣。」亮至都，即徵帝入輔。

永初元年，加太子詹事，封建城縣公，入直中書省，專典詔命。以亮任總國權，聽於省見客。

神獸門外，每旦車常數百兩。武帝登庸之始，文筆皆是參軍滕演，北征廣固，悉委長史王誕，自此之後至于受命，表策文誥，皆亮辭也。演字彥將，南陽西鄂人，位至祕書監。

二年，加亮尚書僕射。及帝不豫，與徐羨之、謝晦並受顧命，給班劍二十人。少帝即位，進中書監、尚書令，領護軍將軍。

少帝廢，亮奉迎文帝，立行臺於江陵城南，題曰大司馬門，率行臺百僚詣門拜表，威儀甚盛。文帝將下，引見亮，哭泣哀動左右。既而問義真及少帝薨廢本末，悲號嗚咽，侍側者莫能仰視，亮流汗霑背不能答。於是布腹心於到彥之、王華等。及至都，徐羨之間帝可方誰？亮曰：「晉文、景以上人。」義之曰：「必能明我赤心。」亮曰：「不然。」

及文帝即位，加左光祿大夫、開府儀同三司。司空府文武即爲左光祿府，進爵始興郡公，固讓進封。

元嘉三年，帝將誅亮，先呼入見，省內密有報之者。亮辭以嫂病暫還，遣信報徐羨之，因乘車出郭門，騎馬奔兄迪墓。屯騎校尉郭泓收之。初至廣莫門，上亦使以詔謂曰：「以公江陵之誠，當使諸子無恙。」亮讀詔訖曰：「亮受先帝布衣之眷，遂蒙顧託。黜昏立明，社稷之計。欲加之罪，其無辭乎！」於是伏誅，妻子流建安。

亮之方貴，兄迪每深誡焉，而不能從。及見世路屯險，著論名曰演愼。及少帝失德，內懷憂懼。直宿禁中，睹夜蛾赴燭，作感物賦以寄意。初奉大駕，道路賦詩三首，其一篇有悔懼之辭。自知傾覆，求退無由，又作辛有、穆生、董仲道贊，稱其見微之美云。

隆字伯祚，亮族兄也。曾祖晞，司徒屬。父祖並早卒。隆少孤貧，有學行。義熙初，年

四十，為孟昶建威參軍，累遷尚書左丞。以族弟亮為僕射，緦服不得相臨，徙太子率更令。

元嘉初，為御史中丞，甚得司直之體，轉司徒左長史。會稽剡縣人黃初妻趙打殺息載

妻王遇赦，王有父母及男稱女葉，依法徙趙二千里外。隆議曰：「禮律之興，本之自然。求

之情理，非從天墮，非從地出。父子至親，分形同氣，稱之於載，即載之於趙。雖言三世，為

體猶一。稱雖創鉅痛深，固無讎祖之義。向使石厚之子，日磾之孫，砥鋒挺鍔，不與二祖同

戴天日，則石碏、秺侯何得流名百代。舊令言殺人父母，徙之二千里外，不施父子孫祖明

矣。趙當避王恭功千里外耳。令亦云凡流徙者，同籍親近欲相隨者聽之。此又大通情體，

因親以教愛也。趙既流移，載為人子，何得不從？載從而稱不行，豈名教所許？如此，稱、

趙竟不可分。趙雖內愧終身，稱沈痛沒齒，孫祖之義，自不得以永絕，事理然也。」從之。

出為義興太守，有能名。拜左戶尚書，坐正直受節假，對人未至委出，白衣領職。尋轉

太常，文帝以新撰禮論付隆，使更下意。隆表上五十二事。

後致仕，拜光祿大夫，歸老於家。手不釋卷，博學多通，特精三禮。年八十三卒。

檀道濟，高平金鄉人也，世居京口。

少孤，居喪備禮，奉兄姊以和謹稱。宋武帝建義，

道濟與兄韶祗等從平京城，俱參武帝建武將軍事。累遷太尉參軍，封作唐縣男。

義熙十二年，武帝北伐，道濟爲前鋒，所至望風降服。徑進洛陽，議者謂所獲俘囚，應悉戮以爲京觀。道濟曰：「伐罪弔人，正在今日。」皆釋而遣之。於是中原感悅，歸者甚眾。長安平，以爲琅邪內史。

武帝受命，以佐命功，改封永脩縣公，位丹陽尹、護軍將軍。武帝不豫，給班劍二十人。出爲鎮北將軍、南兗州刺史。徐羨之等謀廢立，諷道濟入朝，告以將廢廬陵王義眞，道濟屢陳不可，竟不納。將廢帝夜，道濟入領軍府就謝晦宿，〔三〕晦悚息不得眠。道濟寢便睡熟，晦以此服之。

文帝即位，給鼓吹一部，進封武陵郡公。固辭進封。道濟素與王弘善，時被遇方深，道濟彌相結附，每構羨之等，弘亦雅仗之。上將誅徐羨之等，召道濟欲使西討。王華曰：「不可。」上曰：「道濟從人者也，曩非創謀，撫而使之，必將無慮。」道濟至之明日，上誅羨之、亮。既而使道濟與中領軍到彥之前驅西伐，上問策於道濟。對曰：「臣昔與謝晦同從北征，入關十策，晦有其九。才略明練，殆難與敵；然未嘗孤軍決勝，戎事恐非其長。臣悉晦智，晦悉臣勇。今奉王命外討，必未陣而禽。」時晦本謂道濟與羨之同誅，忽聞來上，遂不戰自潰。事平，遷征南大將軍、開府儀同三司、江州刺史。

元嘉八年，到彥之侵魏，已平河南，復失之。道濟都督征討諸軍事，北略地，轉戰至濟

上，魏軍盛，遂克滑臺。道濟時與魏軍三十餘戰多捷，軍至歷城，以資運竭乃還。時人降魏

者具說糧食已罄，於是士卒憂懼，莫有固志。道濟夜唱籌量沙，以所餘少米散其上。及旦，

魏軍謂資糧有餘，故不復追，以降者妄，斬以徇。

時道濟兵寡弱，軍中大懼。道濟乃命軍士悉甲，身白服乘輿，[三]徐出外圍。魏軍懼有

伏，不敢逼，乃歸。道濟雖不剋定河南，全軍而反，雄名大振。魏甚憚之，圖之以禳鬼。還

進位司空，鎮尋陽。[三]

道濟立功前朝，威名甚重，左右腹心並經百戰，諸子又有才氣，朝廷疑畏之。　時人或目

之曰：「安知非司馬仲達也。」

文帝寢疾累年，屢經危殆，領軍劉湛貪執朝政，慮道濟為異說，又彭城王義康亦慮宮車

晏駕，道濟不復可制。十二年，上疾篤，會魏軍南伐，召道濟入朝。其妻向氏曰：「夫高世之

勳，道家所忌，今無事相召，禍其至矣。」及至，上已間。十三年春，將遣還鎮，下渚未發，有

似鶴鳥集船悲鳴。會上疾動，義康矯詔召入祖道，收付廷尉，及其子給事黃門侍郎植，司徒

從事中郎粲、太子舍人混、征北主簿承伯、祕書郎中庶等八人並誅。　時人歌曰：「可憐白

浮鳩，枉殺檀江州。」道濟死日，建鄴地震白毛生。　又誅司空參軍薛肜、高進之，並道濟心

腹也。

道濟見收，憤怒氣盛，目光如炬，俄爾間引飲一斛。乃脫幘投地，曰：「乃壞汝萬里長城。」

魏人聞之，皆曰「道濟已死，吳子輩不足復憚」。自是頻歲南伐，有飲馬長江之志。

文帝問殷景仁曰：「誰可繼道濟？」答曰：「道濟以累有戰功，故致威名，餘但未任耳。」帝曰：「不然，昔李廣在朝，匈奴不敢南望，後繼者復有幾人。」二十七年，魏軍至瓜步，文帝登石頭城望，甚有憂色。歎曰：「若道濟在，豈至此！」

韶字令孫，以平桓玄功封巴丘縣侯。〔三三〕從征廣固，率所領先登，位琅邪內史。從討盧循，以功更封宜陽縣侯，〔三六〕拜江州刺史，以罪免。

韶嗜酒貪橫，所莅無政績，上嘉其合門從義，道濟又有大功，故特見寵授。卒。子臻字係宗，位員外郎，臻子珪。

珪字伯玉，位沅南令。元徽中，王僧虔爲吏部尚書，以珪爲征北板行參軍。珪訴僧虔求祿不得，與僧虔書曰：「僕一門雖謝文通，乃忝武達。羣從姑叔，三媾帝姻，而令子姪餓死，遂不荷潤。蟬腹龜腸，爲日已久。飢彪能嚇，人遽與肉，餓驎不噬，誰爲落毛。雖復孤

微,百世國士,姻媾位宦,亦不後物。尚書同堂姊爲江夏王妃,檀珪同堂姑爲南譙王妃;尚書伯爲江州,檀珪祖亦爲江州。僕於尚書人地本懸,至於婚宦皆不殊絕。今通塞雖異,猶忝氣類,尚書何事爲爾見苦?」僧虔報書曰:「吾與足下素無怨憾,何以相苦?直是意有左右耳。」乃用爲安成郡丞。

祗字恭叔,與兄韶弟道濟俱參義舉,封西昌縣侯,歷位廣陵相。義熙十年,亡命司馬國璠兄弟自北徐州界潛得過淮,因天陰闇,夜率百許人緣廣陵城入,叫喚直上聽事。祗被射傷股,語左右曰:「賊乘暗得入,欲掩我不備,但打五鼓懼之,曉必走矣。」賊聞鼓鳴,直謂爲曉,乃奔散,追殺百餘人。

祗性矜豪,樂在外放恣,不願內職,不得志,發疾不自療,其年卒于廣陵。諡曰威侯。傳嗣至齊受禪,國除。

宋國初建,爲領軍。

論曰:自晉綱不綱,主威莫樹,亂基王室,毒被江左。宋武一朝創業,事屬橫流,改易簒章,歸于平道。以建武、永平之風,變太元、隆安之俗,此蓋文宣公之爲乎。[二]其配饗清廟,

豈徒然也？若夫怙才驕物，公旦其猶病諸，而以劉裕居之，斯亡亦爲幸焉。秀之行己有道，可謂位無虛授。當徐、傅二公跪承顧託，若使死而可再，固當赴蹈爲期。及至處權定機，當震主之地，甫欲攘抑後禍，禦蔽身災，禦以社稷爲存亡，則義異於此。湛之、孝嗣臨機不決，既以敗國，且以殞身，「反受其亂」，斯其效也。道濟始因錄用，故得忘瑕，晚因大名，以至顛覆。韶、祗克傳胤嗣，其木雁之間乎。

校勘記

〔一〕 小字道人 「道人」宋書作「道民」，此避唐諱改。

〔二〕 時晉綱寬弛 「綱」各本作「網」，據宋書改。

〔三〕 長人謂所親曰 各本無「長人」二字，據宋書、晉書、通鑑補。按諸書作「長民」，此避唐諱改。

〔四〕 還尚書右僕射領選 「右」各本作「左」。按下云「轉穆之左僕射」，則此當是「右僕射」，據宋書改。

〔五〕 實賴穆之匡翼之益 「益」各本作「勳」，據宋書改。

〔六〕 及至醉飽 各本並脫「飽」字，據通志補。

〔七〕 作謝宣明面目見向使齋帥以長刀引吾下席 各本脫「見」字，據宋書補。初學記二五引此作「作

謝宣明面孔向人」。

〔八〕侍中何偃嘗案之云　「嘗」各本作「當」，據宋書改。

〔九〕疑人殺長吏科　「疑人」各本作「隸人」，宋書作「疑民」。錢大昕廿二史考異：「『隸』當依宋書改『疑』。人殺長吏，謂部民殺官長也。南、北史避『民』字。」今從改。

〔一〇〕不復以學問為長　「以」字各本並脫，據通志補。

〔一一〕亮率衆官內月一決獄　「官」各本作「宮」，據宋書改。

〔一二〕帝以羨之亮晦旬月間再肆酖毒　「酖」各本作「醜」，涉形近而誤，據宋書改。宋書無「內」字，疑此字衍文。

〔一三〕爾日詔召羨之至西明門外　「明」字各本並脫，據宋書補。

〔一四〕雙鶴集太極殿東鴟尾鳴喚　「鶴」各本作「鶴」，鶴非不祥之物，據宋書五行志改。

〔一五〕嘗自往新洲伐荻　各本並脫「往」字，據太平御覽一五三引補。

〔一六〕乞蒙隱放　「隱」各本作「隨」，據宋書改。

〔一七〕文帝任沈演之庾仲文范曄等　「庾仲文」宋書作「庾炳之」，此避唐嫌諱而稱其字。

〔一八〕而鑠妃即湛妹湛勸上立之　「湛」各本作「湛之」。按湛謂江湛，南平穆王鑠傳：「鑠妃江氏」則鑠妃非徐湛之妹，據宋書刪。

〔一九〕議久不決　「久」各本作「又」。按宋書江湛傳：「徐湛之欲立隨王誕，江湛欲立南平王鑠，文帝

欲立建平王宏，議久不決。誕妃即湛之女，鑠妃、湛妹也。今據改。

〔二〇〕八歲襲爵枝江縣公　錢大昕廿二史考異：「湛之封枝江縣侯，身後亦未見加封之文，其子何以得襲公爵？又考宋書州郡志，枝江止云侯相，不云公相，疑此誤也。」

〔二一〕累遷長兼侍中　「長」各本作「長史」。按南齊書百官志：三公府、公督府皆得置長史。此長史而不系府名，其「史」字顯爲後人誤增，當作「長兼侍中」。長兼者，非正授之稱。錢大昕廿二史考異於此辨之甚析。今刪正。

〔二二〕道濟入領軍府就謝晦宿　各本脫「宿」字，據宋書補。

〔二三〕身白服乘輿　「白」各本作「自」。季汝梅南北史考證補（未刊本）謂「自」當作「白」，今從改。

〔二四〕鎮尋陽　「尋陽」各本作「壽陽」。按江州治尋陽，前文已言道濟爲江州刺史，此處自以「尋陽」爲是。據宋書改。

〔二五〕以平桓玄功封巴丘縣侯　「平」字各本並脫，「巴」字各本譌「邑」，並據宋書補改。

〔二六〕以功更封宜陽縣侯　「侯」各本作「後」，據宋書改。

〔二七〕此蓋文宣公之爲乎　各本脫「文」字，據宋書補。劉穆之諡文宣。

南史卷十六

列傳第六

王鎮惡　朱齡石 弟超石　毛脩之 孫惠素　傅弘之

朱脩之　王玄謨 子瞻　從弟玄象　玄載　玄邈

王鎮惡，北海劇人也。祖猛，仕苻堅，任兼將相。父休爲河東太守。鎮惡以五月生，家人以俗忌，欲令出繼疎宗。猛曰：「此非常兒。昔孟嘗君惡月生而相齊，是兒亦將興吾門矣。」故名爲鎮惡。年十三而苻氏敗，寓食㴐池人李方家。方善遇之，謂方曰：「若遭英雄主，要取萬戶侯，當厚相報。」方曰：「君丞相孫，人材如此，何患不富貴，至時願見用爲本縣令足矣。」

後隨叔父曜歸晉，客荆州，頗讀諸子兵書，喜論軍國大事，騎射非長，而從橫善果斷。宋武帝伐廣固，鎮惡時爲天門郡臨澧令。人或薦之武帝，召與語，異焉，因留宿。旦謂諸佐

曰：「鎮惡王猛孫，所謂將門有將。」即以署前部賊曹。拒盧循有功，封博陸縣五等子。

武帝謀討劉毅，鎮惡曰：「公若有事西楚，請給百舸為前驅。」及西討，轉鎮惡參軍事，使

率龍驤將軍蒯恩百舸前發。鎮惡受命，便晝夜兼行，揚聲劉兗州上。毅謂為信，不知見襲。

鎮惡去江陵城二十里，舍船步上，蒯恩軍在前，鎮惡次之，舸留一二人，對舸岸上豎旗

安鼓。語所留人曰：「計我將至城，便長嚴，令如後有大軍狀。[一]又分隊要將在後，令燒江津船。

鎮惡徑前襲城，津戍及百姓皆言劉藩實上，晏然不疑。將至城，逢毅要將朱顯之馳前問藩

所在，軍人答云「在後」。及至軍後不見藩，又望見江津船艦被燒而鼓聲甚盛，知非藩上，便

躍馬告毅，令閉城門。鎮惡亦馳進得入城，便因風放火，燒大城南門及東門。又遣人以詔

及赦文弁武帝手書凡三函示毅，[二]毅皆燒不視。金城內亦未信帝自來。及短兵接戰，鎮

惡軍人與毅下將或是父兄子弟中表親親，[三]且鬭且語，知武帝在後，人情離懈。

初，毅常所乘馬在城外不得入，倉卒無馬，使就子肅取馬，[四]肅不與。朱顯之謂曰：

「人取汝父而惜馬，汝走欲何之？」奪馬以授毅，從大城東門出奔牛牧佛寺自縊。鎮惡身被

五箭，手所執矟於手中破折。江陵平後二十日，大軍方至，以功封漢壽縣子。

及武帝北伐，為鎮西諮議，行龍驤將軍，領前鋒。將發，前將軍劉穆之謂曰：「昔晉文

王委蜀於鄧艾，今亦委卿以關中，卿其勉之。」鎮惡曰：「吾等因託風雲，並蒙抽擢，今咸陽不

剋，誓不濟江。

鎮惡入賊境，戰無不捷，破虎牢及柏谷塢。進次澠池，造故人李方家，升堂見母，厚加酬賚，即授方澠池令。方軌徑據潼關，將士乏食，乃親到弘農督人租。百姓競送義粟，軍食復振。

初，武帝與鎮惡等期，若剋洛陽，須待大軍，未可輕前。既而鎮惡等至潼關，為偽大將軍姚紹所拒不得進，馳告武帝求糧援。時帝軍入河，魏軍屯河岸，軍不得進。帝呼所遣人開舫北戶指河上軍示之曰：「我語令勿進而深入，岸上如此，何由得遣軍。」鎮惡既得義租，紹又病死，偽撫軍將軍姚讚代紹守嶮，眾力猶盛。武帝至湖城，讚引退。

大軍次潼關，謀進取計，鎮惡請率水軍自河入渭，直至渭橋。鎮惡所乘皆蒙衝小艦，行船者悉在艦內，泝渭而進，艦外不見有行船人。北土素無舟檝，莫不驚以為神。鎮惡既至，令將士食畢，便棄船登岸。渭水流急，諸艦悉逐流去，鎮惡撫慰士卒曰：「此是長安城北門外，去家萬里，而舫乘衣糧並已逐流，唯宜死戰，可立大功。」乃身先士卒，即陷長安城。城內六萬餘戶，鎮惡撫慰初附，號令嚴肅。於灞上奉迎，武帝勞之曰：「成吾霸業者真卿也。」謝曰：「此明公之威，諸將之力。」帝笑曰：「卿欲學馮異邪。」

時關中豐全，鎮惡性貪，收斂子女玉帛不可勝計，帝以其功大不問。時有白帝言鎮惡

藏姚泓偽輦，有異志，帝使覘之，知鎮惡剔取飾輦金銀，棄輦於垣側，帝乃安。

帝留第二子桂陽公義眞為安西將軍、雍秦二州刺史，鎮長安。鎮惡以征虜將軍領安西

司馬、馮翊太守，委以扞禦之任。

及大軍東還，赫連勃勃逼北地，義眞遣中兵參軍沈田子拒之。虜甚盛，田子退屯劉回

堡，〔五〕遣使還報鎮惡。鎮惡對田子使謂安西長史王脩曰：「公以十歲兒付吾等，當共思竭

力，今擁兵不進，賊何由得平？」使反言之，田子甚懼。

王猛之相苻堅也，北人以方諸葛亮。入關之功，又鎮惡為首，時論者深憚之。田子嶢

柳之捷，威震三輔，而與鎮惡爭功。武帝將歸，留田子與鎮惡，私謂田子曰：「鍾會不得遂其

亂者，為有衞瓘等也。語曰：『猛獸不如羣狐。』卿等十餘人何懼王鎮惡。」故二人常有猜心。

時鎮惡師于涇上，與田子俱會傅弘之壘，田子求屛人，因斬之幕下，并兄基弟鴻、遵、深從弟

昭、朗、弘，凡七人。〔六〕弘之奔告義眞，義眞率王智、王脩被甲登橫門以察其變。俄而田子

至，言鎮惡反。脩執田子，以專戮斬焉。是歲，義熙十四年正月十五日也。追贈左將軍、青

州刺史。及帝受命，追封龍陽縣侯，諡曰壯。傳國至曾孫叡，齊受禪，國除。

朱齡石字伯兒，沛郡沛人也。世爲將，伯父憲及斌並爲西中郎袁眞將佐。桓溫伐眞於

壽陽，眞以憲兄弟潛通溫，並殺之，齡石父綽逃歸溫。壽陽平，眞已死，綽輒發棺戮尸。溫怒

將斬之，溫弟沖請得免。綽受沖更生之恩，事沖如父。位西陽、廣平太守。及沖薨，綽歐血

而死。

齡石少好武，不事崖檢。舅淮南蔣氏才劣，齡石使舅臥聽事，翦紙方寸帖着舅枕，以刀

子縣擲之，相去八九尺，百擲百中。舅畏齡石，終不敢動。舅頭有大瘤，齡石伺眠密割之

卽死。

武帝剋京城，以爲建武參軍。從至江乘將戰，齡石言世受桓氏恩，不容以兵刃相向，乞

在軍後。帝義而許之。以爲鎮軍參軍，遷武康令。縣人姚係祖專爲劫，郡縣畏不能討，齡

石至縣，爲與厚，乃出應召。齡石斬之，掩其家，悉殺其兄弟，由是一

部得清。後領中兵。齡石有武幹，又練吏職，帝甚親委之。平盧循有功，爲西陽太守。

義熙九年，徙益州刺史，爲元帥伐蜀。初，帝與齡石密謀進取，曰：「劉敬宣往年出黃

武，[七]無功而退。賊謂我今應從外水往，而料我當出其不意猶從內水來也，必重兵守涪城

以備內道。若向黃武，正墮其計。今以大衆自外水取成都，疑兵出內水，此制敵之奇也。」

而慮此聲先馳，賊審虛實，別有函封付齡石，署曰至白帝乃開。諸軍雖進，未知處分，至白

帝發書，曰：「眾軍悉從外水取成都，臧熹、朱枚於中水取廣漢，使羸弱乘高艦十餘，由內水向黃武。」譙縱果備內水，使其大將譙道福戌涪城，遣其秦州刺史侯暉、僕射譙詵等屯彭模，夾水為城。十年六月，齡石至彭模。七月，齡石率劉鍾、蒯恩等於北城斬侯暉、譙詵。朱枚至廣漢，復破譙道福別軍。譙縱奔涪城，巴西人王志斬送之，幷獲道福，斬于軍門。

帝之伐蜀，將謀元帥，乃舉齡石。眾咸謂齡石資名尚輕，慮不克辦，〔七〕論者甚眾，帝不從。乃分大軍之半，令猛將勁卒悉以配之。臧熹，敬皇后弟也，亦命受其節度。及戰克捷，眾咸服帝知人，又美齡石善於事。以平蜀功，封豐城侯。

十四年，桂陽公義眞被徵，以齡石為雍州刺史，督關中諸軍事。齡石至長安，義眞乃發。義眞敗于青泥，齡石亦舉城奔走見殺。傳國至孫，齊受禪，國除。

齡石弟超石，亦果銳。雖出自將家，兄弟並閑尺牘。桓謙為衛將軍，以補行參軍。後為武帝徐州主簿，收迎桓謙身首，躬營殯葬。

義熙十二年北伐，超石為前鋒入河。〔九〕時軍人緣河南岸牽百丈。有漂度北岸者，輒為魏軍所殺略。帝遣白直隊主丁旿率七百人及車百乘於河北岸為却月陣，兩頭抱河，車置七仗士。事畢，使竪一長白秏。魏軍不解其意，並未動。帝先命超石戒嚴二千人，〔一〇〕白秏既

輿，超石赴之，幷齎大弩百張，一車益二十人，設彭排於轅上。魏軍見營陣立，乃進圍營。

超石先以弱弓小箭射之，魏軍四面俱至。

於是百弩俱發。魏軍既多，弩不能制，超石初行，別齎大槌幷千餘張稍，乃斷稍三四尺以槌

槌之，[二]一稍輒洞貫三四人。魏軍不能當，遂潰。大軍進克蒲坂，以超石爲河東太守。

後除中書侍郎，封興平縣五等侯。關中亂，帝遣超石慰勞河洛，與齡石俱沒赫連勃勃，

見殺。

毛脩之字敬文，榮陽陽武人也。祖武生、[三]伯父璩並益州刺史。父瑾，梁、秦二州

刺史。

脩之仕桓玄爲屯騎校尉，隨玄西奔。玄欲奔漢川，脩之誘令入蜀。馮遷斬玄於枳洄

洲，脩之力也。宋武帝以爲鎭軍諮議，遷右衞將軍。既有斬玄之謀，又父伯並在蜀，帝欲引

爲外助，故頻加榮爵。

及父瑾爲譙縱所殺，帝表脩之爲龍驤將軍，配兵遣奔赴。時益州刺史鮑陋不肯進討，

脩之言狀，帝乃令冠軍將軍劉敬宣伐蜀，無功而退。譙縱由此送脩之父伯及中表喪柩口累

並得還。

後劉毅西鎮江陵，以爲衛軍司馬、南郡太守。脩之雖爲毅將佐，而深結於帝，及毅敗見宥。時遣朱齡石伐蜀，脩之固求行。帝慮脩之至蜀多所誅殺，且土人既與毛氏有嫌，亦當以死自固。不許。

脩之不信鬼神，所至必焚房廟。時蔣山廟中有好牛馬，並奪取之。累遷相國右司馬，行司州事。戍洛陽，修立城壘。武帝至，履行善之，賜衣服玩好，當時評直二千萬。

王鎭惡死，脩之代爲安西司馬。桂陽公義眞敗，爲赫連勃勃所禽。及赫連昌滅，入魏。

脩之在洛，敬事嵩高道士寇謙之。謙之爲魏太武帝信敬，營護之，故不死。脩之嘗爲羊羹薦魏尙書，尙書以爲絕味，獻之太武，大悅，以爲太官令，被寵，遂爲尙書、光祿大夫，封南郡公，太官令、尙書如故。[二]

後朱脩之俘于魏亦見寵，脩之問朱脩之，南國當權者爲誰，答云殷景仁。脩之笑曰：「吾昔在南，殷尙幼少，我歸罪之日，便當巾韝到門。」經年不忍問家消息，久之乃訪焉。脩之具答，幷云：「賢子元矯甚能自處。」脩之悲不得言，直視良久，乃長歎曰：「嗚呼！」自此一不復及。

初，北人去來言脩之勸魏侵邊，幷教以在南禮制，文帝甚疑責之。朱脩之後得還，具相

申理，上意乃釋。脩之在魏多妻妾，男女甚眾，身遂死於魏。

孫惠素，仕齊爲少府卿。性至孝，母服除後，更修母所住處牀帳屛帷，每月朔十五向帷悲泣，[四]傍人爲之感傷，終身如此。

惠素吏才強濟，而臨事清刻，敕市銅官碧青一千二百斤供御畫，用錢六十五萬。有譖惠素納利，武帝怒，敕尙書評價，貴二十八萬餘，有司奏，伏誅。死後家徒四壁，武帝後知無罪，甚悔恨之。

傅弘之字仲度，北地泥陽人也。傅氏舊屬靈州，漢末失土，寄馮翊，置泥陽、富平二縣，廢靈州，故傅氏悉屬泥陽。晉武帝太康三年復立靈州縣，傅氏還屬靈州。弘之高祖祗，晉司徒，後封靈州公。不欲封本縣，故祗一門還屬泥陽。曾祖暢，祕書丞，沒石勒，生子洪。晉穆帝永和中，石氏亂，度江。洪生梁州刺史歆，歆生弘之。

少倜儻有大志，歷位太尉行參軍。宋武帝北伐，弘之與扶風太守沈田子等七軍自武關入。弘之素習騎乘，於姚泓馳道內戲馬，甚有姿制，羌胡觀者數千，並歎稱善。留爲桂陽公

義真雍州中從事史。

及義真東歸，赫連勃勃傾國追躡，於青泥大戰，弘之躬貫甲冑，氣冠三軍，軍敗陷沒，不

為之屈。時天大寒裸弘之，弘之叫罵見殺。

刺史。

朱脩之字恭祖，義陽平氏人也。曾祖燾，晉平西將軍。祖序，豫州刺史。父諶，益州

脩之初為州主簿，宋元嘉中，累遷司徒從事中郎。文帝謂曰：「卿曾祖昔為王導丞相中

郎，卿今又為王弘中郎，可謂不忝爾祖矣。」

後隨右軍到彥之北侵，彥之自河南回，脩之留戍滑臺，被魏將安頡攻圍。糧盡，將士熏

鼠食之。脩之被圍既久，母常悲憂，忽一旦乳汁驚出，母號慟告家人曰：「我年老非復有乳

汁時，今如此，兒必沒矣。」魏果以其日剋滑臺，囚之。太武嘉其固守之節，以為雲中鎮將，

妻以宗室女。

脩之潛謀南歸，妻疑之，每流涕謂曰：「觀君無停意，何不告我以實，義不相負。」脩之深

嘉其義而不告也。及太武伐馮弘，脩之及同沒人邢懷明並從。又有徐卓者亦沒魏，復欲率

南人竊發，事洩見誅。脩之、懷明懼禍，同奔馮弘，不見禮。停一年，會宋使至。脩之名位素

顯，傳詔見便拜。彼國敬傳詔，呼為天子邊人。見傳詔致敬，乃始禮之。

時魏屢伐黃龍，弘遣使求救，脩之乃使傳詔說而遣之。泛海，未至東萊，舫柂折，風猛，

海師慮向海北，垂長索，舫乃正。海師視上有鳥飛，知去岸不遠，須臾至東萊。及至，以為

黃門侍郎。

孝武初，累遷寧蠻校尉、雍州刺史，加都督。脩之政在寬簡，士庶悅附。及荊州刺史南

郡王義宣反，檄脩之舉兵。雍土時饑，脩之偽與之同，既而遣使陳情於孝武，孝武嘉之，以

為荊州刺史，加都督。義宣乃聞脩之之不同，更以魯秀為雍州刺史，擊襄陽。脩之命斷馬鞍

山道，秀不得前乃退。脩之率眾向江陵，竺超已執義宣，[一三]脩之至，於獄殺之。以功封南

昌縣侯。

脩之立身清約，百城贖贈，一無所受。唯以蠻人宜存撫納，有餉皆受，得輒與佐史賭之，

未嘗入己。去鎮之日，秋毫無犯。計在州以來，然油及私牛馬食官穀草，以私錢六十萬償

之。而儉刻無潤，薄於恩情，姊在鄉里，飢寒不立，脩之貴為刺史，未曾供贍。往姊家，姊為

設葵羹粗飯以激之，脩之曰：「此是貧家好食，進之致飽。」先是，新野庾彥達為益州刺史，攜

姊之鎮，資給供奉，中分秩祿，西土稱焉。

脩之後拜左戶尚書、領軍將軍。至建鄴，牛奔墜車折脚，辭尚書，徙崇憲太僕，仍加特進、金紫光祿大夫。脚疾不堪獨行見，特給扶侍。卒，諡貞侯。

王玄謨字彥德，太原祁人也。六世祖宏，河東太守、緜竹侯，〔二八〕以從叔司徒允之難，棄官北居新興，仍爲新興、雁門太守。其自序云爾。祖牢，仕慕容氏爲上谷太守，隨慕容德居青州。父秀，早卒。

玄謨幼而不羣，世父蕤有知人鑒，常笑曰：「此兒氣概高亮，有太尉彥雲之風。」宋武帝臨徐州，辟爲從事史，與語異之。少帝末，謝晦爲荊州，請爲南蠻行參軍、武寧太守。晦敗，以非大帥見原。

元嘉中，補長沙王義欣鎮軍中兵參軍，領汝陰太守。每陳北侵之規，上謂殷景仁曰：「聞王玄謨陳說，使人有封狼居胥意。」

後爲興安侯義賓輔國司馬、彭城太守。義賓薨，玄謨上表，以彭城要兼水陸，請以皇子撫臨州政，乃以孝武出鎮。

及大舉北侵，以玄謨爲寧朔將軍。前鋒入河，受輔國將軍蕭斌節度。軍至碻磝，玄謨

進向滑臺，圍城二百餘日。魏太武自來救之，衆號百萬，鼓鞞動天地。玄謨之行也，衆力不

少，器械精嚴，而專恣所見，多行殺戮。初圍城，城內多茅屋，衆求以火箭燒之。玄謨曰：

「損亡軍實。」不聽。城中卽撤壞之，穴地爲窟室。〔七〕及魏救將至，衆請發車爲營，又不從。

將士並懷離怨。又營貨利，一匹布責人八百梨，以此倍失人心。及太武軍至，乃夜遁，麾下

散亡略盡。蕭斌將斬之，沈慶之固諫曰：「佛狸威震天下，控弦百萬，豈玄謨所能當。〔八〕殺

戰將以自弱，非良計也。」斌乃止。

初，玄謨始將見殺，夢人告曰：「誦觀世音千徧則免。」玄謨夢中曰：「何可竟也。」仍見

授，既覺誦之，且得千徧。明日將刑，誦之不輟。忽傳唱停刑，遣代守碻磝。江夏王義恭爲

征討都督，以碻磝沙城不可守，召令還。爲魏軍所追，大破之，流矢中臂。二十八年正月，

還至歷城。義恭與玄謨書曰：「聞因敗爲成，臂上金創，將非金印之徵邪。」

元凶弒立，以玄謨爲冀州刺史。孝武伐逆，玄謨遣濟南太守垣護之等將兵赴義。事

平，除徐州刺史，加都督。

及南郡王義宣與江州刺史臧質反，朝廷假玄謨輔國將軍，爲前鋒南討，拜豫州刺史。

賃尋至，大破之。加都督，封曲江縣侯。中軍司馬劉冲之白孝武，言玄謨在梁山與義宣通

謀。檢雖無實，上意不能明，使有司奏玄謨沒匿所得賊寶物，虛張戰簿，與徐州刺史垣護之

並免官。

尋為寧蠻校尉、雍州刺史，加都督。雍土多諸僑寓，玄謨上言所統僑郡無有境土，新舊錯亂，租課不時，宜加并合。見許。乃省并郡縣，自此便之。

玄謨又令九品以上租，使貧富相通，境內莫不嗟怨。人間訛言玄謨欲反，時柳元景當權，元景弟僧景為新城太守，以元景之勢，制令雍土南陽順陽上庸新城諸郡並發兵，欲討玄謨。玄謨令內外晏然，以解衆惑，馳啓孝武，其陳本末。帝知其虛，馳遣主書吳喜公慰撫之。又答曰：「玄謨啓明白之日，七十老公反欲何求？聊復為笑，想足以申卿眉頭耳。」玄謨性嚴，未曾妄笑，時人言玄謨眉頭未曾申，故以此見戲。

後為金紫光祿大夫，領太常。及建明堂，以本官領起部尚書，又領北選。孝武狎侮羣臣，各有稱目，多須者謂之羊，短長肥瘦皆有比擬。顏師伯齼齒，號之曰齴，劉秀之儉吝，常呼為老慳。黃門侍郎宗靈秀軀體肥壯，拜起艱難，每一集會，輒於坐賜靈秀器服飲食，前後相係，欲其占謝傾踣，以為歡笑。又刻木作靈秀父光祿勳叔獻像送其家聽事。柳元景、垣護之雖並北人，而玄謨獨受老傖之目。凡諸稱謂，四方書疏亦如之。嘗為玄謨作〈四時詩〉曰：「堇茹供春膳，粟漿充夏飱，飀醬調秋菜，白醝解冬寒。」又寵一崑崙奴子名白主，常在左右，令以杖擊羣臣。自柳元景以下皆罹其毒。

玄謨尋遷徐州刺史，加都督。時北土災儉，乃散私穀十萬斛牛千頭以賑之。孝武崩，

與羣公俱被顧命。時朝政多門，玄謨以嚴直不容，徙青、冀二州刺史，加都督。少帝誅顏師

伯、柳元景等，狂悖滋甚，以領軍徵玄謨，子姪咸勸稱疾。玄謨曰：「避難苟免，既乖事君之

節，且吾荷先朝厚恩，彌不得逡巡。」及至，屢表諫諍，又流涕請緩刑去殺，以安元元之意。

少帝大怒。

明帝即位，禮遇益崇。時四方反叛，玄謨領水軍前鋒南討，以腳疾未差，聽乘輿出入。

尋除車騎將軍、江州刺史，〔二七〕副司徒建安王休仁於赭圻，賜以諸葛亮筒袖鎧。薨年八十二，謚曰莊公。

光祿大夫、開府儀同三司，領護軍將軍，遷南豫州刺史，加都督。

子深早卒，深子續嗣。深弟寬，泰始初，為隨郡太守。逢四方反，父玄謨在建鄴，寬棄

郡自歸。以母在西，為賊所執，請西行，遂襲破隨郡，收其母。事平，明帝嘉之，使圖寬形以

上。齊永明元年，為太常，坐於宅殺牛，免官。後卒於光祿大夫。

寬弟瞻字明遠，一字叔鸞。負氣懶俗，好貶裁人物。仕宋為王府參軍。嘗詣劉彥節，

直登榻曰：「君侯是公孫，僕是公子，引滿促膝，唯余二人。」彥節外跡雖酬之，意甚不悅。齊

豫章王嶷少時，早與瞻友。瞻常候嶷高論，齊武帝時在大牀寢，瞻謂嶷曰：「帳中人物亦復

隨人寢興。」凝言次忽問王景文兄楷賢何如殷道矜，瞻曰：「卿遽復言他人兄邪。」武帝笑
稱凝小名阿玉〔三○〕「汝兄愚，那得忽來王參軍此句」瞻曰：「直恐如卿來談。」武帝銜之，未
嘗形色。後歷黃門侍郎。

及齊建元初，瞻爲永嘉太守，詣闕跪拜不如儀。武帝知之，召入東宮，仍送付廷尉殺之。
命左右啓高帝曰：「父辱子死，王瞻傲朝廷，臣輒已收之。」高帝曰：「此何足計。」及聞瞻已
死，乃默無言。

玄謨從弟玄象，位下邳太守。好發冢，地無完槨。人間垣內有小冢，墳上殆平，每朝日
初升，見一女子立冢上，近視則亡。或以告玄象，便命發之。有一棺尚全，有金釦、銅人以
百數。剖棺見一女子，年可二十，姿質若生，臥而言曰：「我東海王家女，應生，資財相奉，幸
勿見害。」女臂有玉釧，破冢者斬臂取之，於是女復死。玄謨時爲徐州刺史，以事上聞，玄象
坐免郡。

玄載字彥休，玄謨從弟也。父蒜，東莞太守。玄載仕宋，位益州刺史。沈攸之之難，玄
載起義，送誠於齊高帝，封鄠縣子。齊建元元年，爲左戶尚書。永明四年，位兗州刺史，卒

官。諡烈子。

玄載弟玄邈字彥遠，仕宋位青州刺史。齊高帝之鎮淮陰，為宋明帝所疑，乃北勸魏，遣書結玄邈。玄邈長史房叔安進曰：「夫布衣韋帶之士，銜一餐而不忘，義使之然也。今將軍居方州之重，託君臣之義，無故舉忠孝而棄之，三齊之士寧蹈東海死耳，不敢隨將軍也。」玄邈意乃定。仍使叔安建鄴，發高帝謀。高帝於路執之，并求玄邈表。叔安答曰：「寡君使表上天子，不上將軍。且僕之所言，利國家而不利將軍，無所責也。」玄邈罷州還，高帝塗中要之，玄邈嚴軍直過。荀伯玉勸殺之，高帝曰：「物各為主，無所責也。」玄邈甚懼，高帝待之如初。再遷西戎校尉，梁南秦二州刺史，封河陽縣侯，兄弟同時為方伯。

齊建元初，亡命李烏奴作亂梁部，玄邈使人偽降烏奴，告之曰：「王使君兵弱，攜愛妾二人已去矣。」烏奴喜，輕兵襲州城，玄邈奇兵破之。高帝聞之曰：「玄邈果不負吾。」

延興元年，為中護軍。明帝使玄邈往江州殺晉安王子懋，玄邈苦辭不行，及遣王廣之往廣陵取安陸王子敬，玄邈不得已奉旨。建武中，卒於護軍，贈雍州刺史，諡壯侯。

叔安字子仁，清河人。高帝即位，懷其忠正，時為益州司馬、寧蜀太守，就拜前將軍。

方用爲梁州,會病卒。帝歎曰:「叔安節義,古人中求之耳,恨不至方伯而終。」子長瑜,亦有

義行,永明中,爲州中從事。

論曰:自晉室播遷,來宅揚、越,關邊遙阻,汧、隴退荒,區甸分其內外,山河判其表裏。

桓溫一代英人,志移晉鼎,自非兵屈霸上,戰衄枋頭,則光宅之運,中年允集。宋武帝屈起

布衣,非藉人譽,一旦驅率烏合,奄興霸緒,功雖有餘而德猶未洽。非樹奇功於難立,震大

威於四海,則不能成配天之業,一異同之心。故須外積武功,以收人望。及金墉請吏,元勳

既立,心欲挂旆龍門,折衝冀、趙,跨功桓氏,取高昔人。方復觀兵崤、渭,陳師天嶮。及靈威

薄震,重關自關,故知英算所包,先勝而後戰也。王鎮惡推鋒直指,前無強陣,爲宋方叔,其

壯矣乎。朱齡石、超石、毛脩之、傅弘之等,以歸衆難固之情,逢英勇乘機之運,以至顛陷,

爲不幸矣。脩之滑臺之守,有疎勒之難,苟誠節在焉,所在爲重,其取榮大國,豈徒然哉。

終假道自歸,首丘之義也。玄謨封狼之心,雖簡帝念,然天方相魏,人豈能支。宋氏以三吳

之弱卒,當八州之勁勇,欲以邀勝,不亦難乎。蹙境亡師,固其宜也。觀夫慶之言,可謂達

於時變。瞻傲很不悔,卒至亡軀,然齊武追恨魚服,匹夫懼矣。玄邈行己之度,有士君子之

風乎。

校勘記

〔一〕令如後有大軍狀 「如」字各本並脫，據冊府元龜四二一、太平御覽三一六引晉書補。

〔二〕又遣人以詔及赦文幷武帝手書凡三函示毅 「文」字各本並脫，據宋書補。

〔三〕鎮惡軍人與毅下將或是父兄子弟中表親親 「下將」宋書作「東將」。通典兵典掩襲及太平御覽三一六引作「東來將士」。

〔四〕使就子蕭取馬 「蕭」宋書作「蕭民」，此避唐諱而省。

〔五〕田子退屯劉因堡 「劉因堡」宋書作「劉回堡」。

〔六〕幷兄基弟鴻遵深從弟昭朗弘凡七人 「深」宋書作「淵」，此避唐諱而省。「弘」各本並脫，不足七人之數，據宋書補。

〔七〕劉敬宣往年出黃武 「黃武」宋書作「黃虎」，此避唐諱改。

〔八〕慮不克辦 「克辦」各本作「辦克」，據冊府元龜二〇四乙正。

〔九〕超石爲前鋒入河 「爲」字各本並脫，據冊府元龜三四四補。

〔一〇〕帝先命超石戒嚴二千人 「二千人」各本並脫，據通典兵典、冊府元龜七二四、太平御覽三一八

〔一一〕引補。按上云「車百乘」，下云「一車益二十人」，正合二千人之數。

〔一二〕乃斷稍三四尺以槌槌之 各本不疊「槌」字，據宋書補。

〔一三〕祖武生 「武」宋書作「虎」，此避唐諱改。

〔一四〕太官令尚書如故 「尚書」各本作「常」，據宋書改。

〔一五〕每月朔十五向帷悲泣 「朔」各本作「朝」，據冊府元龜七五三改。

〔一六〕竺超已執義宣 「竺超」宋書作「竺超民」，此避唐諱省。

〔一七〕六世祖宏河東太守縣竹侯 「縣竹」各本作「縣竺」，據宋書改。

〔一八〕穴地爲窟室 「穴地」各本作「空地」，據通志改。

〔一九〕豈玄謨所能當 「能」字各本並脫，據宋書補。

〔二〇〕尋除車騎將軍江州刺史 「將軍」上原有「大」字，據宋書明帝泰始二年紀刪。錢大昕廿二史考異：「疑小名阿玉，見梁本紀，此文誤。」今據梁書武帝紀改。

武帝笑稱疑小名阿玉 「阿玉」各本作「多玉」。

南史卷十七

列傳第七

劉敬宣 劉懷肅 弟懷敬 懷慎 劉粹 族弟損

蒯恩 向靖 子柳 劉鍾 虞丘進 孟懷玉 弟龍符

孫處

胡藩 劉康祖 伯父簡之 簡之弟謙之 簡之子道產 道產子延孫

劉敬宣字萬壽，彭城人也。父牢之，晉鎮北將軍。敬宣八歲喪母，晝夜號泣，中表異之。輔國將軍桓序鎮蕪湖，牢之參序軍事。四月八日，敬宣見眾人灌佛，乃下頭上金鏡為母灌像，因悲泣不自勝。序謂牢之曰：「卿此兒非唯家之孝子，必為國之忠臣。」起家王恭前軍參軍，又參會稽世子元顯征虜軍事。隆安二年，王恭起兵京口，以誅司馬尚之為名，牢之時為恭前軍司馬。恭以豪戚自居，甚相陵忽，牢之心不能平。及恭此舉，

使牢之為前鋒，牢之遣敬宣襲恭，敗之。元顯以敬宣為後將軍諮議參軍。

三年，孫恩為亂，牢之自表東討，敬宣請以騎傍南山趣其後。吳賊畏馬，又懼首尾受

敵，遂大敗之，進平會稽。遷後軍從事中郎。

宋武帝既累破祅賊，功名日盛，敬宣深相憑結。元顯進號驃騎，敬宣仍隨府轉。元顯

驕肆，羣下化之，敬宣每預宴會，調戲無所酬答，元顯甚不悅。

元興元年，牢之南討桓玄，元顯為征討大都督，日夜昏酣。牢之以道子昏闇，元顯淫

凶，慮平玄之日，亂政方始；會玄遣信說牢之，牢之欲假手於玄誅執政，然後乘玄之際，可以

得志天下。將許玄降。敬宣諫恐玄威望既成，則難圖。牢之怒曰：「吾豈不知今日取之如

反覆手，但平後令我奈驃騎何？」遣敬宣為任。

玄既得志，害元顯，廢道子，以牢之為會稽太守。牢之與敬宣謀襲玄，期以明旦。爾日

大霧，府門晚開，日旰，敬宣不至。牢之謂謀泄，欲奔廣陵，而敬宣還京口迎家。牢之謂已

為玄禽，乃縊而死。敬宣奔喪，哭畢，就司馬休之、高雅之等俱奔洛陽，往來長安，求救於姚

興，後奔慕容德。

敬宣素明天文，知必有興復晉室者。尋夢丸土服之，覺而喜曰：「丸者，桓也，桓吞，吾

當復本土乎。」乃結青州大姓諸崔、封謀滅德，[一]推休之為主。時德司空劉軌大被任，高雅

之又要軌，謀泄，乃相與殺軌而去。會宋武帝平京口，手書召敬宣，即馳還，襲封武岡縣男，

後拜江州刺史。

劉毅之少，人或以雄桀許之。敬宣曰：「此人外寬內忌，自伐而尙人，若一旦遭逢，當以陵上取禍。」毅聞深恨。及在江陵，知敬宣爲江州，大駭惋。敬宣愈不自安。安帝反正，自表求解。武帝恩款周洽，所賜莫與爲比。敬宣女嫁，賜錢三百萬，雜綵千疋。

帝方大相寵任，欲令立功。義熙三年，表遣敬宣伐蜀。博士周祗諫，以爲「道遠運漕難繼，毛脩之家讎不雪，不應以得死爲恨。劉敬宣蒙生存之恩，亦宜性命仰答。將軍欲驅二死之甘心，忘國家之重計，愚情竊所未安」。不從。假敬宣節，監征蜀諸軍事。敬宣至黃武，去成都五百里，食盡，遇疾疫而還。爲有司奏免官。

五年，武帝伐慕容超，除中軍諮議參軍，與兗州刺史劉藩大破超軍，進圍廣固，屢獻規略。盧循逼建鄴，敬宣分領鮮卑獸班突騎，〔二〕置陣甚整。循走，仍從南討，爲左衛將軍。敬宣寬厚，善待士，多伎藝，弓馬音律，無事不善。尙書僕射謝混美才地，少所交納，與敬宣遇便盡禮。或問混：「卿未嘗輕交，而傾蓋劉壽，〔三〕何也？」混曰：「孔文舉禮太史子義，天下豈有非之邪。」

初，敬宣蜀還，劉毅欲以重法繩之。武帝既相任待，又何無忌謂不宜以私憾傷至公。毅

雖止，猶謂武帝曰：「平生之舊，豈可孤信？光武悔之於龐萌，曹公失之於孟卓。宜深慎之。」

毅出爲荊州，謂敬宣曰：「欲屈卿爲長史、南蠻，豈有見輔意乎？」敬宣懼禍，以告武帝。帝笑曰：「但令老兄平安，必無過慮。」後領冀州刺史。

時帝西討劉毅，豫州刺史諸葛長人監太尉軍事，貽敬宣書曰：「盤龍狠戾專恣，自取夷滅。異端將盡，世路方夷，富貴之事，相與共之。」敬宣報曰：「下官常懼福過災生，實思避盈居損。富貴之旨，非所敢當。」便以長人書呈，帝謂王誕曰：「阿壽故爲不負我。」

十一年，進號右軍將軍。[四] 時晉宗室司馬道賜爲敬宣參軍。會武帝西征司馬休之，而道賜乃陰結同府辟閭道秀、左右小將王猛子等謀反。道賜自號齊王，規據廣固，舉兵應休之。猛子取敬宣刀殺敬宣，文武佐吏卽討道賜、道秀、猛子斬之。先是敬宣嘗夜與僚佐宴，空中有投一隻芒屬於坐，墜敬宣食盤上，長三尺五寸，已經人著，耳鼻間並欲壞，頃之而敗。喪至，武帝臨哭甚哀。子光祖嗣。宋受禪，國除。

劉懷肅，彭城人，宋武帝從母兄也。家世貧窶，而躬耕好學。仕晉爲費令。及聞武帝起義，棄縣來奔。

義熙元年，爲輔國將軍、淮南歷陽二郡太守。二年，又領劉毅撫軍司馬，以建義功，封

東興縣侯。其冬，桓石綏、司馬國璠、陳襲於胡桃山聚衆爲寇，懷肅討破之。江、淮間羣蠻

及桓氏餘黨爲亂，懷肅自請討之，及行失旨，毅上表免懷肅官。三年卒，追贈左將軍。無

子，弟懷愼以子蔚祖嗣，位江夏內史。

蔚祖卒，子道存嗣，位太尉江夏王義恭諮議參軍。孝武伐元凶，道存出奔義軍，元凶乃

殺其母以徇。景和中，爲義恭太宰從事中郎。義恭敗，以黨與下獄死。

懷肅次弟懷敬，澀訥無才能。初，武帝產而皇妣殂，孝皇帝貧薄，無由得乳人，議欲不

舉，帝從母生懷敬，未朞，乃斷懷敬乳而自養帝。帝以舊恩，懷敬累見寵授，至會稽太守。時

以爲速，武帝曰：「亡姨於我恩重，此何可忘。」歷尚書，金紫光祿大夫。

懷敬子眞道爲錢唐令，元嘉十三年，東土饑，帝遣揚州中從事史沈演之巡行在所，演之

表眞道及餘杭令劉道錫有美政。上嘉之，各賜穀千斛，以眞道爲步兵校尉。

十四年，出爲梁、南秦二州刺史。十八年，氐帥楊難當侵寇漢中，眞道討破之，而難當

寇盜猶不已，文帝遣龍驤將軍裴方明率禁兵五千，受眞道節度。十九年，方明至武興，率太

子積弩將軍劉康祖等進軍，大致剋捷，以眞道爲建威將軍、雍州刺史，方明輔國將軍、梁南

秦二州刺史。又詔故晉壽太守姜道盛殞身鋒鏑,可贈給事中,賜錢十萬。道盛注古文尚書

行於世。真道、方明並坐破仇池斷割金銀諸雜寶貨,又藏難當善馬,下獄死。

懷敬弟懷慎,少謹慎質直。從宋武帝征討,位徐州刺史。為政嚴猛,境內震肅。以平

廣固、盧循功,封南城縣男。十二年,武帝北伐,以為中領軍、征虜將軍,宿衛輦轂。坐府內

相殺免官。雖名位轉優,而恭恪愈至。每所之造,位任不踰己者,皆束帶門外下車,其謹退

類如此。

永初元年,以佐命功,進爵為侯,位五兵尚書,加散騎常侍、光祿大夫。景平元年,還護

軍將軍。祿賜班於宗族,家無餘財,卒諡蕭侯。

子德願嗣。大明初,為游擊將軍,領石頭戍事。坐受賈客韓佛智貨,下獄奪爵。後為

秦郡太守。德願性粗率,為孝武狎侮。上寵姬殷貴妃薨,葬畢,數與羣臣至殷墓。問德願

曰:「卿哭貴妃若悲,當加厚賞。」德願應聲便號慟,撫膺擗踊,涕泗交流。上甚悅,以為豫州

刺史。又令醫術人羊志哭殷氏,志亦嗚咽。他日有問志:「卿那得此副急淚?」志時新喪愛

姬,答曰:「我爾日自哭亡妾耳。」志滑稽,善為諧謔,上亦愛狎之。

德願善御車,嘗立兩柱,使其中劣通車軸,乃於百餘步上振轡長驅,未至數尺,打牛奔

從柱間直過，其精如此。孝武聞其能，為之乘畫輪車，幸太宰江夏王義恭第。德願岸著籠冠，短朱衣，執轡進止，甚有容狀。永光中，為廷尉，與柳元景厚善。元景敗，下獄誅。

懷慎庶長子榮祖，少好騎射，為武帝所知。及盧循攻逼，時賊乘小艦入淮拔柵，武帝宣令三軍不得輒射賊。榮祖不勝憤怒，冒禁射之，所中應弦而倒，帝益奇焉。以戰功，參太尉軍事，從討司馬休之。彭城內史徐達之敗沒，諸將意沮，榮祖請戰愈屬，上乃解所著鎧授之。榮祖陷陣，身被數創。及帝北伐，轉鎮西中兵參軍。水軍入河，與朱超石大破魏軍於半城。帝大饗戰士，謂榮祖曰：「卿以寡剋眾，攻無堅城，雖古名將何以過此。」永初中，為輔國將軍。追論半城功，賜爵都鄉侯。榮祖為人輕財貴義，善撫將士，然性褊，頗失士君子心。卒于官。

懷慎弟懷默，江夏內史。子孫登，武陵內史。孫登子亮，少工刀楯，以軍功封順陽縣侯，歷梁、益二州刺史。在任廉儉，所得公祿，悉以還官，宋明帝下詔褒美。亮在梁州忽服食，欲致長生，迎武當山道士孫懷道使合仙藥，藥成，服之而卒。及就斂，屍弱如生。謚曰剛侯。

孫登弟道隆，前廢帝景和中，位右衛將軍，封永昌縣侯，委以腹心之任。泰始初，又為明帝盡力，遷左衛將軍、中護軍。賜死，事在建安王休仁傳。

劉粹字道沖，沛郡蕭人也。家在京口。初爲州從事，從宋武帝平建鄴，征廣固，以功封西安縣五等侯。累遷中軍諮議參軍。盧循之逼，京口任重，文帝時年四歲，武帝使粹奉文帝鎭京口。後爲江夏相。

族兄毅貳於武帝，粹不與毅同而盡心武帝。帝將謀毅，衆並疑粹在夏口，帝愈信之。及大軍至，竭其誠力。事平，封灄陽縣男。[三]永初元年，以佐命功，改封建安縣侯。文帝卽位，爲雍州刺史，加都督。

元嘉三年，討謝晦。初，晦與粹善，以粹子曠之爲參軍，至是帝甚疑之。王弘曰：「粹無私，必無憂也。」及受命南討，一無所顧。文帝以此嘉之。晦亦不害曠之，遣還。粹尋卒，曠之嗣。

粹弟道濟，位益州刺史，任長史費謙等聚斂，傷政害人。初，晉末有司馬飛龍者，自稱晉宗室，走仇池。元嘉九年，聞道濟綏撫失和，遂自仇池入綿竹爲亂。先是道濟以五城人帛氐奴、梁顯爲參軍督護，費謙固執不與；遠方商人至者，謙又抑之。商旅呼嗟，百姓咸欲爲亂，氐奴等因聚黨爲盜，及趙廣等詐言司馬殿下猶在陽泉山中。蜀土僑

舊翕然並反，奉道人程道養，言是飛龍。道養，梃罕人也。趙廣改名爲龍與，號爲蜀王、車騎大將軍，益梁二州牧，建號泰始元年，備置百官，以道養弟道助爲驃騎將軍、長沙王，鎮涪城。廣自號鎮軍將軍，帛氏奴爲征虜將軍，梁顯爲鎮北將軍，奉道養圍成都。道濟遣中兵參軍裴方明頻破之。

十年正月，賊復大至，攻逼成都，道濟卒，方明等共埋尸於後齋，使書與道濟相似者爲教。酬答籤疏，不異常日，雖母妻不知也。二月，道養升壇郊天，方就柴燎，方明擊，大敗之。會平西將軍臨川王義慶使巴東太守周籍之帥來援成都，廣等屯據廣漢，分守郫川。籍之與方明攻郫，克之。方明禽僞驃騎將軍司馬龍伸，斬之。龍伸卽道助也。涪、蜀皆平。俄而張尋攻破陰平，復與道養合，逃于鄧山，其餘羣賊出爲盜不絕。文帝遣寧朔將軍蕭汪之討之。十四年，餘黨乃平，遷趙廣、張尋等於建鄴。十六年，廣、尋復與國山令司馬敬琳謀反，伏誅。

粹族弟損字子騫，衞將軍毅從父弟也。父鎮之字仲德，以毅貴顯，閑居京口，未嘗應召。常謂毅「汝必破我家」。毅甚畏憚，每還京口，未嘗敢以羽儀入鎮之門。以左光祿大夫徵，[六]不就，卒於家。損元嘉中爲吳郡太守，至昌門，便入太伯廟。時廟室穨毀，垣牆不

修，損愴然曰：「清塵尚可髣髴，衡宇一何摧頹！」即令修葺。卒，贈太常。

損同郡宗人有劉伯龍者，少而貧薄，及長，歷位尚書左丞，少府，武陵太守，貧寠尤甚。常在家慨然，召左右將營十一之方，忽見一鬼在傍撫掌大笑。伯龍歎曰：「貧窮固有命，乃復爲鬼所笑也。」遂止。

孫處字季高，會稽永興人也。籍注字，故以字行。少任氣，武帝征孫恩，季高樂從。及平建鄴，封新夷縣五等侯。〔七〕盧循之難，武帝謂季高曰：「此賊行破，非卿不能破其窟穴。」即遣季高泛海襲番禺，拔之。循父嘏、長史孫建之、司馬虞尫夫等輕舟奔始興，即分遣振武將軍沈田子等討平嶺表諸郡。循於左里走還襲廣州，季高破走之。義熙七年，季高卒，追贈南海太守，封候官縣侯。九年，武帝表贈交州刺史。

蒯恩字道恩，蘭陵承人也。武帝征孫恩，縣差恩伐馬芻，常負大束，兼倍餘人。每捨芻於地，歎曰：「大丈夫彎弓三石，奈何充馬士。」武帝聞之，即給器仗。自征祅賊，常爲先登，

膽力過人，甚見愛信。於婁縣戰，箭中右目。平京城，定建鄴，以軍功封都鄉侯。從伐廣固，破盧循，隨劉藩追斬徐道覆，與王鎮惡襲江陵，隨朱齡石伐蜀，又從伐司馬休之。自從征討，凡百餘戰，身被重創。武帝錄其前後功，封新寧縣男。

武帝北伐，留恩侍衛世子，命朝士與之交。恩益自謙損，與人語常呼官位，[八]自稱鄙人，撫士卒甚有恩紀。世子開府，再遷為司馬。後入關迎桂陽公義真，沒於赫連勃勃。傳國至孫，無子，國除。

向靖字奉仁，小字彌，河內山陽人也。名與武帝祖諱同，故以小字行。彌與武帝有舊，從平京城，參建武軍事，進平建鄴，以功封山陽縣五等侯。又從征廣固，討盧循，所在著績，封安南縣男。武帝西伐司馬休之，征關中，並見任使。及帝受命，以佐命功，封曲江縣侯，位太子左衛率，加散騎常侍。卒于官。

彌立身儉約，不營室宇，無園田商貨之業，時人稱之。

子植嗣，多過失，不受母訓，奪爵。更以植次弟禎紹封，又坐殺人，國除。

楨弟柳字玄季，有學義才能，立身方雅。太尉袁淑、司空徐湛之、東揚州刺史顏竣皆與

友善。及竣貴，柳猶以素情自許，不推先之。順陽范璩誡柳曰：「名位不同，禮有異數，卿何

得作曩時意邪？」柳曰：「我與士遜心期久矣，豈可一旦以勢利處之。」及柳爲南康郡，涉義宣

事敗，繫建康獄。屢密請竣，求相申救。孝武嘗與竣言及柳事，竟不助之。柳遂伏法。

璩字伯玉，平北將軍汪曾孫也，位淮南太守。

劉鍾字世之，彭城人也。少孤，依鄉人中山太守劉回共居，常慷慨於貧賤。從宋武帝

征伐，盡其心力。及義旗建，帝板鍾爲郡主簿，曰：「豫是彭城鄉人赴義者，並可依劉主簿。」

於是立義隊，連戰皆捷。及桓謙屯于東陵，卜範之屯覆舟山西，武帝疑賊有伏兵，顧左右，

政見鍾，謂曰：「此山下當有伏兵，卿可往探之。」鍾馳進，果有伏兵，一時奔走。後除南齊國

內史，封安丘縣五等侯。求改葬父祖及親屬十喪，帝厚加資給。

從征廣固，孟龍符於陣陷沒，鍾直入取其屍而反。盧循逼建鄴，鍾拒柵，身被重創，賊

不得入。循南走，鍾又隨劉藩追徐道覆，斬之。

後隨朱齡石伐蜀爲前鋒，去成都二百里，鍾于時腳疾，齡石乃詣鍾，謀且欲養銳息兵，

以伺其隙。鍾曰：「不然，前揚言大衆向內水，譙道福不敢捨涪城，今重軍卒至，出其不意，

蜀人已破膽矣。賊今阻兵守險，是其懼不敢戰，非能持久也。因其兒懼攻之，其勢必克，若

緩兵，彼將知人虛實，當爲蜀子虜耳。」齡石從之，明日，陷其二城，徑平成都。以廣固功，封

永新縣男。

十二年，武帝北伐，鍾居守。累遷右衞將軍。元熙元年卒。傳國至孫，齊受禪，國除。

虞丘進字豫之，東海郯人也。少時隨謝玄討苻堅有功，封關內侯。後從宋武帝征孫

恩，頻戰有功。從定建鄴，除燕國內史，封龍川縣五等侯。

及盧循逼都，孟昶等議奉天子過江，進廷議不可，面折昶等，武帝甚嘉之。除鄱陽太

守。後隨劉藩斬徐道覆。義熙九年，以前後功，封望蔡縣男。永初二年，累遷太子右衞

卒，追論討司馬休之功，進爵爲子。傳國至曾孫，齊受禪，國除。

孟懷玉，平昌安丘人也，世居京口。宋武帝東伐孫恩，以爲建武司馬。豫義旗，從平京

口，定建鄴，以功封鄱陽縣五等侯。盧循逼都，以戰功爲中軍諮議參軍。〔九〕循平，封陽豐縣男，位江州刺史、南中郎將。卒官。無子，國除。

參軍加龍驤將軍、廣川太守。〔一〇〕乘勝追奔，被圍見害，追贈青州刺史，封臨沅縣男。

懷玉弟龍符，驍果有膽氣，早爲武帝所知，以軍功封平昌縣五等子。從伐廣固，以車騎

胡藩字道序，豫章南昌人也。少孤，居喪以毀聞。太守韓伯見之，謂藩叔尚書少廣曰：「卿此姪當以義烈成名。」州府辟不就，須二弟冠婚畢，乃參郗恢征虜軍事。時殷仲堪爲荊州刺史，藩外兄羅企生爲仲堪參軍。藩過江陵省企生，因說仲堪曰：「桓玄意趣不常，節下崇待太過，非將來計也。」仲堪不悅。藩退謂企生曰：「倒戈授人，必至大禍，不早去，後悔無及。」後玄自夏口襲仲堪，藩參玄後軍軍事。仲堪敗，企生果以附從及禍。

藩轉參太尉大將軍相國軍事。宋武帝起兵，玄戰敗將出奔，藩扣馬曰：「今羽林射手猶有八百，皆是義故西人，一旦捨此，欲歸可復得乎？」玄直以鞭指天而已。於是奔散相失，追及玄於蕪湖。玄見藩喜謂張須無曰：「卿州故爲多士，今復見王脩。」桑落之敗，藩艦被燒，

幷鎧入水，潛行三十許步，方得登岸。乃還家。

武帝素聞藩直言於殷氏，又爲玄盡節，召參鎮軍軍事。從征慕容超，超軍屯聚臨胸。藩言於武帝曰：「賊屯軍城外，留守必寡，今往取其城而斬其旗幟，此韓信所以剋趙也。」帝乃遣檀韶與藩潛往，即剋其城。賊見城陷，一時奔走，還保廣固。圍之，將拔之夜，忽有鳥大如鵝，蒼黑色，飛入帝帳裏，衆以爲不祥。藩賀曰：「蒼黑者，胡虜色。胡虜歸我，大吉之祥。」明旦攻城，陷之。從討盧循於左里，頻戰有功，封吳平縣五等子。

尋除鄱陽太守，從伐劉毅。初，毅當之荊州，表求東道還建鄴辭墓。去都數十里，不過拜闕。帝出倪塘會毅，藩請殺之，乃謂帝曰：「公謂劉衞軍爲公下乎？」帝曰：「卿謂何如？」對曰：「夫豁達大度，功高天下，連百萬之衆，允天人之望，毅固以此服公。至於涉獵記傳，一詠一談，自許以雄豪，加以誇伐，搢紳白面之士，輻湊而歸，此毅不肯爲公下也。」帝曰：「吾與毅俱有剋復功，其過未彰，不可自相圖。」至是謂藩曰：「昔從卿倪塘之謀，無今舉也。」

又從征司馬休之，復爲參軍。徐逵之敗沒，帝怒，即日於馬頭岸度江。江津岸壁立數丈，休之臨岸置陣，無由可登。帝呼藩令上，藩有疑色。帝怒，命左右錄來，欲斬之。藩不受命，顧曰：「寧前死耳。」以刀頭穿岸，劣容脚指徑上，隨之者稍多。及登，殊死戰，敗之。藩氣從伐關中，參太尉軍事，統別軍至河東。暴風漂輻重艦度北岸，魏軍牽得此艦。

憤，率左右十二人乘小船徑往。魏騎五六百，見藩來並笑之。藩素善射，登岸射之，應弦而倒者十許人。魏軍皆退，悉收所失而反。又遣藩及朱超石等追魏軍於半城，魏騎數萬合圍，藩及超石不盈五千，力戰，大破之。武帝還彭城，參相國軍事。論平司馬休之及廣固功，封陽山縣男。元嘉中，位太子左衞率。卒，諡曰壯侯。子隆世嗣。

藩諸子多不遵法度，第十四子遵世同孔熙先逆謀，文帝以藩功臣，不欲顯其事，使江州以他事殺之。十六子誕世，十七子茂世，後欲奉庶人義康，交州刺史檀和之至豫章討平之。

劉康祖，彭城呂人也，世居京口。父虔之，輕財好施，位江夏相。宋武帝西征司馬休之及魯宗之，宗之子軌襲殺虔之，追贈梁、秦二州刺史，封新康縣男。

康祖便弓馬，膂力絕人，以浮蕩蒱酒為事。每犯法為郡縣所錄，輒越屋踰牆，莫之能禽。夜入人家，為有司所圍，突圍去，並莫敢追，因夜還京口，半夕便至。明旦守門詣府州要職，俄而建康移書錄之，府州執事者並證康祖其夕在京口，遂得無恙。前後屢被糾劾，文帝以勳臣子每原貸之。後襲封拜員外郎，再坐蒱戲免官。孝武為豫州刺史，鎭歷陽，以康祖為征虜中兵參軍。既被委任，折節自修。歷南平王鑠安蠻府司馬。

元嘉二十七年，魏太武帝親率大衆攻圍汝南，文帝遣諸軍救援，康祖總統爲前驅。次新蔡，攻破魏軍，去懸瓠四十里。太武燒營而還。轉左軍將軍。文帝欲大舉北侵，康祖以歲月已晚，請待明年。上不許。其年秋，蕭斌、王玄謨、沈慶之等入河，康祖率豫州軍出許、洛。玄謨等敗歸，南平王鑠在壽陽，上慮爲魏所圍，召康祖速反。康祖回軍，未至壽陽數十里，會魏永昌王以長安之衆八萬騎，與康祖相及於尉武。康祖有八千人，乃結車營而進。魏軍四面來攻，衆分爲三，且休且戰。康祖率厲將士，無不一當百，魏軍死者太半，流血沒踝。矢中頭而死，於是大敗，舉營淪覆，免者裁數十人。魏人傳康祖首示彭城，面如生。贈益州刺史，謚曰壯。

康祖伯父簡之，有志幹，爲宋武帝所知。帝將謀興復，收集才力之士，嘗再造簡之，會有客。簡之悟其意，謂虔之曰：「劉下邳再來，必當有意。既不得語，汝可試往見之。」及虔之至，武帝已剋京口。虔之卽投義。簡之聞之，殺耕牛，會衆以赴之。位太尉諮議參軍。

簡之弟謙之，好學，撰晉紀二十卷，位廣州刺史，太中大夫。

簡之子道產，初爲無錫令，襲爵晉安縣五等侯。元嘉三年，累遷梁、南秦二州刺史，加

都督。在州有惠化。後爲雍州刺史，領寧蠻校尉，加都督，兼襄陽太守。善於臨職，在雍部政績尤著，蠻夷前後不受化者皆順服，百姓樂業，由此有襄陽樂歌，自道產始也。卒于官，謐曰襄侯。 道產澤被西土，及喪還，諸蠻皆備繈経號哭，追送至于沔口。

長子延孫，孝武初，位侍中，封東昌縣侯，累遷尙書右僕射。 大明元年，除金紫光祿大夫，領太子詹事。又出爲南徐州刺史。先是，武帝遺詔：京口要地，去都密邇，自非宗室近戚不得居之。 劉氏之居彭城者，分爲三里，帝室居綏輿里，左將軍劉懷肅居安上里，豫州刺史劉懷武居叢亭里。 三里及延孫所居呂縣凡四劉，雖同出楚元王，由來不序昭穆。 延孫於帝室本非同宗，不應有此授。 時司空竟陵王誕爲徐州，上深相畏忌，不欲使居京口，遷之廣陵。 廣陵與京口對岸，使腹心爲徐州據京口以防誕，故以南徐州授延孫，而與之合族，使諸王序親。

三年，南兗州刺史竟陵王誕有罪不受徵，延孫馳遣中兵參軍杜幼文赴討。及至，誕已閉城自守，乃還。 誕遣劉公泰齎書要之，延孫斬公泰，送首建鄴，復遣幼文受沈慶之節度。五年，詔延孫曰：「舊京樹親，由來常準。今此防久弭，當以還授小兒。」乃徵延孫爲侍中、尙書左僕射，領護軍。 延孫病，不任拜赴。 卒，贈司徒，給班劍二十人。 有司奏謐忠穆，

詔改爲文穆。子質嗣。

論曰：劉敬宣與宋武恩結龍潛，義分早合，事隔逢迎，而深期久要，未之或爽。隆赫之任，遂止於人存，飾終之數，無聞於身後。恩禮之有厚薄，將別有以乎？劉懷肅、劉懷愼、劉粹、孫處、蒯恩、向靖、劉鍾、虞丘進、孟懷玉、孟龍符、胡藩等，或階緣恩舊，一其心力，或攀附風雲，奮其鱗羽，咸能振拔塵滓，自致封侯。康祖門奉興王，早裂封壤，受委疆場，赴蹈爲期。詩云「無德不報」，其言信矣。道產樹績漢南，歷年踰十，遺風餘烈，有足稱焉。覽其行事，可謂異迹均美。延孫隆名盛寵，擇而後授，遂以腹心之託，自致宗臣之重，亦其遇也。〔三〕

校勘記

〔一〕乃結青州大姓諸崔封謀滅德　「崔」各本作「省」，據册府元龜七五八改。按崔氏，青州大族。

〔二〕敬宣分領鮮卑獸班突騎　「獸」本字「虎」，避唐諱改。

〔三〕而傾蓋劉壽　按劉敬宣字萬壽，未可簡稱劉壽，宋書作「萬壽」，疑是。

〔四〕 進號右軍將軍 「右軍將軍」宋書作「右將軍」。

〔五〕 封灄陽縣男 「灄」下各本並脫「陽」字，據宋書補。錢大昕廿二史考異：「宋州郡志江夏有灄陽縣，徐羨之傳作灄陽縣男。」

〔六〕 以左祿大夫徵 「以」字各本並脫，據通志補。

〔七〕 封新夷縣五等侯 「新夷」各本作「新番」，宋書作「新夷」。按宋、齊州郡志有新夷縣，屬廣州新會郡，無新番縣，今據改。

〔八〕 與人語常呼官位 「官位」各本作「位官」，據册府元龜八六四乙正。

〔九〕 以戰功爲中軍諮議參軍 「中軍」各本並作「中書」，據宋書改。

〔一〇〕 以車騎參軍加龍驤將軍廣川太守 「參軍」各本作「將軍」。按宋車騎將軍位二品，龍驤將軍位三品。孫虨宋書考論：「將軍當是參軍之誤」，今從改。

〔一一〕 亦其遇也 「遇」各本譌作「過」，今改正。

南史卷十八

列傳第八

趙倫之 子伯符　蕭思話 子惠開　惠明　惠明子际素　惠明弟惠基

惠基子洽　惠基弟惠休　惠休弟子介　介子允　引　惠開從孫琛

臧燾 玄孫嚴　嚴族叔未甄　未甄子盾　厥　燾弟熹　熹子質

趙倫之字幼成，下邳僮人，宋孝穆皇后之弟也。幼孤貧，事母以孝稱。宋武帝起兵，以軍功封閬中縣五等侯，累遷雍州刺史。

武帝北伐，倫之遣順陽太守傅弘之、扶風太守沈田子出嶢柳，大破姚泓於藍田。及武帝受命，以佐命功，封霄城縣侯。少帝即位，徵拜護軍。元嘉三年，拜領軍將軍。

倫之雖外戚貴寵，而居身儉素，性野拙澀，於人間世事多所不解。久居方伯，公私富

貴。入爲護軍，資力不稱，以爲見貶。光祿大夫范泰好戲，笑謂曰：「司徒公缺，必用汝老
奴。我不言汝資地所任，要是外戚高秩次第所至耳。」倫之大喜，每載酒肴詣泰。五年，卒，
諡元侯。子伯符嗣。

伯符字潤遠，少好弓馬，爲寧遠將軍，總領義徒，以居宮城北。每火起及有劫盜，輒身
貫甲冑，助郡縣赴討，武帝甚嘉之。

文帝卽位，累遷徐、兗二州刺史。爲政苛暴，吏人畏懼如與虎狼居，而劫盜遠迸，無敢入
境。元嘉十八年，徵爲領軍將軍。先是，外監不隸領軍，宜相統攝者，自有別詔，至此始統
領焉。後爲丹陽尹，在郡嚴酷，曹局不復堪命，或委叛被戮，透水而死。典筆吏取筆失旨，
頓與五十鞭。子倩尚文帝第四女海鹽公主，甚愛重。倩嘗因言戲，以手擊主，事上聞，文帝
怒，離婚。伯符慚懼，發病卒，諡曰肅。傳國至孫勰，齊受禪，國除。

蕭思話，南蘭陵人，宋孝懿皇后弟子也。父源之字君流，歷徐、兗二州刺史。永初元年
卒，贈前將軍。

思話十許歲時，未知書，好騎屋棟，打細腰鼓，侵暴鄰曲，莫不患毒之。自此折節，數年中遂有令譽。頗工隸書，善彈琴，能騎射。後襲爵封陽縣侯。

元嘉中，為青州刺史。亡命司馬朗之兄弟聚黨謀為亂，思話遣北海太守蕭汪之討斬之。

八年，魏軍大至，乃棄鎮奔平昌。魏軍定不至，由是徵繫尚方。初在青州，常所用銅斗覆在藥廚下，忽於斗下得二死雀。思話歎曰：「斗覆而雙雀殞，其不祥乎？」既而被繫。及梁州刺史甄法護在任失和，敕帥楊難當因此寇漢中，乃自徒中起思話為梁、南秦二州刺史，平漢中，悉收侵地，置戍葭萌水。思話遷鎮南鄭。

法護，中山無極人也。過江，寓居南郡。弟法崇自少府為益州刺史。法護委鎮之罪，為府所收，於獄賜死。文帝以法崇受任一方，命言法護病卒。文帝使思話上定漢中本末，下之史官。

十四年，遷臨川王義慶平西長史、南蠻校尉。文帝賜以弓琴，手敕曰：「前得此琴，言是舊物，今以相借，并往桑弓一張，材理乃快。〔二〕良材美器，宜在盡用之地，丈人真無所與讓也。」嘗從文帝登鍾山北嶺，中道有盤石清泉，上使於石上彈琴，因賜以銀鍾酒，謂曰：「相賞有松石間意。」歷寧蠻校尉、雍州刺史，監四州軍事，徵為吏部尚書。思話以去州無復事

力，倩府軍身九人。文帝戲之曰：「丈人終不爲田父於閭里，何憂無人使邪？」未拜，遷護軍將軍。

是時，魏攻懸瓠，文帝將大舉北侵，朝士僉同，思話固諫不從。魏軍退，即代孝武爲徐、兗二州刺史，監四州軍事。後爲圍磧磝城不拔，退師歷下，爲江夏王義恭所奏免官。元凶弑立，以爲徐、兗二州刺史，即起義以應孝武。孝武即位，徵爲尚書左僕射，固辭，改爲中書令，丹陽尹、散騎常侍。時都下多劫掠，二旬中十七發，引咎陳遜，不許。後拜郢州刺史，加都督。卒，贈征西將軍、開府儀同三司，諡曰穆侯。

思話外戚令望，早見任待，歷十二州，杖節監督者九焉。所至雖無皎皎清節，亦無穢黷之累。愛才好士，人多歸之。

長子惠開少有風氣，涉獵文史，家雖貴戚而居服簡素。初爲祕書郎，意趣與人多不同，比肩或三年不共語。外祖光祿大夫沛郡劉成戒之曰：「汝恩戚家子，無多異以取天下之疾。」轉太子舍人，與汝南周朗同官友善，以偏奇相尚。

孝建元年，爲黃門侍郎，與侍中何偃爭推積射將軍徐沖之事，偃任遇甚隆，怒使門下推彈惠開，乃上表解職，由此忤旨。別敕有司以屬疾多，免之。思話素恭謹，與惠開不同，每

加嫌責，及見惠開自解表，歎曰：「兒不幸與周朗周旋，理應如此。」杖之二百。尋除中庶子，

丁父艱，居喪有孝性。家素事佛，凡為父起四寺：南岡下名曰禪岡寺，曲阿舊鄉宅名曰禪鄉

寺，京口墓亭名曰禪亭寺，所封封陽縣名曰禪封寺。謂國僚曰：「封秩鮮而兄弟甚多，若全

關一人，則在我所讓，若人人等分，又事可悲恥。寺眾既立，自宜悉供僧眾。」襲封封陽縣

侯，為新安王子鸞冠軍長史。

惠開妹當適桂陽王休範，女又當適孝武子，發遣之資，應須二千萬。乃以為豫章內史，

聽其肆意聚納，由是在郡著貪暴之聲。再遷御史中丞。孝武與劉秀之詔曰：「今以蕭惠開

為憲司，冀當稱職。但一往眼額，已自殊有所震。」及在職，百僚憚之。

後拜益州刺史，路經江陵。時吉翰子在荊州，共惠開有舊，為設女樂。樂人有美者，惠

開就求不得，又欲以四女妓易之，不許。惠開怒，收吉斬之，即納其妓。啟云：「吉為劉義宣

所遇，交結不逞，向臣訕毀朝政，輒已戮之。」孝武稱快。

惠開素有大志，至蜀欲廣樹經略。善於敘述，聞其言者皆以為大功可立。才疏意廣，

竟無成功。嚴用威刑，蜀人號曰「臥虎」。明識過人，嘗供三千沙門，[二]一閱其名，退無所失。

明帝即位，晉安王子勛反，惠開乃集將佐謂曰：「吾荷世祖之眷，當投袂萬里，推奉九

江。」蜀人素怨惠開嚴，及是所遣兵皆不得前。晉原郡反，諸郡悉應，[三]並來圍城。城內東

兵不過二千，凡蜀人，惠開疑之，悉皆遣出。子勛尋敗，蜀人並欲屠城，以望厚賞。明帝以

蜀土險遠，赦其誅責，遣其弟惠基使蜀宣旨。而蜀人志在屠城，不使王命速達，過留惠基。

惠基破其渠帥，然後得前。惠開奉旨歸順，城圍得解。明帝又遣惠開宗人寶首水路慰勞益

州，寶首欲以平蜀爲功，更獎說蜀人，處處蜂起。惠開乃啓陳情事，遣宋寧太守蕭惠訓、

別駕費欣業分兵並進，大破之，禽寶首送之。惠開至都，明帝問其故，侍衛左右莫不悚然側

目，惠開舉動自若，從容答曰：「臣唯知逆順，不識天命。」又云：「非臣不亂，非臣不平。」

初，惠開府錄事參軍劉希微負蜀人責將百萬，爲責主所制，未得俱還。惠開與希微共

事不厚，而厩中凡有馬六十四，悉以乞希微償責。其意趣不常如是。惠開還資二千餘萬，

悉散施道俗，一無所留。

後除桂陽王休範征北長史、南東海太守。其年，會稽太守蔡興宗之郡，惠開自京口請

假還都，相逢於曲阿。惠開先與興宗名位略同，又經情款，自以負釁摧屈，慮興宗不能詣

己，戒勒部下：蔡會稽部伍若問，慎不得答。惠開素嚴，部下莫敢違。興宗見惠開舟力甚

盛，遣人訪訊，事力二三百人皆低頭直去，無一人答者。

尋除少府，加給事中。惠開素剛，至是益不得志，曰：「大丈夫入管喉舌，出莅方伯，乃

復低頭入中邪。」寺內所住齋前，嚮種花草甚美，惠開悉剗除別種白楊。每謂人曰：「人生不

得行胸懷，雖壽百歲猶爲天也。」發病嘔血，吐物如肝肺者。卒，子睿嗣，齊受禪，國除。

惠開與諸弟並不睦，惠基使至益州，遂不相見。與同產弟惠明亦致嫌隙云。

惠明其次弟也，亦有時譽。泰始初，爲吳興太守，郡界有卞山，山下有項羽廟。相承云羽多居郡聽事，前後太守不敢上。惠明謂綱紀曰：「孔季恭嘗爲此郡，未聞有災。」遂盛設筵榻接賓，數日，見一人長丈餘，張弓挾矢向惠明，既而不見。因發背，旬日而卒。

子際素，梁天監中，位丹陽尹丞。初拜日，武帝賜錢八萬，際素一朝散之親友。遷司徒左西屬、南徐州中從事。

性靜退，少嗜慾，好學，能清言，榮利不關於中，喜怒不形於色。在人間及居職，並任情通率，不自矜尙，天然簡素。及在京口，便有終焉之志。後爲中書侍郎。在位少時，求爲諸暨令。到縣十餘日，挂衣冠於縣門而去。獨居屛事，非親戚不得至其籬門。妻卽齊太尉王儉女，久與別居，遂無子。卒，親故迹其事行，諡曰貞文先生。

惠明弟惠基，幼以外戚見宋江夏王義恭，歎其詳審，以女結婚。歷中書黃門郎。惠基

善隸書及弈棊，齊高帝與之情好相得。桂陽王休範妃，惠基姊也，高帝謂之曰：「卿家桂陽，

遂復作賊。」高帝頓新亭壘，以惠基為軍副。惠基弟惠朗親為休範攻戰，惠基在城內了不自

疑。後為長兼侍中。

袁粲、劉彥節起兵之夕，高帝以彥節是惠基妹夫，惠基時直在省，遣王敬則觀其指趣，

見惠基安靜，不與彥節相知，由是益加恩信。

仕齊為都官尚書，掌吏部。永明中為侍中，領驍騎將軍。尚書令王儉朝宗貴望，惠基

同在禮閣，非公事不私覿焉。遷太常，加給事中。

自宋大明以來，聲伎所尚，多鄭、衛，而雅樂正聲鮮有好者。惠基解音律，尤好魏三祖

曲及相和歌，每奏輒賞悅不能已。

當時能棊人琅邪王抗第一品，吳郡褚思莊、會稽夏赤松第二品。赤松思速，善於大行，

思莊戲遲，巧於鬭棊。宋文帝時，羊玄保為會稽，帝遣思莊入東，與玄保戲，因置局圖，還於

帝前覆之。齊高帝使思莊與王抗交賭，自食時至日暮，一局始竟。上倦，遣還省，至五更方

決。抗睡於局後寢，〔四〕思莊達旦不寐。時或云，思莊所以品第致高，緣其用思深久，人不

能對。抗、思莊並至給事中。

初，思話先於曲阿起宅，有閑曠之致。永明中，敕使抗品棊，竟陵王子良使惠基掌其事。惠基常謂所親曰：「須婚嫁畢，當歸老舊廬。」立

身退素，朝廷稱爲善士。卒，贈金紫光祿大夫。

子洽字宏稱。幼敏寤，年七歲，誦楚辭略上口。及長，好學博涉，善屬文。仕梁位南徐州中從事。近畿重鎭，職吏數千人，前後居者皆致巨富，洽清身率職，饋遺一無所受，妻子不免飢寒。累遷臨海太守，爲政清平，不尙威猛，人俗便之。還拜司徒左長史。敕撰當塗堰碑，辭甚贍麗。卒於官。文集二十卷行於世。

惠基弟惠休。齊永明四年，爲廣州刺史，罷任，獻奉傾資。上敕中書舍人茹法亮曰：「可問蕭惠休，故當不復私邪？」〔五〕吾欲分受之也。」後封建安縣子。

永元元年，徙吳興太守。〔六〕徵爲尙書右僕射。吳興郡項羽神舊酷烈，人云惠休事神謹，故得美遷。于時朝士多見殺，二年，惠休還至平望，帝令服藥而卒，贈金紫光祿大夫。

惠休弟惠朗，同桂陽賊，齊高帝赦之。後爲西陽王征虜長史，行南兗州事，坐法免官。

惠朗弟惠蒨，仕齊左戶尙書。子介。

介字茂鏡，少穎悟，有器識。梁大同中，武陵王紀爲揚州刺史，以介爲府長史，在職以清白稱。武帝謂何敬容曰：「蕭介甚貧，可處以一郡。」〔七〕復曰：「始與郡頻無良守，可以介爲

之。」由是出爲始興太守。及至，甚著威德。

徵爲少府卿，尋加散騎常侍。會侍中闕，選司舉王筠等四人，並不稱旨。帝曰：「我門

中久無此職，宜用蕭介爲之。」應對左右，多所匡正，帝甚重之。

遷都官尚書，每軍國大事，必先訪介。帝謂朱异曰：「端右材也。」中大同二年，辭疾致

仕，帝優詔不許，終不肯起，乃遣謁者僕射魏祥就拜光祿大夫。

太清中，侯景於渦陽敗走，入壽陽。帝敕助防韋黯納之，介聞而上表致諫，極言不可。

帝省表歎息，卒不能用。

介性高簡，少交游，唯與族兄琛、從兄际素及洽從弟淑等文酒賞會，時人以比謝氏烏衣

之游。

初，武帝招延後進二十餘人，〔〇〕置酒賦詩。臧盾以詩不成，罰酒一斗。盾飲盡，顏色

不變，言笑自若。介染翰便成，文無加點。帝兩美之曰：「臧盾之飲，蕭介之文，即席之美

也。」年七十三，卒於家。

第三子允字叔佐，少知名。風神凝遠，通達有識鑒，容止醞藉。仕梁位太子洗馬。侯

景攻陷臺城，百僚奔散，允獨整衣冠坐于宮坊，景軍敬焉，弗之逼也。尋出居京口。時寇賊

縱橫，百姓波駭，允獨不行。人問其故，允曰：「性命自有常分，豈可逃而免乎。方今百姓，爭欲奮臂而論大功，何事於一書生哉。莊周所謂畏影避迹，吾弗爲也。」乃閉門靜處，併日而食，卒免於患。

陳永定中，侯安都爲南徐州刺史，躬造其廬，以申長幼之敬。宣帝卽位，爲黃門侍郎。

晉安王爲南豫州，以爲長史。時王尚少，未親人務，故委允行府事。入爲光祿卿。

允性敦重，未嘗以榮利干懷。及晉安出鎮湘州，又苦攜允。允少與蔡景歷善，子徵修父黨之敬，聞允將行，乃詣允曰：「公年德並高，國之元老，從容坐鎮，旦夕自爲列曹，何爲方辛苦蕃外。」答曰：「已許晉安，豈可忘信。」其恬榮勢如此。

至德中，鄱陽王出鎮會稽，允又爲長史，帶會稽郡丞。行經延陵季子廟，設蘋藻之薦，託異代之交，爲詩以敍意，辭理清典。後主嘗問蔡徵，允之爲人，徵曰：「其清虛玄遠，殆不可測，至於文章，可得而言。」因誦允詩以對。後主嗟賞久之。尋拜光祿大夫。

及隋師濟江，允遷于關右。時南士至長安者，例皆授官，允與尚書僕射謝伷辭以老疾。隋文帝義之，並厚賜帛。尋卒，年八十四。

弟引字叔休，方正有器度，性聰敏，博學善屬文。仕梁位西昌侯儀同府主簿。

侯景之亂，梁元帝為荊州刺史，朝士多歸之。引曰：「諸王力爭，禍患方始，今日逃難，

未是擇君之秋。吾家再世為始興郡，遺愛在人，政可南行以存家門耳。」乃與弟彤及宗親等

百餘人南奔嶺表。〔九〕時始興人歐陽頠為衡州刺史，政可南行依焉。

頠遷廣州病死，子紇領其眾，引疑紇異圖，因事規正，由是情禮漸疏。及紇反，時都下

士人岑之敬、公孫挺等並惶駭，唯引怡然，謂之敬等曰：「管幼安、袁曜卿亦但安坐耳。君子

正身以明道，直己以行義，亦何憂乎。」及章昭達平番禺，引始北還，拜尚書金部侍郎。

引善隸書，〔一〇〕為當時所重，宣帝嘗披奏事，指引署名曰：「此字筆趣翩翩，似鳥之欲

飛。」引謝曰：「此乃陛下假其毛羽耳。」帝又謂引曰：「我每有所忿，見卿輒意解，何也？」引

曰：「此自陛下不遷怒，臣何預此恩。」

引性抗直，不事權貴，宣帝每欲遷用，輒為用事者所裁。及呂梁覆師，戎儲空匱，轉引

為庫部侍郎，掌知營造。引在職一年，而器械充足。歷中書、黃門、吏部侍郎。廣州刺史馬

靖甚得嶺表人心，而甲兵精練，每年深入俚洞，數有戰功，朝野頗生異議。宣帝以引悉嶺外

物情，且遣引觀靖，審其舉措，諷令送質。及至，靖即悟旨，遣兒弟為質。

後主即位，為中庶子、建康令。時殷內隊主吳璡及宦者李善度、蔡脫兒等多所請屬，引

一皆不許。引始族子密，時為黃門郎，諫引曰：「李、蔡之權，在位皆憚，亦宜少為身計。」引

曰：「吾之立身，自有本末，亦安能爲李、蔡致屈；就令不平，不過免職耳。」吳璘竟作飛書，

李、蔡證之，坐免官，卒於家。

子德言最知名。引弟肜，位太子中庶子，南康王長史。

琛字彥瑜，惠開從子也。祖僧珍，宋廷尉卿。父惠訓，齊末爲巴東相。梁武帝起兵，齊和帝於荆州卽位，惠訓與巴西太守魯休烈並以郡相抗，惠訓使子琛據上明。建康城平，始歸降。武帝宥之，以爲太中大夫，卒官。

琛少明悟，有才辯。數歲時，從伯惠開見而奇之，撫其背曰：「必興吾宗。」起家齊太學博士。時王儉當朝，琛年少，未爲儉所識。負其才氣，候儉宴于樂游，乃著虎皮靴，策桃枝杖，直造儉坐。儉與語大悅。儉時爲丹陽尹，辟爲主簿。

永明九年，魏始通好，琛再銜命北使，還爲通直散騎侍郎。時魏遣李彪來使，齊武帝讌之。琛於御筵舉酒勸彪，彪不受，曰：「公庭無私禮，不容受勸。」琛答曰：「詩所謂『雨我公田，遂及我私』。」坐者皆悅服，彪乃受琛酒。

累遷尚書左丞。時齊明帝用法嚴峻，尚書郎坐杖罰者皆卽科行，琛乃密啟曰：「郎有杖起自後漢，爾時郎官位卑，親主文案，與令史不異。故郎三十五人，令史二十人，是以古人

多恥爲此職。自魏、晉以來，郎官稍重。今方參用高華，吏部又近於通貴，不應官高昔品，而罰遵曩科。所以從來彈舉，雖在空文，而許以推選。或逢赦恩，或入春令，便得息停。宋元嘉、大明中，經有被罰者，別由犯忤主心，非關常準。自泰始、建元以來，未經施行，事廢已久，人情未習。自奉敕之後，已行倉部郎江重欣杖督五十，皆無不人懷慚懼。兼有子弟成長，彌復難爲儀適。其應行罰，可特賜輸贖，使與令史有異，以彰優緩之澤。」帝納之。自是應受罰者，依舊不行。

東昏初嗣立，時議無廟見文。琛議據周頌烈文、閔予，皆爲卽位朝廟之典[二]。於是從之。

梁武在西邸，與琛有舊。梁臺建，以爲御史中丞。天監九年，累遷平西長史、江夏太守。

始琛爲宣城太守，有北僧南度，唯齎一瓠蘆，中有漢書序傳[一]。僧云：「三輔舊老相傳，以爲班固眞本。」琛固求得之，其書多有異今者，而紙墨亦古，文字多如龍舉之例，非隸非篆。琛甚祕之。及是以書餉鄱陽王範，獻于東宮。

後爲吳興太守，郡有項羽廟，土人名爲「憤王」，甚有靈驗，遂於郡聽事安牀幕爲神座，公私請禱。前後二千石皆於聽拜祠，以軛下牛充祭而避居他室。琛至，著履登聽事，聞室中有叱聲。琛厲色曰：「生不能與漢祖爭中原，死據此聽事，何也？」因遷之於廟。又禁殺牛解

祀，以脯代肉。

琛頻莅大郡，不事產業，有闕則取，不以為嫌。歷左戶、度支二尚書，侍中。

帝每朝讌，接琛以舊恩。嘗犯武帝偏諱，帝斂容。琛從容曰：「二名不偏諱。〔三〕陛下不

應諱順。」上曰：「各有家風。」琛曰：「其如禮何。」又經預御筵醉伏，上以棗投琛，琛仍取栗擲

上，正中面。御史中丞在坐，帝動色曰：「此中有人，不得如此，豈有說邪？」琛即答曰：「陛下

投臣以赤心，臣敢不報以戰栗。」上笑悅。上每呼琛為宗老，琛亦奉陳昔恩，以「早簉中陽，

凤忝同閨，雖迷興運，猶荷洪慈」。上答曰：「雖云早契闊，乃自非同志。勿談興運初，且道狂

奴異。」

琛常言：「少壯三好：音律、書、酒。年長以來，二事都廢，唯書籍不衰。」而琛性通脫，常

自解竈，事畢餘饌，必陶然致醉。位特進、金紫光祿大夫。卒，遺令諸子：「與妻同墳異藏，

祭以蔬荽。葬止車十乘，事存率素。」乘輿臨哭甚哀，謚曰平子。琛所撰漢書文府、齊梁拾

遺，并諸文集，數十萬言。

子遊，位少府卿。遊子密字士幾，幼聰敏，博學有文詞。位黃門郎，太子中庶子，散騎

常侍。

臧燾字德仁，東莞莒人，宋武敬皇后兄也。少好學，善三禮，貧約自立，操行爲鄉里所

稱。晉太元中，衛將軍謝安始立國學，徐、兗二州刺史謝玄舉燾爲助教。晉孝武帝追崇庶

祖母宜太后，議者或謂宜配食中宗。燾議曰：「陽秋之義，母以子貴，故仲子、成風咸稱夫

人。經言考仲子宮，若配食惠廟，則宮無緣別築。前漢孝文孝昭太后並繫子爲號，祭於寢

園，不配於高祖、孝武之廟。後漢和帝之母曰恭懷皇后，安帝祖母曰敬隱皇后，順帝之母曰

恭愍皇后，雖不繫子爲號，亦祭於陵寢，不配章、安二帝。此則二漢雖有太后之異，至

於並不配食，義同陽秋。唯光武追廢呂后，故以薄后配高廟。又衛后既廢，霍光追尊李夫

人爲皇后，配孝武廟。此非母以子貴之例，直以高、武二廟無配故耳。尊號既正，則罔極之情申，別

是晉制所異。謂宜遠準陽秋考宮之義，近慕二漢不配之典。

建寢廟，則嚴禰之義顯。繫子爲稱，兼明母貴之所由。一舉而允三義，固哲王之高致也。」

議者從之。

頃之去官，以父老家貧，與弟熹俱棄人事，躬耕自業，約己養親者十餘年。父母喪

亡，居喪六年，以毀瘠著稱。

宋武帝義旗建，參右將軍何無忌軍事，隨府轉鎮南參軍。武帝鎮京口，參帝中軍軍事，

入補尚書度支郎，改掌祠部，襲封高陵亭侯。〔二〕

時太廟鴟尾災，載謂著作郎徐廣曰：「昔孔子在齊聞魯廟災，曰必桓、僖也。今徵西、京兆四府君宜在毀落，而猶列廟饗，此其徵乎。」乃上議曰：

臣聞「國之大事，在祀與戎」。將營宮室，宗廟為首。古先哲王莫不致肅恭之誠心，盡崇嚴乎祖考，然後能流淳化於四海，通幽感於神明，固宜詳廢興於古典，循情禮以求中者也。[一四]

〈禮〉，天子七廟，三昭三穆與太祖而七。自考廟以至祖考五廟，皆月祭之。遠廟為祧，有二祧，享嘗乃止。去祧為壇，去壇為墠，有禱然後祭之，此宗廟之次、親疏之序也。鄭玄以為祧者文王武王之廟，王肅以為五世六世之祖。尋去祧之言，則祧非文、武之廟矣。文、武、周之祖宗，何云去祧為壇乎？明遠廟為祧者，無服之祖也。又遠廟則有享嘗之降，去祧則有壇墠之殊，明世遠者其義彌疏也。若祧是文、武之廟，宜同月祭於太祖，雖推后稷以配天，由功德之所始，非尊崇之義每有差降也。又〈禮〉有以多為貴者，故傳稱「德厚者流光，德薄者流卑」。又言自上以下降殺以兩，禮也。此則尊卑等級之典，上下殊異之文。而云天子諸侯俱祭五廟，何哉？又王祭嫡殤，下及來孫。而上祀之禮不過高祖。推隆恩於下流，替誠敬於尊廟，亦非聖人制禮之意也。是以泰始建廟，從王氏議，以禮父為士，子為天子諸侯，祭以天子諸侯，其尸服以士服。故上及

征西，以備六世之數。宣皇雖爲太祖，尚在子孫之位，至於殷祭之日，未申東向之禮，欲

屈太祖於卑坐，臣以爲非禮者矣。今京兆以上既遷，太祖始得居正，議者以昭穆未足，欲

所謂子雖齊聖，不先父食者矣。今京兆以上既遷，太祖始得居正，議者以昭穆未足，欲

屈太祖於卑坐，臣以爲非禮典之旨也。所謂與太祖而七，自是昭穆既足，太廟在六世

之外，非爲須滿七廟乃得居太祖也。

議者又以四府君神主，宜永同於殷祫。臣又以爲不然。傳所謂殷廟之主，陳乎太

祖，謂太祖以下先君之主也。故白虎通云：「禘祫祭遷廟者，以其繼君之體，持其統而

不絕也。」豈如四府君在太祖之前乎，[一二]非繼統之主，無靈命之瑞，非王業之基。昔以

世近而及，今則情禮已遠，而當長饗殷祫，永虛太祖之位，求之禮籍，未見其可。昔永

和之初，大議斯禮，于時虞喜、范宣並以洪儒碩學，咸謂四府君神主無緣永存於百世。

或欲瘞之兩階，或欲藏之石室，或欲爲之改築，雖所執小異，而大歸是同。若宣皇既居

羣廟之上，而四主禘祫不已，則大晉殷祭長無太祖之位矣。夫理貴有中，不必過厚，禮

與世遷，豈可順而不斷？故臣子之情雖篤，而靈、厲之諡彌彰，追遠之懷雖切，而遷毀

之禮爲用。豈不有心於加厚，顧禮制不可踰耳。石室則藏於廟北，改築則未知所處。

虞主所以依神，神移則有瘞埋之禮。四主若饗祀宜廢，亦神之所不依也。準傍事例，

宜同虞主之瘞埋。然經典難詳，羣言錯繆，非臣淺識所能折中。

時學者多從凝議，竟未施行。

宋武帝受命，拜太常。雖外戚貴顯，而彌自沖約。茅屋蔬飱，不改其舊。所得奉祿，與親戚共之。

永初三年致事，拜光祿大夫，加金章紫綬。卒，少帝贈左光祿大夫。

長子邃，宜都太守。邃子凝之，學涉有當世才，與司空徐湛之爲異常交。年少時，與傅僧祐俱以通家子，始爲文帝所引見。時上與何尚之論鑄錢事，凝之便干其語次，上因回與語。僧祐引凝之衣令止，凝之大言曰：「明主難再遇，便應政盡所懷。」上與往復十餘反，凝之辭韻詮序，上甚賞焉。後爲尚書左丞，以徐湛之黨，爲元凶所殺。凝之子寅字士若，事在沈攸之傳。寅弟稜，後軍參軍。稜子嚴。

嚴字彥威，幼有孝性，居父憂以毀聞。孤貧勤學，行止書卷不離手。從叔未甄爲江夏郡，攜嚴之官，於途作屯游賦，又作七算，辭並典麗。

性孤介，未嘗造請。梁僕射徐勉欲識之，嚴終不詣。累遷湘東王宣惠輕車府參軍兼記室。嚴於學多所諳記，尤精漢書，諷誦略皆上口。王嘗自執四部書目試之，嚴自甲至丁卷中各對一事，幷作者姓名，遂無遺失。王遷荊州，隨府轉西中郎安西錄事參軍，歷義陽、武寧郡守。郡界蠻左，前郡守常選武人以兵鎮之，嚴獨以數門生單車入境，羣蠻悅服。後卒

於鎮南諮議參軍。文集十卷。

嚴族叔未甄，〔一六〕焘曾孫也。父潭之，左戶尚書。〔一七〕未甄有才幹，少為外兄汝南周顒所知，仕梁為太尉長史。丁所生母憂，三年廬于墓側。歷廷尉卿，江夏太守，卒。子盾。

盾字宣卿，幼從徵士琅邪諸葛璩受〔一八〕五經。璩學徒常有數十百人，盾處其間，無所狎比。璩曰：「此生王佐才也。」為尚書中兵郎。美風姿，善容止，每趨奏，梁武帝甚悅焉。入兼中書通事舍人。

盾有孝性，嘗隨父宿直廷尉府，母劉氏在宅夜暴亡，盾左手中指忽痛不得寢。及旦，宅信果報凶問，其感通如此。服未終，父卒，居喪五年，不出廬戶，形骸枯悴，家人不識。武帝累敕抑譬。後累遷御史中丞，性公強，甚稱職。

中大通五年，帝幸同泰寺開講，設四部大會，衆數萬人。南越所獻馴象忽於衆中狂逸，衆皆駭散，唯盾與散騎侍郎裴之禮巋然自若，帝甚嘉焉。

大同二年，為中領軍。領軍管天下兵要，監局事多，盾為人敏贍，有風力，長於撥繁，職事甚理。先是吳平侯蕭景居此職著聲，至是盾復繼之。後卒於領軍將軍，諡曰忠。

盾弟厥字獻卿，亦以幹局稱。爲晉安太守，郡居山海，常結聚逋逃，前二千石討捕不能止。厥下車宣化，凶黨皆襁負而出，自是居人復業。然政嚴，百姓謂之臧彪。前後再兼中書通事舍人，卒於兼司農卿。

厥前後居職，所掌之局大事及蘭臺廷尉所不能決者，敕並付厥。辯斷精明，咸得其理。卒後，有撾登聞鼓訴求付清直舍人，帝曰：「臧厥既亡，此事便無所付。」其見知如此。子操，尚書三公郎。

熹字義和，燾之弟也，與燾並好經學。隆安初兵起，熹乃習騎射，志立功名。嘗與溧陽令阮崇獵，遇猛獸突圍，獵徒並散，熹射之，應弦而倒。

從宋武入京城，進至建鄴。桓玄走，武帝便使熹入宮收圖書器物，封府庫。有金飾樂器，武帝問熹：「卿欲此乎？」熹正色曰：「主上幽逼，播越非所，將軍首建大義，劬勞王室，雖復不肯，實無情於樂。」帝笑曰：「聊以戲耳。」以建義功，封始興縣五等侯，參武帝車騎、中軍軍事。

武帝將征廣固，議者多不同，熹贊成其行。

武帝遣朱齡石統大衆伐蜀，命熹奇兵出中水，領建平、巴東二郡太守。蜀主譙縱遣大
將譙撫之屯牛脾，又遣譙小苟重兵塞打鼻。熹至牛脾，撫之敗走，追斬之，成都平。熹遇疾
卒於蜀，追贈光祿勳。

子質字含文，少好鷹犬，善捕博意錢之戲。長六尺七寸，出面露口，頹頂拳髮。初爲世
子中軍參軍，嘗詣護軍趙倫之，倫之名位已重，不相接。質憤然起曰：「大丈夫各以老嫗作
門戶，何至以此中相輕。」倫之慚謝，質拂衣而去。

後爲江夏王義恭撫軍參軍，以輕薄無檢，爲文帝所嫌，徙給事中。會稽長公主每爲之
言，乃出爲建平太守，甚得蠻楚心。歷竟陵內史，巴東建平二郡太守，更人便之。質年始出
三十，驟居名郡，涉獵文史，尺牘便敏，有氣幹，好言兵。文帝謂可大任，以爲徐、兗二州刺
史，加都督。在鎮奢費，爵命無章，爲有司所糾。遇赦。與范曄、徐湛之等厚善。曄謀反，量
質必與之同。會事發，復爲義興太守。

二十七年，遷南譙王義宣司空司馬，南平內史。未之職，會魏太武帝圍汝南，戍主陳憲
固守告急，文帝遣質輕往壽陽，與安蠻司馬劉康祖等救憲。後太武率大衆數十萬向彭城，
以質爲輔國將軍北救。始至盱眙，太武已過淮。二十八年正月，太武自廣陵北返，悉力攻

肝胎，就質求酒。質封溲便與之，太武怒甚，築長圍一夜便合。質報太武書云：「爾不聞童

謠言邪？虜馬飲江水，佛狸死卯年。冥期使然，非復人事。寡人受命相滅，期之白登，師行

未遠，爾自送死，豈容復令爾饗有桑乾哉。假令寡人不能殺爾，爾由我而死。爾若有幸，得

爲亂兵所殺；爾若不幸，則生相鎖縛，載以一驢，負送都市。爾識智及衆，豈能勝苻堅邪？

頃年展爾陸梁者，是爾未飲江太歲未卯故耳。」時魏地童謠曰：「軺車北來如穿雉，不意虜馬

飲江水。虜主北歸石濟死，虜欲度江天不徙。」故答書引之。太武大怒，乃作鐵牀，於上施

鐵鑱，云「破城得質〔二〇〕當坐之此上」質又與魏軍書，寫臺格購斬太武封萬戶侯，賜布絹各

萬疋。

魏以鈎車鈎垣樓，城內繫絙，數百人叫呼引之，車不能退。質夜以木桶盛人，縣出城

外，截其鈎獲之。〔二九〕明日又以衝車攻城，土堅密，每至，頹落下不過數斗。〔三〇〕魏軍乃肉薄登

城，墜而復升，莫有退者。殺傷萬計，死者與城平。如此三旬，死者過半，太武乃解圍而歸。

上嘉質功，以爲寧蠻校尉、雍州刺史、監四州諸軍事。明年，文帝又北侵，使質率力向潼

關。質頓兵不肯時發，又顧戀嬖妾，棄軍營壘，單馬還城，散用臺庫見錢六七百萬，爲有司

所糾，上不問。

元凶弒立，以質爲丹陽尹。質家遣門生師顗報質，具言文帝崩問。質使告司空義宣及

孝武帝，而自率衆五千馳下討逆，自陽口進江陵見義宣。時質諸子在都，聞質舉義，並逃亡。

義宣始得質報，卽日舉兵馳信報孝武，板進質號征北將軍。孝武卽位，加質車騎將軍、開府

儀同三司，都督江州諸軍事。使質自白下步上，薛安都、程天祚等亦自南掖門入，與質同會

太極殿庭，生禽元凶，仍使質留守朝堂，封始興郡公。之鎭，舫千餘乘，部伍前後百餘里，六

平乘並施龍子幡。

時孝武自攬威權，而質以少主遇之，刑政慶賞，不復諮稟朝廷，自謂人才足爲一世英

傑。始聞國禍，便有異圖，以義宣凡闇易制，欲外相推奉以成其志。及至江陵，便致拜稱

名。質於義宣雖爲兄弟，而年近大十歲。義宣驚曰：「君何意拜弟？」質曰：「事中宜然。」時

義宣已推崇孝武，故其計不行。每慮事泄，及至新亭，又拜江夏王義恭。義恭愕然，問質所

以。質曰：「天下屯危，禮異常日，前在荆州，亦拜司空。」

會義宣有憾於孝武，質因此密信說誘，陳朝廷得失。又謂震主之威不可持久。質女爲

義宣子惶妻，[三]謂質無復異同，納其說。且義宣腹心將佐蔡超、竺超人等咸有富貴情願，

又勸義宣。義宣時未受丞相，質子敦爲黃門侍郎，奉詔敦勸，道經尋陽，質令敦具更譬說義

宣。義宣意乃定，馳報豫州刺史魯爽，期孝建元年秋同舉。

爽失旨，卽起兵，遣人至都報弟瑜，席卷奔叛。瑜弟弘爲質府佐，孝武馳使報質誅弘，

於是執臺使，狼狠舉兵，馳報義宣。孝武遣撫軍將軍柳元景統豫州刺史王玄謨等屯梁山

洲，兩岸築偃月壘，水陸待之。元景檄書宣告，而義宣亦相次係至。江夏王義恭書曰：「昔桓

玄借兵於仲堪，有似今日。」義宣由此與質相疑。質進計曰：「今以萬人取南州，則梁山中

絕，萬人綴玄謨，必不敢輕動。質浮舟外江，直向石頭，此上略也。」義宣將從之，義宣客顏

樂之說義宣曰：「質若復拔東城，則大功盡歸之矣。宜遣麾下自行。」義宣遣腹心劉諶之就

質陳軍城南。玄謨留羸弱守城，悉精兵出戰。薛安都騎軍前出，垣護之督諸將繼之，乃大

潰。質求義宣計事，密已走矣。質不知所為，亦走至尋陽，焚府舍，載妓妾入南湖，摘蓮

噉之。追兵至，以荷覆頭，沈於水，出鼻。軍主鄭俱兒望見，三射之中心，兵刃亂至，腹胃

繽紛水草。隊主裴應斬質，傳首建鄴。錄尚書江夏王義恭等奏依漢王莽事，漆其頭藏于武

庫，詔可。

論曰：趙倫之、蕭思話俱以外戚之親，並接風雲之會，言親則在趙為密，論望則於蕭為

重。古人云「人能弘道」，蓋此之謂乎。惠開親禮雖篤，弟隙尤著，方寸之內，孝友異情。嶮

於山川，有驗於此。臧氏文義之美，傳于累代，含文以致誅滅，好亂之所致乎。

校勘記

〔一〕材理乃快 「材理」各本作「理材」，據宋書乙正。

〔二〕嘗供三千沙門 「供」字各本並脫，據通志補。

〔三〕晉原郡反諸郡悉應 「反」各本作「及」，據宋書改。

〔四〕抗睡於局後寢 「睡」、「寢」於文為複，宋書無「寢」字，張森楷南史校勘記謂「寢」字衍文。

〔五〕故當不復私邪 「復」南齊書作「侵」，其敕云：「可問蕭惠休，吾先使卿宣敕，答其勿以私祿足充獻奉。今段殊覺其下情厚於前後人。問之，故當不侵私邪？吾欲分受之也。」則是「復」當作「侵」。

〔六〕徙吳興太守 「徙」各本作「從」，據南齊書改。

〔七〕可處以一郡 「處以」各本作「以處」，據梁書乙正。

〔八〕初武帝招延後進二十餘人 「招」各本作「總」，據梁書改。

〔九〕乃與弟肜及宗親等百餘人南奔嶺表 「肜」陳書作「彤」。

〔一〇〕引善隸書 「隸」字各本並脫，據陳書補。

〔一一〕三輔舊老相傳 「老」各本作「書」，據梁書改。

〔一三〕二名不偏諱 「二」字各本並脫，據禮記補，下云「其如禮何」，即指禮記。

〔一三〕襲封高陵亭侯　張森楷南史校勘記：「宋書無『亭』字。按森前人初未封侯，何以云襲？疑『襲』字衍。」

〔一四〕循情禮以求中者也　「循」各本作「修」，據宋書改。

〔一五〕豈如四府君在太祖之前乎　「乎」字各本並脫，據册府元龜五七六補。

〔一六〕縠族叔未甄　張森楷南史校勘記：「嚴祖凝之與未甄祖潭之為同產兄弟，則未甄與縠父稜為同堂從兄弟，當云嚴從叔未甄。」按上臧嚴傳亦作「嚴從叔未甄」。

〔一七〕父潭之左戶尚書　「之」字各本並脫，宋書臧燾傳、梁書臧盾傳並有「之」字，今據補。又二書於「左戶」並作「左民」，此避唐諱改。

〔一八〕云破城得質　「云」字各本並脫，據宋書補。

〔一九〕截其鈎獲之　「其」字各本並脫，據通鑑補。

〔二○〕每至穎落下不過數斗　「至」字據宋書、通鑑補。胡注：「『每至』句絕，謂衝車至蒼城身也。」

〔二一〕質女為義宣子惊妻　「惊」各本作「採」，據通志改。按宋書武二王傳，備載義宣子十八人，無名採者，而惊為其第三子。

〔二二〕軍主鄭俱兒望見　「軍主」各本作「軍士」，涉形近而誤，據宋書、通鑑改。

南史卷十九

列傳第九

謝晦 兄瞻 弟嚼 從叔澹 謝裕 子恂 玄孫微 裕弟純 述 孫朓

謝方明 子惠連 謝靈運 孫超宗 曾孫幾卿

謝晦字宣明，陳郡陽夏人，晉太常裒之玄孫也。裒子奕、據、安、萬、鐵，並著名前史。據子朗字長度，位東陽太守。朗子重字景重，位會稽王道子驃騎長史。重生絢、瞻、晦、嚼、遁。絢位至宋武帝鎮軍長史，早卒。[一]晦初為孟昶建威府中兵參軍。昶死，帝問劉穆之，昶府誰堪入府？穆之舉晦，即命為太尉參軍。

武帝當訊獄，其旦，刑獄參軍有疾，以晦代之。晦車中一覽訊牒，隨問，酬對無失。帝奇之，即日署刑獄賊曹。累遷太尉主簿。從征司馬休之，時徐逵之戰死，帝將自登岸，諸將諫不從。晦抱持帝，[二]帝曰：「我斬卿。」晦曰：「天下可無晦，不可無公，晦死何有。」會胡藩

登岸，賊退，乃止。

晦美風姿，善言笑，眉目分明，鬢髮如墨。涉獵文義，博瞻多通，時人以方楊德祖，微將不及。晦聞猶以爲恨。帝深加愛賞，從征關、洛，內外要任悉委之。帝於彭城大會，命紙筆賦詩，晦恐帝有失，起諫帝，即代作曰：「先蕩臨淄穢，却清河洛塵，華陽有逸驥，桃林無伏輪。」於是羣臣並作。時謝混風華爲江左第一，〔三〕嘗與晦俱在武帝前，帝目之曰：「一時頓有兩玉人耳。」

劉穆之遣使陳事，晦往往異同，穆之怒曰：「公復有還時不？」及帝欲以晦爲從事中郎，穆之堅執不與，故終穆之之世不遷。及穆之喪問至，帝哭之甚慟，曰：「喪我賢友。」晦時正直，喜甚，自入閤參審。其日教出，轉晦從事中郎。

武帝聞咸陽淪沒，欲復北伐，晦諫以士馬疲怠，乃止。宋臺建，爲右衞將軍，加侍中。於是登城北望，慨然不悅，乃命羣僚誦詩，晦詠王粲詩曰：「南登霸陵岸，回首望長安，悟彼下泉人，喟然傷心肝。」帝流涕不自勝。

及帝受命，於石頭登壇，備法駕入宮，晦領游軍爲警。加中領軍，封武昌縣公。

永初二年，坐行璽封鎮西司馬南郡太守王華，而誤封北海太守球，板免晦侍中。尋轉領軍將軍，加散騎常侍，依晉中軍羊祜故事，入直殿省，總統宿衞。及帝不豫，給班劍二十人，與徐羨之、傅亮、檀道濟並侍醫藥。少帝即位，加中書令，與徐、傅輔政。及少帝廢，徐

羨之以晦領護南蠻校尉、荆州刺史,加都督,欲令居外爲援。廬文帝至,或別用人,故遽有此授。精兵舊將,悉以配之。文帝即位,晦慮不得去,甚憂惶。及發新亭,顧石頭城喜曰:「今得脫矣。」進封建平郡公,固讓。又給鼓吹一部。至江陵,深結侍中王華,冀以免禍。二女當配彭城王義康、新野侯義賓。元嘉二年,遣妻及長子世休送女還都。先是,景平中,魏師攻取河南,至是欲誅羨之等并討晦,聲言北行,又言拜京陵,裝舟艦。傅亮與晦書,言「薄伐河朔,事猶未已,朝野之慮,憂懼者多」。又言「當遣外監萬幼宗往」。時朝廷處分異常,其謀頗洩。三年正月,晦弟黃門侍郎嚼馳使告晦,晦猶謂不然,呼諮議參軍何承天示以亮書曰:「計幼宗一二日必至,傅公慮我好事,故先遣此書。」承天曰:「外間所聞,咸謂西討已定,幼宗豈有上理?」晦尚謂虛,使承天豫立答詔啓書,北行宜須明年。江夏內史程道慧得尋陽人書,言其事已審,使示晦。[四]晦問計於承天,對曰:「蒙將軍殊顧,常思報德,事變至矣,何敢隱情。然明日戒嚴,動用軍法,區區所懷,懼不得盡。」晦懼曰:「卿豈欲我自裁哉?」承天曰:「荆州用武之地,兵糧易給。聊且決戰,走復何晚。吾
天曰:「尚未至此,其在境外。」晦曰:「幼宗尚未至,若後二三日無消息,便是不復來邪?」承天曰:「程說其事已判,豈容復疑。」晦欲焚南蠻兵籍,率見力決戰。土人多勸發兵。
不愛死,負先帝之顧,如何?」又謂承天曰:
晦問諸將:「戰士三千足守城乎」?南蠻司馬周超曰:「非徒守城,若有外寇,亦可立勳。」司馬

庾登之請解司馬，南郡以授之，晦即命超為司馬，轉登之為長史。

文帝誅羨之等及晦子世休，收嶷、嶷子世平、兄子紹等。[五]晦知訖，先舉羨之、亮哀，次

發子弟凶問。既而自出射堂，集得精兵三萬人，乃奉表言「臣等若志欲專權，不顧國典，便

當輔翼幼主，孤背天日，豈得沿流二千，虛館三月，奉迎鑾駕，以遵下武。故廬陵王於營陽

之世，[六]屢彼猜嫌，積怨犯上，自貽非命。不有所廢，將何以興，耿弇不以賊遺君父，臣亦

何負於宋室邪」。又言「羨之、亮無罪見誅，王弘兄弟輕躁昧進，王華猜忌忍害」。帝時已戒

嚴，尚書符荊州暴其罪狀。

晦率眾二萬發自江陵，舟艦列自江津至于破冢，旗旌相照。歎曰：「恨不得以此為勤王

之師。」移檄建鄴，言王弘、曇首、王華等罪。又上表陳情。初，晦與徐、傅謀為自全計⋯晦據

上流，檀鎮廣陵，各有強兵，足制朝廷，羨之、亮於中知權，可得持久。及帝將行，召檀道濟

委之以眾。晦始謂道濟不全，及聞其來，大眾皆潰。晦得小船還江陵。

初，雍州刺史劉粹遣弟竟陵太守道濟與臺軍主沈敞之襲江陵，至沙橋，周超大破之。

俄而晦至江陵，無他處分，唯愧謝周超而已。[七]超其夜詣到彥之降，晦乃攜弟遯兄子世基

等七騎北走。遯肥不能騎馬，晦每待不得速。至安陸延頭，晦故吏戍主光順之之檻送建鄴，

於路作悲人道以自哀。

並伏誅。

周超既降，到彥之以參府事。劉粹遣告彥之，沙橋之事，敗由周超。彥之乃執與晦等

世基，絢之子也。有才氣，臨死爲連句詩曰：「偉哉橫海鱗，壯矣垂天翼，一旦失風水，翻爲螻蟻食。」晦續之曰：「功遂侔昔人，保退無智力。」既涉太行險，斯路信難陟。」

晦女爲彭城王義康妃，聰明有才貌，被髮徒跣與晦訣曰：「阿父，大丈夫當橫屍戰場，奈何狼藉都市。」言訖叫絕，行人爲之落淚。

晦死時年三十七。庚登之、殷道鸞，何承天自晦下並見原。

瞻字宣遠，一日名檐字通遠，晦次兄也。六歲能屬文，爲紫石英贊、果然詩，爲當時才士歎異。與從叔混、族弟靈運俱有盛名。嘗作喜霽詩，靈運寫之，混詠之。王弘在坐，以爲三絕。

瞻幼孤，叔母劉撫養有恩，兄弟事之同於至親。劉弟柳爲吳郡，將姊俱行，瞻不能違遠，自楚臺祕書郎解職隨從，故爲柳建威長史。後爲宋武帝相國從事中郎。晦時爲宋臺右衛，權遇已重，於彭城還都迎家，賓客輻湊。時瞻在家，驚駭謂晦曰：「吾家以素退爲業，汝遂勢傾朝野，此豈門戶福邪。」乃籬隔門庭，曰：「吾不忍見此。」後因宴集，靈運問晦：「潘、陸

與賈充優劣。」晦曰：「安仁諂於權門，士衡邀競無已，並不能保身，自求多福。公閭勳名佐

世，不得爲並。」靈運曰：「安仁、士衡才爲一時之冠，方之公閭，本自遼絕。」瞻斂容曰：「若處

貴而能遺權，斯則是非不得而生，傾危無因而至。君子以明哲保身，其在此乎。」常以裁止

晦如此。

及還彭城，言於武帝曰：「臣本素士，父祖位不過二千石。弟年始三十，志用凡近，位任

顯密，福過災生，特乞降黜，以保衰門。」前後屢陳。帝欲以瞻爲吳興郡，又自陳請，乃爲豫

章太守。

晦或以朝廷密事語瞻，瞻輒向親舊說以爲戲笑，以絕其言。晦遂建佐命功，瞻愈憂懼。

永初二年，在郡遇疾不療，幸於不永。晦聞疾奔波，瞻見之曰：「汝爲國大臣，又總戎重，萬

里遠出，必生疑謗。」時果有詐告晦反者。

瞻疾篤還都，帝以晦禁旅，不得出宿，使瞻居于晉南郡公主壻羊賁故第，在領軍府東

門。瞻曰：「吾有先人弊廬，何爲於此？」臨終遺晦書曰：「吾得歸骨山足，亦何所多恨。弟思

自勉，爲國爲家。」卒時年三十五。

瞻文章之美，與從叔混、族弟靈運相抗。靈運父瑍無才能，爲祕書郎早卒，而靈運好臧

否人物。混患之，欲加裁折，未有其方。謂瞻曰：「非汝莫能。」乃與晦、曜、弘微等共游

戲，〔八〕使瞻與靈運共車。　靈運登車便商較人物，瞻謂曰：「祕書早亡，談者亦互有同異。」靈

運默然，言論自此衰止。

弟嚼字宣鏡，年數歲，所生母郭氏疾，嚼晨昏溫凊，勤容戚顏，未嘗暫改。恐僕役營疾

憊倦，躬自執勞，母爲疾畏驚，而微踐過甚。〔九〕一家尊卑感嚼至性，咸納履行，屏氣語，如此

者十餘年。　位黃門侍郎，從坐伏誅。

瞻字景恒，晦從叔也。　祖安，晉太傅。　父瑤，琅邪王友。　瞻任達仗氣，不營當世，與順

陽范泰爲雲霞之交。　歷位尙書。

宋武帝將受禪，有司議使侍中劉叡進璽，帝曰：「此選當須人望。」乃使瞻攝。　瞻嘗侍帝

宴，酣飲大言無所屈，鄭鮮之欲按之，帝以爲瞻方外士，不宜規矩繩之，然意不說，不以任

寄。　後復侍飲，醉謂帝曰：「陛下用羣臣，但須委屈順者乃見貴，汲黯之徒無用也。」帝大笑。

景平中，累遷光祿大夫。　從子晦爲荊州，將之鎮，詣瞻別。　晦色自矜，瞻間晦年，答曰

三十五。　瞻笑曰：「昔荀中郎年二十九爲北府都督，〔一〇〕卿比之已爲老矣。」晦色甚愧。　元嘉

中，位侍中、特進、金紫光祿大夫，卒。

初，澹從弟混與劉毅昵，澹常以爲憂，漸疏混，每謂弟璞、從子瞻曰：「益壽此性，終當破家。」混尋見誅，朝廷以澹先言，故不及禍。

璞字景山，幼孝友，祖安深賞愛之，位光祿勳。

謝裕字景仁，朗弟允之子，而晦從父也。名與宋武帝諱同，故以字行。允字令度，位宣城內史。景仁幼爲從祖安所知，始爲前軍行參軍，會稽王世子元顯嬖人張法順權傾一時，內外無不造門，唯景仁不至，年三十而方爲著作佐郎。桓玄誅元顯，見景仁，謂四坐曰：「司馬庶人父子云何不敗，遂令謝景仁三十而方佐著作郎。」玄建楚臺，以補黃門侍郎。及篡位，領驍騎將軍。

景仁博聞強識，善敍前言往行，玄每與言不倦。玄出行，殷仲文、卜範之之徒皆騎馬散從，而使景仁陪輦。宋武帝爲桓脩撫軍中兵參軍，嘗詣景仁諮事，景仁與語說，因留帝食。食未辦，而景仁爲玄所召。玄性促，俄頃間騎詔續至，帝屢求去，景仁不許，曰：「主上見待，要應有方，我欲與客食，豈不得待？」竟安坐飽食然後應召。帝甚感之。及平建鄴，景仁與百僚同見，武帝目之曰：「此名公孫也。」歷位武帝鎮軍司馬，復爲車騎司馬。

義熙五年，帝將伐慕容超，朝議皆謂不可，劉毅時鎮姑孰，固止帝，以爲「苻堅侵境，謝

太傅猶不自行。宰相遠出，傾動根本」。景仁獨曰：「公建桓、文之烈，應天人之心，雖業高振

古，而德刑未樹，宜推亡固存，廣振威略。平定之後，養銳息徒，然後觀兵洛汭，修復園寢，

豈有縱敵貽患者哉。」帝從之。及北伐，大司馬琅邪王天子母弟，屬當儲副，帝深以根本爲

憂，轉景仁大司馬左司馬，專總府任。又遷吏部尚書。時從兄混爲尚書左僕射，帝深以根本爲 —

相監，帝啓依僕射王彪之、尚書王劭前例不解職。坐選吏部令史邢安泰爲都令史、平原太

守，二官共除，安泰以令史職拜謁陵廟，爲御史中丞鄭鮮之所糾，白衣領職。十一年，爲左

僕射。

景仁性矜嚴整潔，居宇淨麗，每唾輒唾左右人衣，事畢，即聽一日澣濯。每欲唾，左右

爭來受之。武帝雅相知重，申以昏姻，廬陵王義眞妃，景仁女也。十二年卒，贈金紫光祿大

夫。葬日，武帝親臨甚慟。

子愉字泰溫，位鄱陽太守。

愉子孺子，〔二〕少與族兄莊齊名。多藝能，尤善聲律。車騎

將軍王彧，孺子姑之子也。嘗與孺子宴桐臺，孺子吹笙，或自起舞，既而歎曰：「今日眞使人

飄飄有伊、洛間意。」爲新安王主簿，出爲廬江郡，辭，宋孝武謂有司曰：「謝孺子不可屈爲小

郡。」乃以爲司徒主簿。後以家貧，求西陽太守，卒官。

子璟，少與從叔朓俱知名。齊竟陵王子良開西邸，招文學，璟亦預焉。位中書郎。梁天監中，爲左戶尚書，再遷侍中，固辭年老求金紫，帝不悅，未裁，會卒。

子微字玄度，〔三〕美風采，好學善屬文，位兼中書舍人。與河東裴子野、沛國劉顯同官友善。時魏中山王元略還北，梁武帝餞於武德殿，賦詩三十韻，限三刻成。微二刻便就，文甚美，帝再覽焉。又爲臨汝侯猷製放生文，亦見賞於世。後除尚書左丞。及昭明太子薨，帝立晉安王綱爲皇太子，將出詔，唯召尚書右僕射何敬容、宣惠將軍孔休源及微三人與議。微時年位尚輕，而任遇已重。後卒於北中郎豫章王長史、南蘭陵太守。文集二十卷。

純字景懋，景仁弟也。劉毅鎭江陵，以爲衛軍長史、南平相。及王鎭惡襲毅，毅時病，佐史聞兵至，馳還入府，左右引車欲還外廨，純叱之曰：「我人吏也，逃欲安之。」及入，毅兵敗衆散，純爲人所殺。純弟虬字景驎，位司徒右長史。

魁弟述字景先，小字道兒。少有至行，隨純在江陵，純遇害，述奉純喪還都，至西塞遇暴風，純喪舫流漂不知所在，述乘小船尋求，經純妻庾舫過。庾遣人謂曰：「小郎去必無及，寧可存亡俱盡邪！」述號泣答曰：「若安全至岸，尚須營理；如其已致意外，述亦無心獨存。」因冒浪而進，見純喪幾沒，述號叫呼天，幸而獲免。咸以為精誠所致，武帝聞而嘉之。及臨豫州，諷中正以為迎主簿，甚被器遇。

景仁愛魁而憎述，嘗設饌請宋武帝，希命魁豫坐，而帝召述。述知非景仁意，又慮帝命之，請急不從。帝馳遣呼述，須至乃殮，其見重如此。及景仁疾，述盡心視湯藥，飲食必嘗而後進。衣不解帶不盥櫛者累旬，景仁深感愧焉，友愛遂篤。及景仁卒，哀號過禮。景仁肥壯，買材數具皆不合用，述哀惶，親選廼獲焉。

為太尉參軍，從征司馬休之，封吉陽縣五等侯。元嘉二年，拜中書侍郎。後為彭城王義康驃騎長史，領南郡太守。義康入相，述又為司徒左長史，轉左衛將軍。蒞官清約，私無宅舍，義康遇之甚厚。尚書僕射殷景仁、領軍將軍劉湛並與述為異常之交。

述美風姿，善舉止，湛每謂人曰：「我見謝道兒未嘗足。」雍州刺史張邵以贓貨將致大辟，述表陳邵先朝舊勳，宜蒙優貸，文帝手詔譬納焉。述語子綜曰：「主上矜邵凤誠，自將曲恕，吾所啓謬會，故特見納。若此跡宣布，則為侵奪主恩。」使綜對前焚之。帝後謂邵曰：

「卿之獲免,謝述力焉。」

述有心虛疾,性理時或乖謬,卒於吳與太守。喪還未至都數十里,殷景仁、劉湛同乘迎

赴,望船流涕。及劉湛誅,義康外鎮,將行歎曰:「謝述唯勸吾退,劉湛唯勸吾進,述亡而湛

存,吾所以得罪也。」文帝亦曰:「謝述若存,義康必不至此。」

三子:綜、約、緯。綜有才藝,善隸書,為太子中舍人。與范曄謀反伏誅,約亦死。緯尚

宋文帝第五女長城公主,素為綜、約所憎,免死,徙廣州,孝建中還都。方雅有父風,位正員

郎。子朓。

朓字玄暉,少好學,有美名,文章清麗。為齊隨王子隆鎮西功曹,轉文學。子隆在荆

州,好辭賦,朓尤被賞,不捨日夕。長史王秀之以朓年少相動,欲以啟聞。朓知之,因事求

還,道中為詩寄西府曰:「常恐鷹隼擊,時菊委嚴霜,寄言罻羅者,寥廓已高翔」是也。仍除

新安王中軍記室。朓牋辭子隆曰:

朓聞潢汙之水,思朝宗而每竭,駑蹇之乘,希沃若而中疲。何則?皁壤搖落,對之

惆悵,歧路東西,或以鳴唈。況乃服義徒擁,歸志莫從,邈若隆雨,飄似秋蔕。朓實庸

流,行能無算,屬天地休明,山川受納,褒采一介,搜揚小善,故得拾末場圖,奉筆兔園。

東泛三江，西浮七澤，契闊戎旃，從容諾語。長裾日曳，後乘載脂，榮立府廷，恩加顏色，沐髮晞陽，未測涯涘，撫臆論報，早誓肌骨。不悟滄溟未運，波臣自蕩，渤澥方春，旅翮先謝。清切蕃房，寂寥舊華，輕舟反沂，弔影獨留。白雲在天，龍門不見，去德滋永，思德滋深。唯待青江可望，候歸艎於春渚，朱邸方開，效蓬心於秋實。如其簪屨或存，衽席無改，雖復身塡溝壑，猶望妻子知歸。攬涕告辭，悲來橫集。

時荊州信去倚待，朓執筆便成，文無點易。

以本官兼尙書殿中郎。隆昌初，敕朓接北使，朓自以口訥，啓讓，見許。明帝輔政，以爲驃騎諮議，領記室，掌霸府文筆。又掌中書詔誥，轉中書郎。

出爲晉安王鎭北諮議，南東海太守，行南徐州事。啓王敬則反謀，上甚賞之，遷尙書吏部郎。朓上表三讓。中書疑朓官未及讓，以問國子祭酒沈約。約曰：「宋元嘉中，范曄讓吏部，朱脩之讓黃門，蔡興宗讓中書，並三表詔答。近代小官不讓，遂成恆俗，恐有乖讓意。王藍田、劉安西並貴重，初自不讓，今豈可慕此不讓邪？孫興公、孔顗並讓記室，今豈可三署皆讓邪？謝吏部今授超階，讓別有意，豈關官之大小？撝謙之美，本出人情，若大官必讓，便與詣闕章表不異。例旣如此，謂都非疑。」朓讓，優答不許。

朓善草隸，長五言詩，沈約常云「二百年來無此詩也」。

敬皇后遷祔山陵，朓撰哀策文，

齊世莫有及者。

東昏失德，江祏欲立江夏王寶玄，末更回惑，與弟祀密謂朓曰：「江夏年少，脫不堪，不可復行廢立。始安年長入纂，不乖物望。非以此要富貴，只求安國家爾。」遙光又遣親人劉沨致意於朓。朓自以受恩明帝，不肯答。少日，遙光以朓兼知衛尉事，朓懼見引，即以祏等謀告左興盛，又說劉暄曰：「始安一旦南面，則劉沨、劉晏居卿今地，但以卿為反覆人爾。」暄陽驚，馳告始安王及江祏。始安欲出朓為東陽郡，祏固執不與。先是，朓常輕祏為人，祏常詣朓，朓因言有一詩，呼左右取，既而便停。祏問其故，云「定復不急」。祏以為輕己。後祏及弟祀、劉沨、劉晏俱候朓，朓謂祏曰：「可謂帶二江之雙流」，以嘲弄之。祏轉不堪，至是構而害之。詔暴其過惡，收付廷尉。又使御史中丞范岫奏收朓，下獄死，時年三十六。臨終謂門賓曰：「寄語沈公，君方為三代史，亦不得見沒。」

初，朓告王敬則反，敬則女為朓妻，常懷刀欲報朓，朓不敢相見。及當拜吏部，謙挹尤甚，尚書郎范縝嘲之曰：「卿人才無慚小選，但恨不可刑于寡妻。」朓有愧色。及臨誅，歎曰：「天道其不可昧乎！我雖不殺王公，王公因我而死。」

朓好獎人才，會稽孔顗粗有才筆，〔三〕未為時知，孔珪嘗令草讓表以示朓。〔四〕朓嗟吟良久，手自折簡寫之，謂珪曰：「士子聲名未立，應共獎成，無惜齒牙餘論。」其好善如此。

胱及殷叡素與梁武以文章相得，帝以大女永興公主適叡子鈞，第二女永世公主適胱子

讜。及帝爲雍州，二女並暫隨母向州。及武帝卽位，二主始隨內還。武帝意薄讜，又以門

單，欲更適張弘策子，弘策卒，又以與王志子諲。而讜不堪歡恨，爲書狀如詩贈主。主以呈

帝，甚蒙矜歎，而婦終不得還。尋用讜爲信安縣，稍遷王府諮議。時以爲沈約早與胱善，爲

制此書云。

謝方明，裕從祖弟也。祖鐵字鐵石，位永嘉太守。父沖字秀度，中書郎，家在會稽，病

歸，爲孫恩所殺，贈散騎常侍。方明隨伯父吳興太守邈在郡。孫恩寇會稽，東土諸郡響應，

吳興人胡桀、郜驃破東遷縣，方明勸邈避之，不從，賊至被害，方明逃免。

初，邈舅子長樂馮嗣之及北方學士馮翊仇玄達俱投邈，禮待甚簡，二人並恨，遂與恩通

謀。劉牢之、謝琰等討恩，恩走臨海，嗣之等不得同去，方更聚合。方明體素羸弱，而勇決

過人，結逃門生討嗣之等，悉禽手刃之。時亂後吉凶禮廢，方明合門遇禍，資產無遺，而營

舉凶功盡力，數月葬送並畢，平世備禮無以加也。頃之，孫恩重陷會稽，謝琰見害，因購方

明甚急。方明於上虞載母妹奔東陽，由黃蘗嶠出鄱陽，附載還都，寄居國子學。流離險厄，

屯苦備經，而貞履之操，在約無改。

桓玄克建鄴，丹陽尹卜範之勢傾朝野，欲以女嫁方明，方明終不回。桓玄聞而賞之，卽除著作佐郎。後從兄景仁舉爲宋武中軍主簿，方明知無不爲，帝謂曰：「愧未有瓜衍之賞，且當與卿共豫章國祿。」屢加賞賜。

方明嚴恪，善自居遇，雖暗室未嘗有惰容。從兄混有重名，唯歲節朝拜而已。丹陽尹劉穆之權重當時，朝野輻湊，其不至者唯混、方明、郗僧施、蔡廓四人而已。穆之甚恨。及混等誅後，方明、廓來往造穆之，穆之大悅，白武帝曰：「謝方明可謂名家駒，及蔡廓直置並台鼎人，無論復有才用。」頃之，轉從事中郎，仍爲左將軍道憐長史，武帝令府中衆事皆諮決之。府轉爲中軍長史，尋加晉陵太守，復爲驃騎長史、南郡相，委任如初。嘗年終，江陵縣獄囚事無輕重，悉放歸家，使過正三日還到，罪重者二十餘人，綱紀以下莫不疑懼。時晉陵郡送故主簿弘季盛、徐壽之並隨在西，固諫，以爲昔人雖有其事，或是記籍過言，且當今人情僞薄，不可以古義相許。方明不納，一時遣之。囚及父兄並驚喜涕泣，以爲就死無恨。至期有重罪一人醉不能歸，違二日乃反。餘一四十日不來，五官朱千期請見，欲自討之。方明知爲囚事，使左右謝五官不須入，囚自當反。囚逡巡墟里，不能自歸，鄉村責讓，率領將送，竟無逃者。遠近歎服焉。

宋武帝受命，位侍中、丹陽尹，有能名。轉會稽太守。江東人戶殷盛，風俗峻刻，強弱相陵，姦吏蜂起，符書一下，文攝相續。方明深達政體，不拘文法，闊略苛細，務在統領。貴族豪士，莫敢犯禁。除比伍之坐，判久繫之獄。前後征伐，每兵運不充，悉倩士庶，事寧皆使還本。而守宰不明，與奪乖謬，人事不至，必被抑塞。方明簡汰精當，各順所宜，東土稱詠之。性尤愛惜人物[一七]，未嘗有所是非。承代前人，不易其政；必宜改者，則漸變使無迹可尋。卒官。

子惠連，年十歲能屬文，族兄靈運嘉賞之[一八]云「每有篇章，對惠連輒得佳語」。嘗於永嘉西堂思詩，竟日不就，忽夢見惠連，即得「池塘生春草」，大以為工。常云「此語有神功，非吾語也」。本州辟主簿，不就。

惠連先愛幸會稽郡吏杜德靈，及居父憂，贈以五言詩十餘首，「乘流遵歸路」諸篇是也。坐廢不豫榮位。尚書僕射殷景仁愛其才，言次白文帝，言「臣小兒時便見此文，而論者云是惠連，其實非也」。文帝曰：「若此便應通之。」元嘉七年，方為司徒彭城王義康法曹行參軍。義康修東府城，城塹中得古冢，為之改葬，使惠連為祭文，留信待成，其文甚美。又為雪賦，以高麗見奇。靈運見其新文，每曰「張華重生，不能易也」。文章並行於世，年三十七卒[一九]。

既早亡，輕薄多尤累，故官不顯。無子。惠連弟惠宣，位臨川太守。

謝靈運，安西將軍奕之曾孫而方明從子也。祖玄，晉車騎將軍。父瑍，生而不慧，位祕書郎，早亡。靈運幼便穎悟，玄甚異之。謂親知曰：「我乃生瑍，瑍兒何為不及我。」[三○]

靈運少好學，博覽羣書，文章之美，與顏延之為江左第一。縱橫俊發過於延之，深密則不如也。從叔混特知愛之。[三一]襲封康樂公，以國公例除員外散騎侍郎，不就。為琅邪王大司馬行參軍。性豪侈，車服鮮麗，衣物多改舊形制，世共宗之，咸稱謝康樂也。累遷祕書丞，坐事免。

宋武帝在長安，靈運為世子中軍諮議、黃門侍郎，奉使慰勞武帝於彭城，作撰征賦。後為相國從事中郎，世子左衞率，坐輒殺門生免官。宋受命，降公爵為侯，又為太子左衞率。

靈運多愆禮度，朝廷唯以文義處之，不以應實相許。自謂才能宜參權要，既不見知，常懷憤惋。廬陵王義真少好文籍，與靈運情款異常。少帝即位，權在大臣，靈運構扇異同，非毀執政，司徒徐羨之等患之，出為永嘉太守。郡有名山水，靈運素所愛好。出守既不得志，遂肆意遊遨，徧歷諸縣，動踰旬朔。理人聽訟，不復關懷，所至輒為詩詠以致其意。

在郡一周，稱疾去職，從弟晦、曜、弘微等並與書止之，不從。靈運父祖並葬始寧縣，並

有故宅及墅，遂移籍會稽，修營舊業。傍山帶江，盡幽居之美。與隱士王弘之、孔淳之等放

蕩爲娛，有終焉之志。每有一首詩至都下，貴賤莫不競寫，宿昔閒士庶皆徧，名動都下。作

山居賦，并自注以言其事。

文帝誅徐羨之等，徵爲祕書監，再召不起。使光祿大夫范泰與書敦獎，乃出。使整祕

閣書遺闕，又令撰晉書，粗立條流，書竟不就。尋遷侍中，賞遇甚厚。靈運詩書皆兼獨絕，

每文竟，手自寫之，文帝稱爲二寶。既自以名輩，應參時政，至是唯以文義見接，每侍上宴，

談賞而已。王曇首、王華、殷景仁等名位素不踰之，並見任遇，意既不平，多稱疾不朝直。

穿池植援，種竹樹果，驅課公役，無復期度。出郭游行，或一百六七十里，經旬不歸。既無

表聞，又不請急。上不欲傷大臣，諷旨令自解。靈運表陳疾，賜假東歸。將行，上書勸伐河

北。而游娛宴集，以夜續晝。復爲御史中丞傅隆奏免官，是歲，元嘉五年也。

靈運既東，與族弟惠連、東海何長瑜、潁川荀雍、泰山羊璿之以文章賞會，共爲山澤之

游，時人謂之四友。惠連幼有奇才，不爲父方明所知。靈運去永嘉還始寧，時方明爲會稽，

靈運造方明，遇惠連，大相知賞。靈運性無所推，唯重惠連，與爲刎頸交。時何長瑜敎惠連

讀書，亦在郡內，靈運又以爲絕倫。謂方明曰：「阿連才悟如此，而尊作常兒遇之，」長瑜當今

仲宜，而飴以下客之食。尊既不能禮賢，宜以長瑜還靈運。」載之而去。荀雍字道雍，官至

員外散騎郎。瑹之字曜璠，爲臨川內史，被司空竟陵王誕所遇，誕敗坐誅。長瑜才亞惠連，

雍、瑹之不及也。臨川王義慶招集文士，長瑜自國侍郎至平西記室參軍。嘗於江陵寄書與

宗人何勗，以韻語序義慶州府僚佐云：「陸展染白髮，欲以媚側室，青青不解久，星星行復

出。」如此者五六句。而輕薄少年遂演之，凡人士並爲題目，皆加劇言苦句，其文流行。義

慶大怒，白文帝，除廣州所統曾城令。及義慶薨，朝士並詣第敍哀，何勗謂袁淑曰：「長瑜便

可還也。」淑曰：「國新喪宗英，〔三〕未宜以流人爲念。」廬陵王紹鎮尋陽，以長瑜爲南中郎行

參軍，掌書記之任。行至板橋，遇暴風溺死。

靈運因祖父之資，生業甚厚，奴僮旣衆，義故門生數百，鑿山浚湖，功役無已。尋山陟

嶺，必造幽峻，巖嶂數十重，莫不備盡。登躡常着木屐，上山則去其前齒，下山去其後齒。

嘗自始寧南山伐木開徑，直至臨海，從者數百。臨海太守王琇驚駭，謂爲山賊，末知靈運乃

安。又要琇更進，琇不肯。靈運贈琇詩曰：「邦君難地嶮，旅客易山行。」在會稽亦多從衆，

驚動縣邑。太守孟顗事佛精懇，而爲靈運所輕，嘗謂顗曰：「得道應須慧業，丈人生天當在

靈運前，成佛必在靈運後。」顗深恨此言。又與王弘之諸人出千秋亭飲酒，倮身大呼，顗深

不堪，遣信相聞。靈運大怒曰：「身自大呼，何關癡人事。」

會稽東郭有回踵湖，靈運求決以為田，文帝令州郡履行。此湖去郭近，水物所出，百姓

惜之，顗堅執不與。靈運既不得回踵，又求始寧休㟵湖為田，[三]顗又固執。靈運謂顗非存利

人，政慮決湖多害生命，言論傷之。與顗遂隙。

靈運馳詣闕上表，自陳本末。文帝知其見誣，不罪也。不欲復使東歸，以為臨川內史。

在郡游放，不異永嘉，為有司所糾。司徒遣使隨州從事鄭望生收靈運。靈運興兵叛

逸，遂有逆志。為詩曰：「韓亡子房奮，秦帝魯連恥，本自江海人，忠義感君子。」追討禽之，

送廷尉，廷尉論正斬刑。上愛其才，欲免官而已。彭城王義康堅執，謂不宜恕。詔以「謝玄

勳參微管，宜宥及後嗣，降死徙廣州」。

後秦郡府將宋齊受使至涂口，行達桃墟村，見有七人下路聚語，疑非常人，還告郡縣，

遣兵隨齊掩討禽之。其一人姓趙名欽，云「同村薛道雙先與靈運共事，道雙因同村成國報

欽云：『靈運犯事徙廣州，給錢令買弓箭刀楯等物，使道雙要合鄉里健兒於三江口篡之。若

得志如意後，[三四]功勞是同。遂合部黨要謝不得，及還饑饉，緣路為劫。』」有司奏收之，文帝

詔於廣州棄市。臨死作詩曰：「龔勝無餘生，李業有終盡，嵇公理既迫，霍生命亦殞。」所稱

龔勝、李業，猶前詩子房、魯連之意也。時元嘉十年，年四十九。所著文章傳於世。

孟顗字彥重，平昌安丘人，衛將軍昶弟也。昶、顗並美風姿，時人謂之雙珠。昶貴盛，

顥不就辟。

昶死後，顥歷侍中、僕射、太子詹事、散騎常侍、左光祿大夫。嘗就徐羨之因鋹關、洛中事，顥歎劉穆之終後便無繼者，王弘亦在，甚不平，曰：「昔魏朝酷重張部，謂不可一日無之。及郃死，何關興廢？」顥不悅，衆賓笑而釋之。後卒於會稽太守。

靈運子鳳，坐靈運徙嶺南，早卒。

鳳子超宗。隨父鳳嶺南，元嘉末得還。與慧休道人來往。好學有文辭，盛得名譽。選補新安王子鸞國常侍。王母殷淑儀卒，超宗作誄奏之，帝大嗟賞，謂謝莊曰：「超宗殊有鳳毛，靈運復出。」時右衞將軍劉道隆在御坐，出候超宗曰：「聞君有異物，可見乎？」超宗曰：「懸磬之室，復有異物邪？」道隆武人無識，正觸其父名，曰：「旦侍宴，至尊說君有鳳毛。」超宗徒跣還內。道隆謂檢覓鳳毛〔三〕至闇待不得，乃去。

泰始中，爲尚書殿中郎。三年，都令史駱宰議策秀孝格，五問並得爲上，四三爲中，二爲下，一不第。超宗議不同，詔從宰議。

齊高帝爲領軍，愛其才，衞將軍袁粲聞之，謂高帝曰：「超宗開亮，善可與語。」取爲長史、臨淮太守。粲誅，高帝以超宗爲義興太守。昇明二年，坐公事免。詣東府門自通，其日風寒，高帝謂四座曰：「此客至，使人不衣自暖矣。」超宗既坐，飲酒數盃，辭氣橫出，高帝對

之甚歡。

　　及齊受禪，爲黃門郎。有司奏撰郊廟歌，上敕司徒褚彥回、侍中謝朏、散騎侍郎孔珪、太學博士王暅之、總明學士劉融、何法圖、何曇秀作者凡十人，超宗辭獨見用。

　　爲人恃才使酒，多所陵忽，在直省常醉。上召見，語及北方事，超宗曰：「虜動來二十年矣，佛出亦無如之何。」以失儀出爲南郡王中軍司馬。人問曰：「承有朝命，定是何府？」超宗怨望，答曰：「不知是司馬，爲是驢府，既是驢府，政應爲司驢。」爲有司奏，以怨望免，禁錮十年。後司徒褚彥回因送湘州刺史王僧虔，閣道壞，墜水，僕射王儉驚跣下車。〔二六〕超宗拊掌笑曰：「落水三公，墜車僕射。」彥回出水，霑濕狼藉。超宗先在僧虔舫，抗聲曰：「有天道焉，天所不容，地所不受。投畀河伯，河伯不受。」彥回大怒曰：「寒士不遜。」超宗曰：「不能賣袁、劉得富貴，焉免寒士。」前後言誚，稍布朝野。

　　武帝即位，使掌國史。除竟陵王征北諮議，領記室，愈不得志。超宗爲子娶張敬兒女爲婦，帝甚疑之。及敬兒誅，超宗謂丹陽尹李安人曰：〔二七〕「往年殺韓信，今年殺彭越，君欲何計？」安人具啓之。上積懷超宗輕慢，使兼中丞袁象奏超宗請付廷尉。武帝雖可其奏，以象言辭依違，使左丞王逡之奏象「輕文略奏，撓法容非，請免象所居官」。詔「象匿情欺國，愛朋罔主，免官，禁錮十年」。超宗下廷尉，一宿髮白皓首。詔徙越嶲，行至豫章，上敕豫章內

史虞賜盡，勿傷其形骸。

明年，超宗門生王永先又告超宗子才卿死罪二十餘條。上疑其妄，以才卿付廷尉辯，以不實見原。永先於獄盡之。

才卿弟幾卿，清辯，時號神童。超宗徙越嶲，詔家人不得相隨。幾卿年八歲，別父於新亭，不勝其慟，遂投於江。超宗命估客數人入水救之，良久涌出，得就岸，瀝耳目口鼻，出水數斗，十餘日乃裁能言。居父憂哀毀過禮。年十二，召補國子生。齊文惠太子自臨策試，謂王儉曰：「幾卿本長玄理，今可以經義訪之。」儉承旨發問，幾卿辯釋無滯，文惠大稱賞焉。

儉謂人曰：「謝超宗爲不死矣。」及長，博學有文采。仕齊爲大尉晉安王主簿。

梁天監中，自尙書三公郎爲書侍御史。舊郎官轉爲此職者，世謂之南奔。幾卿頗失志，多陳疾，臺事略不復理。累遷尙書左丞。

幾卿詳悉故實，僕射徐勉每有凝滯，〔二〕多詢訪之。然性通脫，會意便行，不拘朝憲。嘗預樂遊苑宴，不得醉而還，因詣道邊酒壚，停車褰幔，與車前三騶對飲。時觀者如堵，幾卿處之自若。後以在省署夜著犢鼻褌，與門生登閣道飲酒酣呼，爲有司糾奏，坐免。

普通六年，詔西昌侯藻督衆軍北侵，幾卿啓求行，擢爲藻軍師長史。將行，與僕射徐勉

別，勉云：「淮、淝之役，前謝已著奇功，未知今謝何如？」幾卿應聲曰：「已見今徐勝於前徐，

後謝何必愧於前謝。」勉默然。軍至渦陽退敗，幾卿坐免官。

並肆情誕縱，或乘露車歷游郊野，醉則執鐸挽歌，不屑物議。時左丞庾仲容亦免歸，二人意相得，

居白楊石井宅，朝中交好者載酒從之，客恒滿坐。湘東王繹在荊鎮與書慰勉之。

後為太子率更令。放達不事容儀。性不容非，與物多忤，有乖己者，輒肆意罵之，退無

所言。遷左丞。僕射省嘗議集公卿，幾卿外還，宿醉未醒，取枕高臥，傍若無人。又嘗於閣

省裸祖酣飲，及醉小遺，下霑令史，為南司所彈，幾卿亦不介意。轉左光祿長史。卒，文集

行於世。

幾卿雖不持檢操，然於家門篤睦。兄才卿早卒，子藻幼孤，幾卿撫養甚至。及藻成立，

歷清官，皆幾卿獎訓之力也。

論曰：謝晦以佐命之功，當顧托之重，殷憂在日，黜昏啓聖，於社稷之計，蓋為大矣。但

盧陵之殞，事非主命，昌門之覆，有乖臣道。博陸所慎，理異於斯。加以身處上流，兵權總

己，將欲以外制內，豈人主所久堪乎。向令徐、傅不亡，道濟居外，四權制命，力足相伴，劉

氏之危，則有逾累卵。以此論罰，豈曰妄誅。宣遠所爲寒心，可謂睹其萌矣。然謝氏自晉

以降，雅道相傳，景恒、景仁以德素傳美，景懋、景先以節義流譽。方明行己之度，玄暉藻績

之奇，各擅一時，可謂德門者矣。靈運才名，江左獨振，而猖獗不已，自致覆亡。人各有能，

茲言乃信，惜乎！

校勘記

〔一〕絢位至宋武帝鎮軍長史早卒　「宋武帝」各本作「宋文帝」。按宋武帝紀，帝於晉興三年爲鎮軍將軍，義熙元年進爲車騎將軍，絢之卒當在此時，故云「早卒」。宋文帝無爲鎮軍事，且絢先其弟謝晦卒，而晦卒於宋文帝元嘉三年，若作「宋文帝」，則不當云「早卒」矣。宋書「絢高祖鎮軍長史蚤卒」，高祖，宋武帝也。今改正。

〔二〕晦抱持帝　各本脫「抱」字，據宋書補。

〔三〕時謝混風華爲江左第一　「混」各本作「琨」，據通志改。下巡改不出校。

〔四〕使示晦　「示」各本作「執」，據宋書改。

〔五〕收暠暠子世平兄子紹等　各本不疊「暠」字，義晦，據宋書增。

〔六〕故廬陵王於營陽之世　「營陽」各本作「滎陽」。按營陽指宋少帝，廬陵王謂義眞。「滎陽」誤，據

宋書改。

〔七〕俄而晦至江陵無他處分唯愧謝周超而已　「處分」、「謝」三字，各本並脫，據宋書補。

〔八〕乃與晦曜弘微等共游戲　「曜」各本作「膽」，據宋書改。

〔九〕母爲疾畏驚而微踐過甚　「微踐」各本作「微賤」。李慈銘宋書札記：「微踐過甚者，謂踐履甚微，恐以行步聲驚其母也。故下云『家人咸納履而行』，其情事如見。」據宋書及通志改。

〔一〇〕昔荀中郎年二十九爲北府都督　「二十九」宋書作「二十七」。洪頤煊諸史考異：「按晉書荀羨傳作時年二十八，中興方伯未有如羨之年少者。」

〔一一〕恂子孺子　「孺子」宋書作「稚」，此避唐高宗小名而稱其字。

〔一二〕子微字玄度　「微」梁書作「徵」。

〔一三〕會稽孔覬粗有才筆　「孔覬」各本作「孔顗」，據宋書、南史本傳改。前沈約曰：「孫興公、孔覬並讓記室。」各本亦誤作「孔顗」，並改正。

〔一四〕孔珪嘗令草讓表以示朓　孔珪即孔稚珪，南齊書有傳，此避唐高宗小名而省。

〔一五〕仍爲左將軍道憐長史　「左」各本作「右」，據宋書改。按宋書長沙景王道憐傳亦作「左將軍」。

〔一六〕時晉陵郡送故主簿弘季咸徐壽之並隨在西固諫　「弘季咸」宋書作「弘季盛」。

〔一七〕性尤愛惜人物　各本並脫「人物」二字，據通志補。

〔一八〕族兄靈運嘉賞之　「嘉」各本作「加」。王懋竑讀書記疑、張森楷南史校勘記云「當作嘉」，從改。

〔一九〕年三十七卒　文選雪賦注引宋書作「年二十七卒」。按今本宋書作「元嘉十年卒，時年三十七」。孫彭宋書考論：「以謝靈運傳考之，惠連元嘉十年卒，蓋二十七也。」

〔二〇〕我乃生瑍瑍兒何為不及我　宋書作「我乃生瑍，瑍那得生靈運」。晉書謝安傳附玄傳引語同，惟「那得」下有「不」字。錢大昕廿二史考異、孫彭宋書考論並以有「不」字為是，宋書無「不」字，乃傳寫脱誤，而南史改易，失去原語之雋永。

〔二一〕從叔混特知愛之　「知」各本作「加」，涉形近而譌，據宋書改。

〔二二〕國新喪宗英　「宗英」二字各本並脱，據宋書補。

〔二三〕又求始寧休嘷湖為田　「休嘷湖」宋書作「岯嘷湖」。

〔二四〕若得志如意後　「得志」各本作「得者」，據宋書改。

〔二五〕道隆謂檢覓鳳毛　「鳳」字各本並脱，據冊府元龜九五四補。按元大德本、南北監本、殿本無「鳳」字，汲古閣本、金陵局本「鳳」作「見」，皆不允合。

〔二六〕僕射王儉驚跳下車　南齊書「驚」上有「牛」字。

〔二七〕超宗謂丹陽尹李安人曰　「李安人」南齊書作「李安民」，有傳，此避唐諱改。

〔二八〕僕射徐勉每有凝滯　「凝滯」梁書作「疑滯」。

南史卷二十

列傳第十

謝弘微　子莊　孫朏　曾孫譓　玄孫哲　朏弟顥　顥弟瀹　瀹子覽

覽弟舉　舉子頍　舉兄子儁

謝密字弘微，晉西中郎萬之曾孫、尚書左僕射景仁從子也。祖韶，車騎司馬。父思，武昌太守。[一]

弘微年十歲，繼從叔峻，名犯所繼內諱，故以字行。童幼時精神端審，時然後言。所繼叔父混名知人，見而異之，謂思曰：「此兒深中夙敏，方成佳器，有子如此足矣。」峻司空琰子也，於弘微本服緦，親戚中表，素不相識，率意承接，皆合禮衷。

義熙初，襲爵建昌縣侯。弘微家素貧儉，而所繼豐泰，唯受數千卷書，國吏數人而已，遺財祿秩，一不關預。混聞而驚歎，謂國郎中令漆凱之曰：「建昌國祿本應與北舍共之，國

侯既不厝意，今可依常分送。

　弘微重違混言，〔二〕乃少有所受。北舍，弘微本家也。混風格高峻，少所交納，唯與族子靈運、瞻、晦、曜、弘微以文義賞會，〔三〕常共宴處，居在烏衣巷，故謂之烏衣之游。混詩所言「昔為烏衣游，戚戚皆親姓」者也。其外雖復高流時譽，莫敢造門。瞻等才辭辯富，弘微每以約言服之，混特所敬貴，號曰微子。謂瞻等曰：「汝諸人雖才義豐辯，未必皆惬眾心，至於領會機賞，言約理要，故當與我共推微子。」常言「阿遠剛躁負氣，阿客博而無檢，曜仗才而持操不篤，晦自知而納善不周。設復功濟三才，終亦以此為恨。至如微子，吾無間然」。又言「微子異不傷物，同不害正，若年造六十，必至公輔」。嘗因酣謔之餘，為韻語以獎勸靈運、瞻等曰：「康樂誕通度，實有名家韻，若加繩染功，剖瑩乃瓊瑾。宣明體遠識，穎達且沈俊，若能去方執，穆穆三才順。阿多標獨解，弱冠纂華胤，質勝誠無文，其尚又能峻。通遠懷清悟，采采摽蘭訊，直轡鮮不躓，抑用解偏咎。微子基微尚，無倦由慕蘭，勿輕一簣少，進往必千仞。數子勉之哉，風流由爾振。如不犯所知，此外無所慎。」靈運、瞻等並有誠屬之言，唯弘微獨盡褒美。曜，弘微兄，多其小字。通遠即瞻字。客兒，靈運小名也。晉世名家身有國封者，起家多拜員外散騎侍郎，弘微亦拜員外散騎侍郎、琅邪王大司馬參軍。

　義熙八年，混以劉毅黨見誅，混妻晉陵公主改適琅邪王練。公主雖執意不行，而詔與

謝氏離絕。公主以混家事委之弘微。混仍世宰相，一門兩封，田業十餘處，僮役千人，唯有二女，年並數歲。弘微經紀生業，事若在公，一錢尺帛出入，皆有文簿。宋武受命，晉陵公主降封東鄉君。以混得罪前代，東鄉君節義可嘉，聽還謝氏。自混亡至是九年，而室宇修整，倉廩充盈，門徒不異平日。田疇墾闢，有加於舊。東鄉君歎曰：「僕射生平重此子，〔四〕可謂知人，僕射為不亡矣。」中外姻親、道俗義舊見東鄉之歸者，入門莫不歎息，或為流涕，感弘微之義也。

性嚴正，舉止必循禮度，〔五〕事繼親之黨，恭謹過常。伯叔二母，歸宗兩姑，晨夕瞻奉，盡其誠敬。內外或傳語通訊，輒正其衣冠。婢僕之前，不妄言笑。由是尊卑大小，敬之若神。時有蔡湛之者，及見謝安兄弟，謂人曰：「弘微貌類中郎，而性似文靖。」

文帝初封宜都王，鎮江陵，以琅邪王球為友，弘微為文學。母憂去職，居喪以孝稱。服闋，蔬素�時。文帝即位，為黃門侍郎，與王華、王曇首、殷景仁、劉湛等，號曰五臣。遷尚書吏部郎，參機密。尋轉右衛將軍，諸故吏臣佐，並委弘微選擬。

居身清約，器服不華，而飲食滋味盡其豐美。兄曜歷御史中丞，彭城王義康驃騎長史，卒官。弘微哀戚過禮，服雖除猶不噉魚肉。沙門釋慧琳嘗與之食，見其猶蔬素，謂曰：「檀越素既多疾，即吉猶未復膳。若以無益傷生，豈所望於得理。」弘微曰：「衣冠之變，禮不可

踰，在心之哀，實未能已。」遂廢食歔欷不自勝。

弘微少孤，事兄如父。友睦之至，舉世莫及。口不言人短，見兄曜好臧否人物，每聞

之，常亂以他語。歷位中庶子，加侍中。志在素官，畏忌權寵，固讓不拜，乃聽解中庶子。

每獻替及陳事，必手書焚草，人莫之知。上以弘微能膳羞，每就求食，弘微與親舊經營。及

進之後，親人間上所御，弘微不答，別以餘語酬之，時人比之漢世孔光。

及東鄉君薨，遺財千萬，園宅十餘所，又會稽、吳興、琅邪諸處太傅安、司空琰時事業，

奴僮猶數百人，公私咸謂室內資財宜歸二女，田宅僮僕應屬弘微，弘微一不取。自以私祿

營葬。混女夫殷叡素好摴蒱，聞弘微不取財物，乃濫奪其妻妹及伯母兩姑之分以還戲責，

內人皆化弘微之讓，一無所爭。弘微舅子領軍將軍劉湛謂弘微曰：「天下事宜有裁夷，卿此

不問，何以居官。」弘微笑而不答。或有譏以「謝氏累世財產，充殷君一朝戲責，譬棄物江海

以爲廉耳」。弘微曰：「親戚爭財，爲鄙之甚，今內人尚能無言，豈可導之使爭。今分多共少，

不至有乏，身死之後，豈復見關。」

東鄉君葬，混墓開，弘微牽疾臨赴，病遂甚。元嘉十年卒，年四十二。文帝歎惜甚至，

謂謝景仁曰：「謝弘微、王曇首年踰四十，名位未盡其才，此朕之責也。」

弘微性寬博，無喜慍。末年嘗與友人棊，友人西南棊有死勢，復一客曰：〔六〕「西南風

急，或有覆舟者。」友悟乃救之。弘微大怒，投局於地。識者知其暮年之事，果以此歲終。

時有一長鬼寄司馬文宣家，言被遣殺弘微。弘微疾每劇，輒豫告文宣。及弘微死，與文宣分別而去。

弘微臨終語左右曰：「有二廚書，須劉領軍至，可於前燒之，愼勿開也。」書是文帝手敕，上甚痛惜之。使二衞千人營畢葬事，追贈太常。

弘微與琅邪王惠、王球並以簡淡稱，人謂沈約曰：「王惠何如？」約曰：「令明簡。」次問王球，約曰：「蒨玉淡。」又次問弘微，約曰：「簡而不失，淡而不流，古之所謂名臣，弘微當之。」其見美如此。子莊。

莊字希逸，七歲能屬文，及長，詔令美容儀，宋文帝見而異之，謂尚書僕射殷景仁、領軍將軍劉湛曰：「藍田生玉，豈虛也哉。」爲隨王誕後軍諮議，領記室。分《左氏經傳》，隨國立篇。製木方丈，圖山川土地，各有分理。離之則州郡殊別，合之則宇內爲一。

元嘉二十七年，魏攻彭城，遣尙書李孝伯與鎮軍長史張暢語，孝伯訪問莊及王微，其名聲遠布如此。二十九年，除太子中庶子。時南平王鑠獻赤鸚鵡，普詔羣臣爲賦。太子左衞率袁淑文冠當時，作賦畢示莊。及見莊賦，歎曰：「江東無我，卿當獨秀，我若無卿，亦一時

之傑。」遂隱其賦。

　元凶弒立，轉司徒左長史。孝武入討，密送檄書與莊，令加改正宣布之。莊遣腹心門生具慶奉啓事密詣孝武陳誠。及帝踐阼，除侍中。時魏求通互市，上詔羣臣博議。莊議以爲拒而觀釁，有足表強。驃騎竟陵王誕當爲荊州，徵丞相荊州刺史南郡王義宣入輔，義宣固辭不入，而誕便剋日下船。莊以丞相既無入志，而驃騎發便有期，如似欲相逼切。帝乃申誕發日，義宣竟亦不下。

　孝建元年，還左將軍。莊有口辯，孝武嘗問顏延之曰：「謝希逸月賦何如？」答曰：「美則美矣，但莊始知『隔千里兮共明月』。」帝召莊以延之答語語之，莊應聲曰：「延之作秋胡詩，始知『生爲久離別，沒爲長不歸』。」帝撫掌竟日。又王玄謨問莊何者爲雙聲，何者爲疊韻。答曰：「玄護爲雙聲，磝破爲疊韻。」[七]其捷速若此。初，孝武嘗賜莊寶劍，莊以與豫州刺史魯爽，後爽叛，帝因宴問劍所在。答曰：「昔以與魯爽別，竊爲陛下杜郵之賜。」上甚悅，當時以爲知言。

　于時搜才路狹，莊表陳求賢之義曰：

　　臣聞功傾魏后，非特照車之珍，德柔秦客，豈徒祕璧之貴。隆陂所漸，成敗之由，何嘗不興資得才，替因失士。故楚書以善人爲寶，虞典以則哲爲難。而進選之舉既隳，

中代，登造之律，未聞當今，必欲豐本康務，庇人濟俗，匪更悉憊，奚取九成。

夫才生於時，古今豈貳，士出於世，屯泰焉殊。升曆中陽，英賢起於徐沛，受籙白水，茂異出於荊宛。寧二都智之所產，七隩愚之所育，實遇與不遇、用與不用耳。今大道光亨，萬務俟德，而九服之曠，九流之艱，提鈞懸衡，委之選部。一人之鑒易限，天下之才難源，以易限之鑒，鏡難源之才，使國囧遺賢，野無滯器，其可得乎？昔公叔登臣，管仲升盜，趙文非私親疏嗣，祁奚豈諂讎比子。茹茅以彙，作範前經，舉爾所知，式昭往牒。且自古任薦，弘明賞罰，成子舉三哲而身致魏輔，應侯任二士而己捐秦相，臼季稱冀缺而曠以田采，張勃進陳湯而坐之褫爵。此則先事之盛準，亦後王之彝鑒。臣謂宜普命大臣，各舉所知，以付尚書依分銓用。若任得其才，舉主延賞，有不稱職，宜及其坐。重者免黜，輕者左遷。被舉之身，加以禁錮，年數多少，隨愆議制。若犯大辟，則任者刑論。

又政平訟理，莫先親人，親人之要，實歸守宰。故黃霸莅潁川累稔，杜畿居河東歷載。或就加恩秩，或入崇暉寵。今茌人之職，宜遵六年之限，進得章明庸惰，退得人不勤勞，如此，則上靡棄能，下無浮謬，考績之風載泰，薪櫨之歌克昌。

初，文帝世，限年三十而仕郡縣，六周乃選代，刺史或十年餘。至是皆易之，仕者不拘長少，

莅人以三周爲滿，宋之善政於是乎衷。

是年，拜吏部尚書，莊素多疾，不願居選部，與大司馬江夏王義恭牋，自陳「兩脅癖疾，殆與生俱，一月發動，不減兩三。每痛來逼心，氣餘如縋，利患數年，遂成痼疾。欬欬慅慅，常如行尸。眼患五月來便不復得夜坐，恒閉帷避風。晝夜悒憒，爲此不復得朝謁諸王，慶弔親舊。今之所止，唯在小閣。下官微命，於天下至輕，在己不能不重。家世無年，亡高祖四十，曾祖三十三，亡祖四十七，下官新歲便三十五。[六]加以疾患如此，當復幾時？入年當申前請，以死自固。顧侍坐言次，賜垂接助」。三年，坐疾多免官。

大明元年，起爲都官尚書。上時親覽朝政，慮權移臣下，以吏部尚書選舉所由，欲輕其勢力。二年，詔吏部尚書依郎分置，[九]并詳省閑曹。又別詔太宰江夏王義恭曰：「吏部尚書由來與錄共選，良以一人之識不辨洽通，兼與奪威權不宜專一故也。」於是置吏部尚書二人，省五兵尚書。莊及度支尚書顧覬之並補選職。[一〇]還左衞將軍，加給事中。時河南獻舞馬，詔羣臣爲賦，莊所上甚美。又使莊作舞馬歌，令樂府歌之。

五年，又爲侍中，領前軍將軍。時孝武出行夜還，敕開門。莊居守，以棨信或虛，須墨詔乃開。上後因宴，從容曰：「卿欲劾郢君章邪」？對曰：「臣聞蒐巡有度，郊祀有節，盤于游田，著之前誡。陛下今蒙犯塵露，晨往宵還，容致不虞之徒，妄生矯詐，臣是以伏須神筆。」

六年，又爲吏部尚書，領國子博士。坐選公車令張奇免官，事在顏師伯傳。後除吳郡

太守。

前廢帝卽位，以爲金紫光祿大夫。初，孝武寵姬殷貴妃薨，莊爲誄，言「贊軌堯門」，引

漢昭帝母趙婕妤堯母門事，廢帝在東宮銜之。至是遣人詰莊曰：「卿昔作殷貴妃誄，知有東

宮不？」將誅之。孫奉伯說帝曰：「死是人之所同，政復一往之苦，不足爲困。莊少長富貴，

且繫之尙方，然後殺之未晚。」帝曰：「卿言有理。」繫於左尙方。明帝定亂得

出，使爲赦詔。莊夜出署門方坐，命酒酌之，已微醉，傳詔停待詔成，其文甚工。後爲尋陽

王師，加中書令，散騎常侍。尋加金紫光祿大夫，給親信二十人。卒，贈右光祿大夫，諡憲

子。所著文章四百餘首行于世。

五子：颺、眺、顗、𣴴、㵩，世謂莊名子以風月景山水。颺位晉平太守，女爲順帝皇后，追

贈金紫光祿大夫。

眺字敬沖，幼聰慧。莊器之，常置左右。十歲能屬文。莊游土山，使眺命篇，攬筆便

就。琅邪王景文謂莊曰：「賢子足稱神童，復爲後來特達。」莊撫眺背曰：「眞吾家千金。」宋

孝武帝游姑孰，敕莊攜眺從輦。詔爲洞井讚，於坐奏之。帝曰：「雖小重也。」〔二〕

仕宋爲衞將軍袁粲長史。粲性簡峻，時人方之李膺。朏謁退，粲曰：「謝令不死矣。」宋

明帝嘗敕朏與謝鳳子超宗從鳳莊門入。二人俱至，超宗曰：「君命不可以不往。」乃趨而入。

朏曰：「君處臣以禮。」遂退不入。〔三〕時人兩稱之，以比王儉、王陽。後爲臨川內史，以賄見

劾，袁粲寢其事。

齊高帝爲驃騎將軍輔政，選朏爲長史。高帝方圖禪代，欲以朏佐命，遷左長史。每夕

置酒，獨與朏論魏、晉故事，言石苞不早勸晉文，死方慟哭，方之馮異，非知機也。朏曰：「昔

魏臣有勸魏武卽帝位，魏武曰：『有用我者，其周文王乎。』晉文世事魏氏，將必終身北面。

假使魏早依唐、虞故事，亦當三讓彌高。」帝不悅，更引王儉爲左長史，以朏爲侍中，領祕

書監。

及齊受禪，朏當日在直，百僚陪位。侍中當解璽，朏佯不知，曰：「有何公事」傳詔云，

「解璽授齊王」。朏曰：「齊自應有侍中。」乃引枕臥。傳詔懼，乃使稱疾，欲取兼人。朏曰：

「我無疾，何所道。」遂朝服出東掖門，乃得車，仍還宅。是日，遂以王儉爲侍中解璽。既而

武帝請誅朏，高帝曰：「殺之則成其名，正應容之度外。」又以家貧乞郡，辭旨抑揚，詔免官禁

錮五年。 永明中，爲義興太守，在郡不省雜事，悉付綱紀，曰：「吾不能作主者更，但能作太

守耳。」歷都官尚書，中書令，侍中，領新安王師。求出，仍爲吳興太守。

明帝謀入嗣位，引朝廷舊臣，朏內圖止足，且實避事。弟瀹時為吏部尚書，朏至郡，致瀹數斛酒，遺書曰：「可力飲此，勿豫人事。」朏居郡，每不理，常務聚斂，衆頗譏之，亦不屑也。

建武四年，徵為侍中、中書令，不應。遣諸子還都，獨與母留，築室郡之西郭。明帝詔加優禮，旌其素概，賜牀帳褥席，奉以卿祿。時國子祭酒廬江何胤亦抗表還會稽。永元中，詔徵朏、胤，並不屈。時東昏皆命迫遣，會梁武帝起兵。及建鄴平，徵朏、胤，並補軍諮祭酒，皆不至。及卽位，詔徵朏為侍中、左光祿大夫、開府儀同三司，胤散騎常侍、特進、右光祿大夫，又並不屈。仍遣領軍司馬王果敦譬朏，朏謀於何胤，胤欲獨高其節，給曰：「興王之世，安可久處？」

明年六月，朏輕舟出，詣闕自陳。〔三〕帝笑曰：「子陵逐能屈志。」詔以為侍中、司徒、尚書令。朏辭脚疾，不堪拜謁，乃角巾肩輿詣雲龍門謝。〔四〕詔見於華林園，乘小車就席。明旦，乘輿出幸朏宅，宴語盡歡。朏固陳本志，不許。又固請自還迎母，許之。臨發，輿駕臨幸，賦詩餞別，王人逡迎相望於道。到都，敕材官起府於舊宅。武帝臨軒，遣謁者於府拜授。詔停諸公事及朔望朝謁。

三年元會，詔朏乘小輿升殿。朏素憚煩，及居台鉉，兼掌內臺，職事多不覽，以此頗失

衆望。其年母憂，尋有詔攝職如故。

五年，改授中書監、司徒、衞將軍，固讓不受。遣謁者敦授，留府門及暮，至於經春夏。

八月，乃拜受焉。是冬薨，車駕出臨哭，諡曰孝靖。

建武初，朏爲吳興，〔一一〕以雞卵賦人，收雞數千。及遯節不全，爲清談所少。著書及文

章行於世。

子諔，位司徒右長史，坐殺牛廢黜。爲東陽內史，及還，五官送錢一萬，止留一百。答

曰：「數多劉寵，更以爲愧。」位右光祿大夫。

次子譓，不妄交接，門無雜賓。有時獨醉，曰：「入吾室者但有清風，對吾飲者唯當明

月。」位右光祿大夫。

子哲，字穎豫，美風儀，舉止醞藉，襟情豁朗，爲士君子所重。仕梁至廣陵太守，侯景之

亂，因寓居焉。仕陳歷吏部尚書，中書令，侍中，司徒左長史。卒，諡康子。

顗字仁悠，朏弟也。少簡靜。宋末爲豫章太守，至石頭，遂白服登烽火樓，坐免官。

齊高帝自占謝，言辭清麗，容儀端雅，左右爲之傾目，宥而不問。齊永明初，高選友學，〔一二〕詣

以顥爲竟陵王友。歷吏部郎，有簡秀之目。卒於北中郎長史。

顥弟瀹字義潔。年七歲，王景文見而異之，言於宋孝武，召見於人衆中。瀹舉止閑詳，

應對合旨，帝悅，詔尚公主，景和敗，事寢。僕射褚彥回以女妻之，厚爲資送。

性甚敏贍，嘗與劉悛飲，推讓久之，悛曰：「謝莊兒不可云不能飲。」瀹曰：「苟得其人，自

可流湎千日。」悛甚慚，無言。仕齊累遷中書侍郎。衛軍王儉引爲長史，雅相禮遇。後拜吏

部尚書。

明帝廢鬱林，領兵入殿，左右驚走報瀹。瀹與客圍棊，每下子，輒云「其當有意」，竟局

乃還齋臥，竟不問外事。明帝卽位，瀹又屬疾，不知公事。蕭諶以兵臨起之，瀹曰：「天下

事，公卿處之足矣，且死者命也，何足以此懼人。」

後宴會功臣上酒，尚書令王晏等興席，瀹獨不起，曰：「陛下受命應天，王晏以爲己力。」

獻觴遂不見報。上大笑解之。座罷，晏呼瀹共載，欲相撫悅，瀹又正色曰：「君巢窟在何處？」

晏初得班劍，瀹謂曰：「身家太傅，裁得六人，若何事頓得二十。」晏甚憚之，謂江祐曰：「彼上

人者，難爲酬對。」加領右軍將軍。

兄胐在吳興，論啓公事稽晚，瀹輒代胐爲啓，上知非胐手迹，被問見原。永泰元年，卒

於太子詹事，贈金紫光祿大夫，諡簡子。

初，朏為吳興，瀟於征虜渚送別，朏指瀟口曰：「此中唯宜飲酒。」瀟建武之朝，專以長酣

為事，與劉瑱、沈昭略交，飲各至數斗。齊武帝問王儉：「當今誰能為五言？」儉曰：「朏得父

膏腴，江淹有意。」上起禪靈寺，敕瀟撰碑文。瀟子覽。

覽字景滌，選尚齊錢唐公主，拜駙馬都尉。梁武平建鄴，朝士王亮、王瑩等數人揖，自

餘皆拜，覽時年二十餘，為太子舍人，亦長揖而已。意氣閑雅，視瞻聰明，武帝目送良久，謂

徐勉曰：「覺此生芳蘭竟體，想謝莊政當如此。」自此仍被賞味。

天監元年，為中書侍郎，掌吏部事，頃之卽真。嘗侍坐，受敕與侍中王暕為詩答贈，其

文甚工，乃使重作，復合旨。帝賜詩云：「雙文既後進，二少實名家，豈伊爾棟隆，信乃俱國

華。」為侍中，頗樂酒，因宴席與散騎常侍蕭琛辭相詆毀，為有司所奏。武帝以覽年少不直，

出為中權長史。

後拜吏部尚書，出為吳興太守。中書舍人黃睦之家居烏程，子弟專橫，前太守皆折節

事之。覽未到郡，睦之子弟迎覽，〔二〕覽逐去其船，杖吏為通者，自是睦之家杜門不出。郡

境多劫，為東道患，覽下車蕭然。初齊明帝及覽父瀟、東海徐孝嗣並為吳興，號為名守，覽

皆過之。

覽昔在新安，頗聚斂，至是遂稱廉潔，時人方之王述。卒於官，贈中書令。

覽弟舉字言揚，幼好學，與覽齊名。年十四，嘗贈沈約詩，為約所賞。弱冠丁父憂，幾致毀滅。服闋，為太常博士，與兄覽俱預元會。江淹一見並相欽挹，曰：「所謂『馭二龍於長塗』者也。」

為太子家令，掌管記，深為昭明太子賞接。祕書監任昉出為新安郡，別舉詩云：「詎念耋嗟人，方深老夫託。」其屬意如此。梁武嘗訪舉於覽，覽曰：「識藝過臣甚遠，唯飲酒不及於臣。」帝大悅。尋除安成郡守，母往於郡喪，辭不赴。歷位左戶尚書，遷掌吏部尚書。舉祖莊、父瀹、兄覽並經此職，前代少比。

舉尤長玄理及釋氏義，為晉陵郡時，常與義學僧遞講經論，徵士何胤自虎丘山出赴之，其盛如此。先是，北度人盧廣有儒術，為國子博士，於學發講，僕射徐勉以下畢至。舉造坐屢折廣，辭理遒邁。廣深歎服，仍以所執麈尾、斑竹杖、滑石書格薦之，以況重席焉。加侍中，遷尚書右僕射。

大同三年，出為吳郡太守。先是，何敬容居郡有美績，世稱為「何吳郡」。及舉為政，聲跡略相比。曾要何徵君講中論，何難以巾褐入南門，乃從東園進。[一八]致詩往復，為虎丘山

賦題于寺。

入爲侍中、太子詹事、翊左將軍。舉父瀟齊時終此官,累表乞改,敕不許。後遷尚書僕射,侍中、將軍如故。舉雖屢居端揆,未嘗肯預時政,保身固寵,不能有所發明。因疾陳解,敕輒賜假,幷敕處方,加給上藥,其恩遇如此。

侯景來降,帝詢訪朝臣,舉及朝士皆請拒之。帝從朱异言納之,以爲景能立功趙、魏。舉等不敢復言。太清二年,遷尚書令,卒于內臺。上曰:「舉非止歷官已多,亦人倫儀表,久著公望,恨恨未授之。可贈侍中、中衞將軍、開府儀同三司。」[二六]

舉宅內山齋捨以爲寺,泉石之美,殆若自然。臨川、始興諸王常所游踐。邵陵王綸於婁湖立園,廣讌,酒後好聚衆賓客,手自裂破,投之睡壺,皆莫敢言。舉嘗預宴,王欲取舉幘。舉正色曰:「裂冠毀冕,下官弗敢聞命。」拂衣而退。王慙召不返,甚有慙色。舉託情玄勝,尤長佛理,注淨名經,常自講說。有文集二十卷。子頗。

頗字含茂,風神清雅,頗善屬文。仕梁爲太子中庶子,建安太守。侯景之亂,之廣州依蕭勃。勃敗,在周迪門。後依陳寶應,寶應平,方詣闕。歷侍中、中書令,都官尚書。卒,諡曰光子。有文集行於世。

子儼位侍中、御史中丞、太常卿，偁位尚書僕射。

舉兄子僑字國美。父玄大，仕梁侍中。僑素貴，嘗一朝無食，其子啓欲以班史質錢，答曰：「寧餓死，豈可以此充食乎？」太清元年卒，集十卷。長子褘。

僑弟札字世高，亦博涉文史，位湘東王諮議，先僑卒。

論曰：易云：「積善之家，必有餘慶」。弘微立履所蹈，人倫播美，其世濟不隕，蓋有馮焉。敬沖出入三代，驟經遷革，遁俗之志，無聞貞固之道，居官之方，未免貨財之累。因傴成敬，傞仰當年。古人云：處士全盜虛聲，斯之謂矣。

校勘記

〔一〕父思武昌太守 張森楷南史校勘記：「晉書謝萬傳云『韶子恩』，即此人也。『恩』、『思』未知誰是。」

〔二〕弘微重違混言 「違」字各本並脫，據宋書補。按重訓難，於義爲順。

〔三〕唯與族子靈運瞻曜晦弘微以文義賞會　各本並脫「弘微」，據宋書補。

〔四〕僕射生平重此子　「子」上各本有「一」字，據宋書刪。

〔五〕舉止必循禮度　「循」各本作「脩」，據宋書改。

〔六〕友人西南某有死勢復一客曰　冊府元龜八六九無「復一」二字。

〔七〕玄護爲雙聲磽碻爲疊韻　「磽碻」各本誤「碻磽」，按王玄護，人名，磽碻，地名，今乙正。

〔八〕下官新歲便三十五　「三十五」各本作「四十五」。洪頤煊諸史考異：「莊以泰始二年卒，年四十六，此與江夏王義恭在孝建元年，則作四十五者誤也。」據宋書、冊府元龜四六三改。

〔九〕詔吏部尚書依郎分置　「郎」各本作「部」，據宋書改。

〔一〇〕莊及度支尚書顧覬之並補選職　「覬之」各本作「顗之」，據宋書改。按宋書及本書並有顧覬之傳。

〔一一〕雖小重也　「重」梁書作「奇童」，北監本、殿本、金陵局本同。元大德本、南監本、汲古閣本作「重」，通志作「重器」。

〔一二〕遂退不入　「遂退」各本作「進退」，據通志改。

〔一三〕朏輕舟出詣闕自陳　「舟」字各本並脫，據梁書補。

〔一四〕乃角巾肩輿詣雲龍門謝　「肩輿」各本作「自輿」，據梁書改。

〔一五〕建武初朏爲吳興 「建」字各本並脫，按梁書謝朏傳，朏於齊廢帝隆昌元年出爲吳興太守。是年，齊明帝立，改元建武。「武」上明脫「建」字，今補正。

〔一六〕高選友學 「友學」各本作「文學」，今改正。

〔一七〕睦之子弟迎覽 「子」字各本並脫，據梁書及册府元龜六九六補。

〔一八〕乃從東園進 「東園」各本作「東困」，據通志改。

〔一九〕可贈侍中中衞將軍開府儀同三司 「中衞將軍」各本作「衞將軍」不疊「中」字，據梁書增。

列傳第十一

王弘　子錫　錫弟僧達　曾孫融　弘弟子微　微兄遠　遠子僧祐

僧祐子籍　弘從孫瞻　弘玄孫沖　沖子瑒　瑒

王弘字休元，琅邪臨沂人也。曾祖導，晉丞相，祖洽，中領軍，父珣，司徒。弘少好學，以清悟知名。弱冠為會稽王道子驃騎主簿。珣頗好積聚，財物布在人間，及薨，弘悉燔券書，一不收責，其餘舊業，悉委諸弟。時內外多難，在喪者皆不得終其哀，唯弘徵召一無所就。

桓玄剋建業，收道子付廷尉，臣吏莫敢瞻送，弘時尚居喪，獨道側拜辭，攀車涕泣，論者稱焉。

宋武帝召補鎮軍諮議參軍，以功封華容縣五等侯，累遷太尉左長史。從北征，前鋒已

平洛陽,而未遣九錫,弘銜使還都諷朝廷。時劉穆之掌留任,而旨乃從北來,穆之愧懼發病,遂卒。宋國建,為尚書僕射掌選,領彭城太守。奏彈世子左衞率謝靈運,為軍人桂興淫其嬖妾,靈運殺興棄屍洪流,御史中丞王淮之曾不彈舉。[一]武帝答曰:「端右肅正風軌,誠副所期,自今以為永制。」於是免靈運官。後遷江州刺史,省賦簡役,百姓安之。

永初元年,以佐命功,封華容縣公。三年入朝,進號衞將軍、開府儀同三司。帝因宴集曰:「我布衣,始望不至此。」傅亮之徒並撰辭,欲盛稱功德。弘率爾對曰:「此所謂天命,求之不可得,推之不可去。」時稱其簡舉。

少帝景平二年,徐羨之等謀廢立,召弘入朝。文帝即位,以定策安社稷,進位司空,封建安郡公,固辭見許。進號車騎大將軍,開府、刺史如故。徐羨之等以廢弒罪,將及誅,弘以非首謀,且弟曇首又為上所親委。事將發,密使報弘。羨之既誅,遷侍中、司徒、揚州刺史、錄尚書事,給班劍三十人。上西征謝晦,與彭城王義康居守。[二]入住中書下省,引隊仗出入,司徒府權置參軍。元嘉五年春,大旱,弘引咎遜位。先是彭城王義康為荊州刺史,鎮江陵,平陸令河南成粲與弘書,誡以盈滿,兼陳彭城王宜入知朝政,竟陵、衡陽宜出據列藩。弘由是固自陳請。乃降為衞將軍、開府儀同三司。[三]

六年,弘又上表陳彭城王宜入輔,并求解州,義康由是代弘為司徒,與之分錄。弘又辭

分錄。弘博練政體，留心庶事，斟酌時宜，每存優允。與八座丞郎疏曰：「同伍犯法，無人士

不罪之科，〔四〕然每至詰謫，輒有請訴。若常垂恩宥，則法廢不行，依事糾責，則物以爲苦。

恐宜更爲其制。」時議多不同，弘以爲：

謂之人士，便無庶人之坐；署爲庶人，輒受人士之罰，不其頗歟？謂人士可不受同

伍之謫，取罪其奴客，庸何傷邪？〔五〕無奴客，可令輸贖。有修身閨閣，與羣小實隔，又

或無奴僮，爲衆所明者，官長二千石便親臨列上，依事遣判。

又主守偷五疋，常偷四十疋，並加大辟。議者咸以爲重。弘以爲：

小吏無知，臨財易昧。或由疏慢，事蹈重科。宜進主守偷十疋，常偷五十疋死，四

十疋降以補兵。至於官長以上，荷蒙榮祿，冒利五疋乃已爲弘，士人至此，何容復加哀

矜。且此輩人士可殺不可謫，謂宜奏聞，決之聖旨。從之。

文帝從弘議。弘又上言：「舊制，人年十三半役，十六全役。今四方無事，應存消息。請以十

五至十六爲半丁，十七爲全丁。」從之。及弟曇首亡，文帝嗟悼不已，見弘流涕歔欷，弘斂容

而已。既而彭城王義康言於帝曰：「曇首既爲家寶，又爲國器，弘情不稱，何也？」帝曰：「賢

者意不可度。」其見體亮如此。

九年進位太保，領中書監，餘如故。其年薨。贈太保、中書監，給節，加羽葆、鼓吹，增

班劍爲六十人。諡曰文昭公，配食武帝廟庭。

弘既人望所宗，造次必存禮法。凡動止施爲及書翰儀體，後人皆依放之，謂爲王太保家法。雖歷藩輔，而不營財利，薨亡之後，家無餘業。而輕率少威儀。客有疑其諱者，弘曰：「家諱與蘇子高同。」性褊隘，人有忤意，輒加詈辱。少嘗撝蒲公城子野舍，及後當權，有人就弘求縣。此人嘗以蒲戲得罪，弘詰之曰：「君得錢會戲，何用祿爲。」答曰：「不審公城子野何所在。」弘默然。自領選及當朝總錄，將加榮爵於人者，每先呵責譴辱之，然後施行，若美相盼接語欣欣者，必無所諧。人問其故，答曰：「王爵既加於人，又相撫勞，便成與主分功，若鄙此所謂姦以事君者也。若求者絕官敍之分，既無以爲惠，又不微借顏色，卽大成怨府，亦鄙薄所不任。」問者悅伏。子錫嗣。

錫字寡光，[六] 位太子左衛率、江夏內史，高自位遇。太尉江夏王義恭當朝，錫箕踞大坐，殆無推敬。卒，子僧亮嗣，齊受禪，降爵爲侯。僧亮弟僧衍，位侍中。弘少子僧達。[七]

僧達幼聰敏，弘爲揚州時，僧達爲六七歲，遇有通訟者，竊覽其辭，謂爲有理。及大訟者亦進，弘意其小，留左右，僧達爲申理，闇誦不失一句。兄錫質訥乏風采。文帝聞僧達早慧，召見德陽殿，應對閑敏，上甚知之，妻以臨川王義慶女。

少好學，善屬文，為太子舍人。坐屬疾而於揚列橋觀鬪鴨，為有司所糾，原不問。性好鷹犬，與閭里少年相馳逐，又躬自屠牛。義慶聞之，令周旋沙門慧觀造而觀之，僧達陳書滿席，與論文義，[六]慧觀酬答不暇，深相稱美。訴家貧求郡，文帝欲以為秦郡。吏部郎庾仲文曰：「王弘子既不宜作秦郡，僧達亦不堪莅人。」乃止。遷太子洗馬，母憂去職。

與兄錫不協。錫罷臨海郡還，送故及奉祿百萬以上，僧達一夕令奴輩取無餘。服闋，為宣城太守。性好游獵，而山郡無事，僧達肆意馳騁，或五日三日方歸，受辭辯訟，多在獵所。人或逢，不識，問府君所在。僧達且曰：「在近。」其後徙義興。

及元凶弒立，孝武發尋陽，沈慶之謂人曰：「王僧達必來赴義。」人問其所以，慶之曰：「虜馬飲江，王出赴難，見其在先帝前，議論開張，執意明決，以此言之，其必至也。」僧達尋至，孝武即以為長史。及即位，為尚書右僕射。僧達自負才地，一二年間便望宰相。[九]嘗答詔曰：「亡父亡祖，司徒司空。」其自負若此。

後為護軍將軍，不得志，乃求徐州，上不許。固陳，乃以為吳郡太守。時彗歲五還，彌不得意。吳郭西臺寺多富沙門，僧達求須不稱意，乃遣主簿顧曠率門義劫寺內沙門竺法瑤，得數百萬。荊、江反叛，[一〇]加僧達置佐領兵。臺符聽置千人，而輒立三十隊，隊八十人。立宅於吳，多役功力，坐免官。後孝武獨召見，懨然了不陳遜，唯張目而視。及出，帝歡曰：

「王僧達非狂如何?」乃戴面向天子。」後顏師伯詣之,僧達慨然曰:「大丈夫寧當玉碎,安可以沒沒求活。」師伯不答,逡巡便退。

初,僧達為太子洗馬在東宮,愛念軍人朱靈寶,及出為宣城,靈寶已長。僧達詐列死亡,寄宣城左永之籍,注以為子,改名元序。啟文帝以為武陵國典衛令,又以補竟陵國典書令,建平國中軍將軍。孝建元年,事發,又加禁錮。表謝言不能因依左右,傾意權貴。上愈怒。

僧達族子確少美姿容,僧達與之私款。確叔父休為永嘉太守,當將確之郡,僧達欲逼留之,確知其意,避不往。僧達潛於所住屋後作大阬,欲誘確來別,殺埋之。從弟僧虔知其謀,禁呵乃止。御史中丞劉瑀奏請收案,上不許。二年,除太常,意尤不悅。頃之,上表解職,文旨抑揚。侍中何偃以其言不遜,啟付南臺,又坐免官。

先是,何尚之致仕,復膺朝命,於宅設八關齋,大集朝士,自行香,次至僧達曰:「願郎且放鷹犬,勿復游獵。」僧達答曰:「家養一老狗,放無處去,已復還。」尚之失色。大明中,以歸順功,封寧陵縣五等侯,累遷中書令。黃門郎路瓊之,太后兄慶之孫也,宅與僧達門並。嘗盛車服詣僧達,僧達了不與語,謂曰:「身昔門下騶人路慶之者,是君何親?」遂焚瓊之所坐牀。瓊之就坐,僧達將獵,已改服。太后怒,泣涕於帝曰:「我尚在而人陵之,我死後乞食矣。」帝曰:「瓊之年少,無事詣王僧達門,見辱乃其宜耳。僧達貴公子,豈可以此加罪乎?」

太后又謂帝曰：「我終不與王僧達俱生。」先是，南彭城蕃縣人高闍、沙門釋曇標、道方等共

相誑惑，自言有鬼神龍鳳之瑞，常聞簫鼓音，與秣陵人藍宏期等謀為亂，〔二〕又結殿中將軍

苗乞食等起兵攻宮門。事發，凡黨與死者數十人。僧達屢經犯忤，上以為終無悛心，〔三〕因

高闍事陷之，收付廷尉，於獄賜死。時年三十六。帝亦以為恨，謂江夏王義恭曰：「王僧達

遂不免死，追思太保餘烈，使人慨然。」於是詔太保華容文昭公門爵國姻，一不貶絕。

時有蘇寶者名寶生，本寒門，有文義之美，官至南臺侍御史，江寧令，坐知高闍謀反，不

卽聞啓，亦伏誅。

僧達子道琰，徙新安。元徽中，為廬陵內史，未至郡，卒。子融。

融字元長，少而神明警慧。母臨川太守謝惠宣女，性敦敏，教融書學。博涉有文才，從

叔儉謂人曰：「此兒至四十，名位自然及祖。」舉秀才，累遷太子舍人。以父宦不通，弱年便

欲紹興家業，啓齊武帝求自試，遷祕書丞。從叔儉初有儀同之授，贈儉詩及書，儉甚奇之，

笑謂人曰：「穰侯印詎便可解。」歷丹陽丞、中書郎。

永明末，武帝欲北侵，使毛惠秀畫漢武北伐圖，融因此上疏，開張北侵之議。圖成，上置

琅邪城射堂壁上，游幸輒觀焉。九年，芳林園禊宴，使融為曲水詩序，當時稱之。上以融才

辯，使兼主客，接魏使房景高、宋弁。弁見融年少，問「主客年幾？」融曰「五十之年，久踰

其半。」景高又云「在北聞主客水詩序勝延年，實願一見。」融乃示之。後日，宋弁於瑤池

堂謂融曰「昔觀相如封禪，以知漢武之德，今覽王生詩序，用見齊主之盛。」融曰「皇家盛

明，豈直比蹤漢武，更慚鄙製，無以遠匹相如。」上以魏所送馬不稱，使融問之曰「秦西冀

北，實多駿驥，而魏之良馬，乃駑不若，將且旦信誓，有時而爽，駟駠之牧，遂不能嗣？」宋弁

曰「當是不習地土。」融曰「周穆馬迹徧於天下，若騏驥之性，因地而遷，則造父之策，有時

而躓。」弁曰「王主客何爲勤勤於千里？」融曰「卿國既異其優劣，聊復相訪，若千里斯至，

聖上當駕鼓車。」弁曰「向意既須，必不能駕鼓車也。」融曰「買死馬之骨，亦以郭隗之故。」

弁不能答。

融躁於名利，自恃人地，三十內望爲公輔。初爲司徒法曹，詣王僧祐，因遇沈昭略，未

相識。昭略屢顧盼，謂主人曰「是何年少？」融殊不平，謂曰「僕出於扶桑，入於湯谷，照耀

天下，誰云不知，而卿此問？」昭略云「不知許事，且食蛤蜊。」融曰「物以羣分，方以類聚，

君長東隅，居然應嗜此族。」其高自標置如此。

及爲中書郎，嘗撫案歎曰「爲爾寂寂，鄧禹笑人。」行遇朱雀桁開，路人填塞，乃搥車壁

曰「車中乃可無七尺，車前豈可乏八騶。」

及魏軍動，竟陵王子良於東府募人，板融寧朔將軍、軍主。融文辭捷速，有所造作，援筆

可待，子良特相友好。晚節大習騎馬，招集江西傖楚數百人，並有幹用，融特爲謀主。武帝

病篤暫絕，子良在殿內，太孫未入，融戎服絳衫，於中書省閣口斷東宮仗不得進，欲矯詔立

子良。詔草已立，上重蘇，朝事委西昌侯鸞。梁武謂范雲曰：「左手據天下圖，右手刎其喉，

愚夫不爲。主上大漸，國家自有故事，道路籍籍，將有非常之舉，卿聞之乎？」雲不敢答。俄

而帝崩，融乃處分以子良兵禁諸門，西昌侯聞，急馳到雲龍門，不得進，乃曰：「有敕召我。」

仍排而入，奉太孫登殿，命左右扶出子良，指麾音響如鍾，殿內無不從命。融知不遂，乃釋

服還省，歎曰：「公誤我。」

鬱林深怨融，即位十餘日，收下廷尉獄。使中丞孔珪倚爲奏曰：「融姿性剛險，立身浮

競，動迹驚羣，抗言異類。近塞外微塵，苦求將領，遂招納不逞，扇誘荒傖。狡弄威聲，專行

權利，反覆脣齒之間，威福自己，無所忌憚，誹謗朝政，歷毀王公。謂己才

流，無所推下，事暴遠近，使融依源據答。」融辭曰：「囚實頑蔽，觸行多愆。但夙忝門素，得

奉教君子。爰自總髮，迄將立年，州閭鄉黨，見許愚眷。過蒙大行皇帝獎育之恩，又荷文皇

帝識擢之重，司徒公賜預士林，安陸王曲垂盻接，前後陳伐虜之計，亦仰簡先朝。今段犬羊

乍擾，令囚草撰符詔。及司徒宣敕招募，同例非一，實以戎事不小，不敢承教。續蒙軍號，

賜使招集，銜敕而行，非敢虛扇。且『張弄威聲』，應有形迹。『專行權利』，又無贓賄。『反覆唇齒之間』，未審悉與誰言？『傾動煩舌之內』，不容都無主此。〔二〕自上甘露頌及銀甕啓、三日詩序、接虜使語辭，竭思稱揚，得非誹謗。伏惟明皇臨宇，普天蒙澤，戊寅赦恩，輕重必宥，百日曠期，始蒙旬自循自省，並愧流言。囚才分本劣，謬被策用，悚怍之情，夙宵兢惕，日，一介罪身，獨嬰憲劾。」融被收，朋友部曲，參間北寺，相繼於道，請救於子良，子良不敢救，西昌侯固爭不得。詔於獄賜死，時年二十七。臨死歎曰：「我若不爲百歲老母，當吐一言。」融意欲指斥帝在東宮時過失也。

先是，太學生會稽魏準，以才學爲融所賞，既欲奉子良，而準鼓成其事。太學生虞羲、丘國賓竊相謂曰：「竟陵才弱，王中書無斷，敗在眼中矣。」及融誅，召準入舍人省詰問，遂懼而死，舉體皆青，時人以準膽破。融文集行於時。

微字景玄，弘弟光祿大夫孺之子也。少好學，善屬文，工書，兼解音律及醫方卜筮陰陽數術之事。宋文帝賜以名著。初爲始興王友，父憂去職。微素無宦情，服闋，除南平王鑠右軍諮議參軍，仍爲中書侍郎。時兄遠免官歷年，微歎曰：「我兄無事而屏廢，我何得而叨忝踰分？」文帝卽以遠爲光祿勳。

微為文好古，言頗抑揚，袁淑見之，謂為訴屈。吏部尚書江湛舉微為吏部郎，微確乎不拔。時論者或云微之見舉，盧江何偃亦參其議。偃慮為微所咎，與之書自陳。微報書深言塵外之適。其從弟僧綽宣文帝旨使就職，因留之宿。微妙解天文，知當有大故，獨與僧綽仰視，謂曰：「此上不欺人，非智者其孰能免之。」遂辭不就。尋有元凶之變。

微常住門屋一間，尋書玩古，遂足不履地。終日端坐，牀席皆生塵埃，唯當坐處獨淨。弟僧謙亦有才譽，為太子舍人，遇疾，微躬自處療，而僧謙服藥失度，遂卒。深自咎恨，發病不復自療，哀痛僧謙不能已，以書告靈。僧謙卒後四旬而微終，遺令薄葬，不設轜旐鼓挽之屬，施五尺牀為靈，二宿便毀，以常所彈琴置牀上，何長史偃來，以琴與之。無子，家人遵之。所著文集傳於世。贈秘書監。

微兄遠字景舒，位光祿勳。時人謂遠如屏風，屈曲從俗，能蔽風露。言能不乖物理也。

遠子僧祐字胤宗，幼聰悟，叔父微撫其首曰：「兒神明意用，當不作率爾人。」雅為從兄儉所重，〔二四〕每鳴笳列騶到其門候之，僧祐輒稱疾不前。儉曰：「此吾之所望於若人也。」世皆推儉之愛名德，而重僧祐之不趨勢也。

未弱冠，頻經憂，居喪至孝。服闋，髮落略盡，殆不立冠帽。舉秀才，爲驃騎法曹，羸瘠

不堪受命。

雅好博古，善老、莊，不尚繁華。工草隸，善鼓琴，亭然獨立，不交當世。沛國劉瓛聞風

而悅，上書薦之。爲著作佐郎，遷司空祭酒，謝病不與公卿游。齊高帝謂王儉曰：「卿從可

謂朝隱。」答曰：「臣從非敢妄同高人，直是愛閑多病耳。」經贈儉詩云：「汝家在市門，我家在

南郭，汝家饒賓侶，我家多鳥雀。」儉時聲高一代，賓客塡門，僧祐不爲之屈，時人嘉之。

稍遷晉安王文學，而陳郡袁利爲友，時人以爲妙選。齊武帝數閱武，僧祐獻講武賦，王

儉借觀不與。竟陵王子良聞其工琴，於座取琴進之，不從命。永明末，爲太子中舍人，在直

屬疾，不待對人輒去。中丞沈約彈之云：「肆情運氣，不顧朝典，揚眉闊步，直轡高驅。」坐贖

論。時何點、王思遠之徒請交，並不降意。自天子至于侯伯，未嘗與一人游。卒於黃門郎。

子籍。

籍字文海，仕齊爲餘杭令，〔一三〕政化如神，善於擿伏，自下莫能欺也。性頗不儉，〔一四〕俄

然爲百姓所訟。又爲錢唐縣，下車布政，咸謂數十年來未之有也。

籍好學，有才氣，爲詩慕謝靈運。至其合也，殆無愧色。時人咸謂康樂之有王籍，如仲

尼之有丘明，老聃之有嚴周。梁天監中，爲輕車湘東王諮議參軍，隨府會稽郡。至若邪溪

賦詩云：「蟬噪林逾靜，鳥鳴山更幽。」劉孺見之，擊節不能已已。以公事免。

及爲中散大夫，彌忽忽不樂，乃至徒行市道，不擇交游。有時途中見相識，輒以笠傘覆
面。後爲作唐侯相，〔一七〕小邑寡事，彌不樂，不理縣事。人有訟者，鞭而遣之。未幾而卒。籍

又甚工草書，筆勢遒放，蓋孔琳之流亞也。湘東王集其文爲十卷云。

瞻字思範，弘從孫也。祖柳字休季，位光祿大夫、東亭侯。父猷字世倫，位侍中、光祿

大夫。瞻年六歲從師，時有伎經門過，同業皆出觀，瞻獨不視，習業如初。從父僧達聞而異
之，〔一八〕謂其父猷曰：『大宗不衰，寄之此子。』年十二居父憂，以孝聞。服闋，襲封東亭侯。後
頗好逸游，爲閭里患，以輕薄稱。及長，折節修士操，涉獵書記，善棋工射。

歷位驃騎將軍王晏長史。晏誅，出爲晉陵太守。潔己爲政，妻子不免飢寒，時號廉平。
王敬則作亂，瞻赴都，敬則經晉陵郡，人多附之。敬則敗，臺軍討賊黨，瞻言愚人易動，不足
窮法。齊明帝從之，所全萬數。遷御史中丞。

梁臺建，爲侍中、吏部尚書。性率亮，居選部，所舉多行其意。頗嗜酒，每飲或彌日，而
精神朗瞻，不廢簿領。梁武每稱瞻有三術：射、棋、酒也。卒，謚康侯。子長玄早卒。

弘四弟：虞、柳、孺、曇首。虞字休仲，位廷尉卿。虞子深字景度，有美名，位新安太守。

柳、孺事列于前，曇首別卷。

沖字長深，弘玄孫也。祖僧衍，位侍中。父茂璋字胤光，仕梁位給事黃門侍郎。沖母，梁武帝妹新安公主，卒於齊世。武帝深鍾愛沖，賜爵東安亭侯。累遷侍中、南郡太守。習於法令，政號平理，雖無赫赫之譽，久而見思。曉音樂，習歌儛，善與人交，貴游之中，聲名籍甚。

侯景之亂，元帝承制，沖求解南郡讓王僧辯，并獻女伎十人，以助軍賞。侯景平，授丹陽尹。魏平江陵，敬帝為太宰承制，以沖為左長史。紹泰中，累遷左光祿大夫、尚書左僕射、開府儀同三司，給扶。[一九]

陳武帝受禪，領太子少傅，加特進、左光祿大夫，領丹陽尹，參撰律令。帝以沖前代舊臣，特申長幼之敬。文帝即位，益加尊重，嘗從幸司空徐度宅，宴筵之上，賜以几。光大元年薨，年七十六，贈司空，諡曰元簡。

沖有子三十人，並致通官，第十二子瑒。

瑒字子瑛,〔三〇〕沈靜有器局,美風儀。梁元帝時,位太子中庶子。陳武帝入輔,以爲司徒左長史。文帝卽位,累遷太子中庶子、散騎常侍、侍中。父沖嘗爲瑒辭領中庶子,文帝顧沖曰:「所以久留瑒於承華,正欲使太子微有瑒風法耳。」

宣帝卽位,歷中書令,吏部尙書。瑒性寬和,務清靜,無所抑揚。遷尙書左僕射,加侍中,參選事。

瑒居家篤睦,每歲時饋遺,徧及近親。敦誘諸弟,稟其規訓。卒,贈特進,諡曰光子。

瑒弟瑜字子珪,亦知名。美容儀。年三十,官至侍中。永定元年使齊,以陳郡袁憲爲副。齊以王琳故,囚之。齊文宣每行,載死囚以從,齊人呼曰供御囚。每佗怒,則召殺之。瑜及憲並危殆者數矣,齊僕射楊遵彥每救護之。天嘉二年還朝,復爲侍中。卒,諡曰貞子。

論曰:語云「不有君子,其能國乎」。晉自中原沸騰,介居江左,以一隅之地,抗衡上國,年移三百,蓋有憑焉。其初諺云:「王與馬,共天下。」蓋王氏人倫之盛,實始是矣。及夫休元弟兄,並舉棟梁之任,下逮世嗣,無虧文雅之風。其所以簪纓不替,豈徒然也。僧達猖狂

成性，元長躁競不止。〔九〕

校勘記

〔一〕御史中丞王准之曾不彈舉　「准之」各本作「淮之」，據册府元龜五一八改。按王准之宋書有傳。

〔二〕與彭城王義康居守　「義康」各本作「義恭」，據宋書改。

〔三〕乃降爲衞將軍開府儀同三司　「降」各本作「還」，據宋書改。按宋書、南史宋文帝紀並作「降」。

〔四〕無人士不罪之科　「人士」宋本册府元龜六一五同。宋書及明本册府元龜六一五並作「士人」，下同。

〔五〕謂人士可不受同伍之譴取罪其奴客庸何傷邪　「取」宋書作「耳」，屬上爲句。

〔六〕錫字寡光　張森楷南史校勘記：「毛本、殿本『宜』作『寡』，誤。」按各本俱作「寡」，無作「宜」者，不知張氏所據何本，然「寡光」字亦可疑。

〔七〕弘少子僧達　「弘少子」各本作「僧衍弟」，據宋書改。按宋書王僧達傳亦云「弘少子」，又載其孝建三年解太常職表云「亡兄臣錫」、「兄子僧亮」，則僧達爲錫之弟、僧亮爲錫之子無疑，今訂正。

〔八〕與論文義　「與」各本作「舉」，據宋書改。

〔九〕一二年間便望宰相　「一二」各本作「三」，蓋誤合「一二」二字爲「三」，據宋書改。

〔一〇〕荆江反叛 「荆江」下各本衍「夏」字，據宋書刪。李慈銘南史札記：「荆謂荆州刺史義宣，江謂江州刺史臧質。」

〔一一〕與秣陵人藍宏期等謀為亂 「宏」各本作「宖」，據宋書改。

〔一二〕上以為終無悛心 「上」字各本並脫，據宋書補。

〔一三〕不容都無主此 「都」、「主」二字，各本並脫，據南齊書補。

〔一四〕雅為從兄儉所重 南齊書僧祐傳附王秀之傳，謂僧祐為儉從祖兄。觀下儉到其門候之，則南齊書為是。

〔一五〕仕齊為餘杭令 「餘杭」梁書作「餘姚」。按册府元龜七〇五作「餘杭」。

〔一六〕性頗不儉 王懋竑讀書記疑：「儉疑作檢。」按下云「徒行市道，不擇交遊」。亦是不檢之一端。

〔一七〕後為作唐侯相 梁書作「帶作唐令」。作唐縣屬荆州南平郡，見南齊書州郡志。

〔一八〕從父僧達閒而異之 「僧達」各本作「僧遠」。梁書、册府元龜七九八、八一九及通志俱作「僧達」，今據改。

〔一九〕紹泰中累遷左光祿大夫尚書左僕射開府儀同三司給扶 「左光祿」各本無「左」字，據陳書補。

〔二〇〕瑒字子瑛 「子瑛」陳書作「子琇」。

南史卷二十二

列傳第十二

王曇首 子僧綽　孫儉　曾孫騫　騫子規　騫弟陳　陳子承　訓　僧綽弟僧虔

僧虔子慈　慈子泰　慈弟志　志弟子筠　志弟彬　寂

王曇首，太保弘之弟也。幼有素尚，兄弟分財，曇首唯取圖書而已。辟琅邪王大司馬屬。從府公修復洛陽園陵，與從弟球俱詣宋武帝，帝曰：「並膏粱世德，乃能屈志戎旅。」曇首答曰：「既從神武之師，〔一〕自使懦夫立志。」時謝晦在坐，曰：「仁者果有勇。」帝悅。及至彭城，大會戲馬臺，賦詩，曇首文先成。帝問弘曰：「卿弟何如卿？」答曰：「若但如下官，門戶何寄？」帝大笑。

曇首有智局，喜慍不見於色，閨門內雍雍如也。手不執金玉，婦女亦不得以為飾玩。自非祿賜，一毫不受於人。為文帝鎮西長史，武帝謂文帝曰：「曇首輔相才也，汝可每事諮

之。」及文帝被迎入奉大統，議者皆致疑，曇首與到彥之、從兄華並勸上行，上猶未許。曇首

固陳，[二] 并言天人符應。上乃下，率府州文武嚴兵自衛，臺所遣百官衆力不得近部伍。中兵

參軍朱容子抱刀在平乘戶外，不解帶者累旬。及卽位，謂曇首曰「非宋昌獨見，無以致此。」

以曇首爲侍中，領驍騎將軍，容子爲右軍將軍。誅徐羨之等及平謝晦，皆曇首及華力也。

元嘉四年，車駕出北堂，使三更竟，開廣莫門。南臺云「應須白獸幡、銀字棨」。[三] 不

肯開。尚書左丞羊玄保奏免御史中丞傅隆以下。[四] 曇首曰：「旣無墨敕，[五] 又闕幡棨，雖

稱上旨，不異單刺。元嘉元年、二年，雖有再開門例，此乃前事之違。今之守舊，未爲非禮。

其不請白獸幡、銀字棨，致開門不時，由尚書相承之失，亦合糾正。」上特無問，更立科條。

遷太子詹事，侍中如故。

自謝晦平後，上欲封曇首等，會讌集，舉酒勸之，因拊御牀曰：「此坐非卿兄弟，無復今

日。」出詔以示之。曇首曰：「豈可因國之災，以爲身幸。陛下雖欲私臣，當如直史何。」封事

遂寢。

時弘錄尚書事，又爲揚州刺史。曇首爲上所親委，任兼兩宮。彭城王義康與弘並錄，

意常快快，又欲得揚州。以曇首居中分其權任，愈不悅。曇首固乞吳郡，文帝曰：「豈有欲

建大廈而遺其棟梁？賢兄比屢稱疾，固辭州任，將來若相申許，此處非卿而誰？」時弘久疾，

屢遜位，不許。義康謂賓客曰：「王公久疾不起，神州詎合臥臨？」曇首勸弘減府兵力之半，以配義康，乃悅。

七年卒，時年三十七。文帝臨慟，歎曰：「王詹事所疾不救，國之喪也。」中書舍人周赳侍側曰：「王家欲衰，賢者先殂。」上曰：「直是我家喪耳。」贈光祿大夫。九年，以預誅徐羨之等謀，追封豫寧縣侯，諡曰文。孝武即位，配饗文帝廟庭。子僧綽嗣。

僧綽幼有大成之度，衆便以國器許之。好學，練悉朝典。年十三，文帝引見，拜便流涕哽咽，上亦悲不自勝。襲封豫寧縣侯，尚文帝長女東陽獻公主。初為江夏王義恭司徒參軍。

累遷尚書吏部郎，參掌大選，究識流品，任舉咸盡其分。

僧綽深沉有局度，不以才能高人。父曇首與王華並被任遇，華子新建侯嗣，才劣位遇亦輕。僧綽嘗謂中書侍郎蔡興宗曰：「弟名位應與新建齊，[六]弟超至今日，蓋姻戚所致也。」遷侍中，時年二十九。始與王濬嘗問其年，僧綽自嫌早達，逡巡良久乃答，其謙退若此。

元嘉末，文帝頗以後事為念，大相付託，朝政大小皆參焉。從兄微，清介士也，懼其太盛，勸令損抑。僧綽乃求吳郡及廣州，並不許。會巫蠱事洩，上先召僧綽具言之。及將廢立，使尋求前朝舊典。勖於東宮夜饗將士，僧綽密以啓聞。上又令撰漢、魏以來廢諸王故

事送與江湛、徐湛之。湛之欲立隨王誕，〔七〕江湛欲立南平王鑠，文帝欲立建平王宏，議久

不決。誕妃卽湛之女，鑠妃湛妹也。

雖密，〔八〕不可使難生慮表，取笑千載。」上曰：「卿可謂能斷大事，此事不可不殷勤，且庶人

始亡，人將謂我無復慈愛之道。」僧綽曰：「恐千載之後，言陛下惟能裁弟，不能裁兒。」上默

然。江湛出閣謂僧綽曰：「卿向言將不傷直邪？」僧綽曰：「弟亦恨君不直。」

及劭弒逆，江湛在尚書上省，聞變，曰：「不用王僧綽言至此。」劭立，轉僧綽吏部尚書。

及檢文帝巾箱及湛家書疏，得僧綽所啓饗士幷廢諸王事，乃收害焉，因此陷北第諸侯王，以

為與僧綽有異志。孝武卽位，追贈金紫光祿大夫，諡曰愍侯。

初，太社西空地，本吳時丁奉宅，孫晧流徙其家。江左初，為周顗、蘇峻宅，後為袁悅

宅，又為章武王司馬秀宅，皆以凶終；及給臧燾，亦頻遇禍，故世稱凶地。僧綽嘗謂宅無吉

凶，請以為第，始造，未及居而敗。子儉。

儉字仲寶，生而僧綽遇害，為叔父僧虔所養。數歲，襲爵豫寧縣侯。拜受茅土，流涕鳴

咽。幼篤學，手不釋卷。賓客或相稱美，僧虔曰：「我不患此兒無名，政恐名太盛耳。」乃手

書崔子玉座右銘以貽之。丹陽尹袁粲聞其名，及見之曰：「宰相之門也。栝柏豫章雖小，已

有棟梁氣矣，終當任人家國事。」言之宋明帝，選尚陽羨公主，拜駙馬都尉。帝以儉嫡母武

康公主同太初巫蠱事，[九]不可以為婦姑，欲開家離葬。儉因人自陳，密以死請，故事不行。

年十八，解褐祕書郎，太子舍人，超遷祕書丞。依七略撰七志四十卷，表獻之。又撰定

元徽四部書目。母憂，服闋，為司徒右長史。晉令，公府長史著朝服，宋大明以來著朱衣。

儉上言宜復舊制，時議不許。及蒼梧暴虐，儉告袁粲求外出，引晉新安主婿王獻之任吳興

為例，補義興太守。

昇明二年，為長兼侍中，以父終此職，固讓。先是，齊高帝為相，欲引時賢參贊大業，時

謝朏為長史，帝夜召朏，却人與語久之，朏無言。唯有二小兒捉燭，帝慮朏難之，仍取燭遣

兒，朏又無言，帝乃呼左右。儉素知帝雄異，後請間言於帝曰：「功高不賞，古來非一，以公

今日位地，欲北面居人臣，可乎？」帝正色裁之，而神采內和。儉又曰：「儉蒙公殊眄，所以

吐所難吐，何賜拒之深。宋以景和、元徽之淫虐，非公豈復寧濟，但人情澆薄，不能持久，公

若小復推遷，則人望去矣，豈唯大業永淪，七尺豈可得保？」帝笑曰：「卿言不無理。」儉又曰：

「公今名位，故是經常宰相，宜禮絕羣后，微示變革。當先令褚公知之，儉請銜命。」帝曰：

「我當自往。」經少日，帝自造彥回，款言移晷，乃謂曰：「我夢應得官。」彥回曰：「今授始爾，

恐一二年間未容便移。且吉夢未必便在旦夕。」帝還告儉，儉曰：「褚是未達理。」虞整時為

中書舍人，甚閑辭翰，儉乃自報整，使作詔。及高帝爲太尉，引儉爲右長史，尋轉左，專見任

用。大典將行，禮儀詔策，皆出於儉，褚彥回唯爲禪詔〔一〇〕，又使儉參懷定之。

齊臺建，遷尚書右僕射，領吏部，時年二十八。多所引進。時客有姓譚者，詣儉求官，

儉謂曰：「齊桓滅譚，那得有君？」答曰：「譚子奔莒，所以有僕。」儉賞其善據，卒得職焉。高

帝嘗從容謂儉曰：「我今日當以青溪爲鴻溝。」對曰：「天應人順，庶無楚、漢之事。」

時朝儀草創，衣服制則，未有定準，儉議曰：「漢景六年，梁王入朝，中郎謁者金貂出入

殿門。左思魏都賦云『蕚蕚列侍，金貂齊光』，此藩國侍臣有貂之明文。晉百官表云『太尉

參軍四人，朝服武冠』，此又宰府之明文。」又疑百僚敬齊公之禮，儉又曰：「晉王受命，勸進

云『沖等眷眷』，稱名則應盡禮。」而世子禮秩未定，儉又曰：「春秋曹世子來朝，待以上公之

禮，下其君一等。今齊公九命，禮冠列蕃，世子亦宜異數。」並從之。世子鎮石頭城，仍以爲

世子宮，儉又曰：「魯有靈光殿，漢之前例也。聽事爲崇光殿，外齋爲宣德殿，以散騎常侍張

緒爲世子詹事，車服悉依東宮制度。」

高帝踐阼，與儉議佐命功臣，從容謂曰：「卿謀謨之功，莫與爲二，卿止二千戶，意以爲

少。趙充國猶能自舉西零之任，〔二〕況卿與我情期異常。」儉曰：「昔宋祖創業，佐命諸公，開

國不過二千，以臣比之，唯覺超越。」上笑曰：「張良辭侯，何以過此。」

建元元年，改封南昌縣公。時都下舛雜，且多姦盜，上欲立符伍，家家以相檢括。儉諫

曰：「京師翼翼，四方是湊，必也持符，於事既煩，理成不曠，謝安所謂『不爾何以為京師』。」

乃止。是歲，有司奏定郊殷之禮，儉以為宜以今年十月殷祭宗廟，自此以後，五年再殷祭。

二年正月上辛，有事南郊，即以其日還祭明堂，又用次辛饗祀北郊，而並無配。從之。明年

轉左僕射，領選如故。

初，宋明帝紫極殿珠簾綺柱，飾以金玉，江左所未有，高帝欲以其材起宣陽門，儉與褚

彥回及叔父僧虔連名表諫，上手詔酬納。宋世，宮門外六門城設竹籬，是年初，有發白虎

樽言「白門三重門，竹籬穿不完」。上感其言，改立都牆。儉又諫，上答曰：「吾欲後世無以

加也。」朝廷初基，制度草創，儉問無不決。上每曰：「詩云『惟岳降神，生甫及申』今天為我

生儉也。」其年固請解選，見許。

帝幸樂遊宴集，謂儉曰：「卿好音樂，孰與朕同？」儉曰：「沐浴唐風，事兼比屋，亦既在

齊，不知肉味。」帝稱善。後幸華林宴集，使各效伎藝。褚彥回彈琵琶，王僧虔、柳世隆彈

琴，沈文季歌子夜來，張敬兒舞。儉曰：「臣無所解，唯知誦書。」因跪上前誦相如封禪書。

上笑曰：「此盛德之事，吾何以堪之。」後上使陸澄誦孝經，起自「仲尼居」，儉曰：「澄所謂博

而寡要。臣請誦之。」乃誦君子之事上章。上曰：「善，張子布更覺非奇也。」於是王敬則脫

朝服祖,以絳糾髻,奮臂拍張,叫動左右。上不悅曰:「豈聞三公如此。」答曰:「臣以拍張,故

得三公,不可忘拍張。」時以為名答。

儉尋以本官領太子詹事,加兵三百人。時皇太子妃薨,左衞將軍沈文季經為宮臣,未

詳服不。儉議曰:「漢、魏以來,宮僚先備臣隸之節,具體在三。存既盡敬,亡豈無服?昔

庾翼喪妻,王允、滕含猶謂府吏宜有小君之服,況臣節之重。宜依禮為舊君之妻齊衰三月

而除。」〔一三〕上崩,遺詔以儉為侍中、尚書令、鎮軍。每上朝,令史恒有三五十人隨上,諮事辯

析,未嘗壅滯。褚彥回時為司徒、錄尚書,笑謂儉曰:「觀令判斷甚樂。」儉曰:「所以得厝私

懷,實由禀明公不言之化。」武帝即位,給班劍二十人,進號衞將軍,掌選事。時有司以前代

嗣位,或仍前郊年,或別為郊始。晉、宋以來,未有畫一。儉議曰:「晉明帝太寧三年南郊,其

年九月崩,〔一二〕成帝即位,明年改元,亦郊。簡文咸安二年南郊,〔一四〕其年七月崩,孝武即位,

明年改元,亦郊。宋元嘉三十年正月南郊,二月崩,孝武嗣位,明年亦郊。此二代明例,差

可依放。今聖明係業,幽顯宅心,言化則頻郊非嫌,語事則元號初改,禋燎登配,孝敬兼遂。

謂明年正月宜饗祀二郊,虔祭明堂。〔一五〕自茲以後,依舊間歲。」有司又以明年正月上辛應南

郊,而立春在上辛後,郊在立春前為疑。儉曰:「宋景平元年正月三日辛丑南郊,其月十一

日立春,元嘉十六年正月六日辛未南郊,其月八日立春,此近世明例也。」並從之。

永明二年，領丹陽尹。三年，領國子祭酒，又領太子少傅。舊太子敬二傅公同，至是朝議

接少傅以賓友禮。宋時國學頹廢，未暇修復，宋明帝泰始六年，置總明觀以集學士，或謂之

東觀，置東觀祭酒一人，總明訪舉郎二人，儒、玄、文、史四科，科置學士十人，其餘令史以下

各有差。是歲，以國學既立，省總明觀，於儉宅開學士館，以總明四部書充之。又詔儉以家

為府。四年，以本官領吏部。先是宋孝武好文章，天下悉以文采相尚，莫以專經為業。儉

弱年便留意三禮，尤善春秋，發言吐論，造次必於儒教，由是衣冠翕然，並尚經學，儒教於此

大興。何承天禮論三百卷，儉抄為八帙，又別抄條目為十三卷。朝儀舊典，晉、宋來施行故

事，撰次諳憶，無遺漏者。所以當朝理事，斷決如流。每博議引證，先儒罕有其例，八坐丞

郎，無能異者。令史諮事，賓客滿席，儉應接銓序，傍無留滯。十日一還，監試諸生，巾卷在

庭，劍衞令史，儀容甚盛。作解散幘，斜插簪，朝野慕之，相與放效。儉常謂人曰：「江左風

流宰相，惟有謝安」，蓋自況也。武帝深委仗之，士流選用，奏無不可。

五年，儉即本號開府儀同三司，固讓。六年，重申前命。先是詔儉三日一還朝，尚書令

史出外諮事，[二0]上以往來煩數，詔儉還尚書下省，月聽十日出外。儉啟求解選，上不許。

七年，乃上表固請，見許，改領中書監，參掌選事。其年疾，上親臨視。薨，年三十八。詔衞

軍文武及臺所給兵仗，悉停侍葬。又詔追贈太尉，加羽葆、鼓吹，增班劍為六十人，葬禮依

太宰文簡公褚彥回故事。諡文憲公。

儉寡嗜慾，唯以經國爲務，車服塵素，家無遺財。手筆典裁，爲當時所重。少便有宰臣之志，賦詩云：「稷契匡虞夏，伊呂翼商周。」及生子，字曰玄成，取仍世作相之義。撰古今喪服集記幷文集，並行於世。梁武帝受禪，詔爲儉立碑，降爵爲侯。

儉弟遜，宋昇明中爲丹陽丞，告劉彥節事，不蒙封賞。建元初，爲晉陵太守，有怨言。儉慮爲禍，因褚彥回啓聞，中丞陸澄依事舉奏。詔以儉竭誠佐命，特降刑書宥遜，遠徙永嘉郡，於道伏誅。

長子賁嗣。

賁字思寂，本字玄成，與齊高帝偏諱同，故改焉。性凝簡，慕樂廣爲人，未嘗言人之短。諸女子姪皆嬪王尙主，朔望來歸，輜軿塡咽，非所欲也，敕歲中不過一再見。嘗從容謂諸子曰：「吾家本素族，自可依流平進，不須苟求也。」歷黃門郎、司徒右長史。不事產業，有舊墅在鍾山八十餘頃，與諸宅及故佃共佃之。常謂人曰：「我不如鄭公業有田四百頃，而食常不周。」以此爲愧。永元末，召爲侍中，不拜。三年春，枉矢晝見西方，長十餘丈。賁曰：「此除舊布新之象也。」及梁武起兵，賁曰：「天時人事，其在此乎。」梁武霸府建，引爲大司馬諮

議參軍，遷侍中。及帝受禪，降封爲侯。歷位度支尚書、中書令。武帝於鍾山西造大愛敬寺，騫舊墅在寺側者，卽王導賜田也。帝遣主書宣旨，就騫市之，欲以施寺。答云：「此田不賣，若敕取，所不敢言。」酬對又脫略。帝怒，遂付市評田價，以直逼還之。由是忤旨，出爲吳興太守。

騫性偒於味而儉於服，頗以多忌爲累。又惰於接物，雖主書宣敕，或過時不見。才望不及弟暕，特以儉之嫡，故不棄於時。暕爲尚書左丞僕射，當朝用事，騫自中書令爲郡，邑不樂，在郡臥不視事。徵復爲度支尚書，加給事中，領射聲校尉。以母憂去職。普通三年卒，年四十九。贈侍中、金紫光祿大夫，諡曰安。子規。

規字威明，八歲丁所生母憂，居喪有至性。齊太尉徐孝嗣每見必爲流涕，稱曰「孝童」。叔父暕亦深器重之，常曰：「此兒吾家千里駒也。」年十二，略通五經大義。及長，遂博涉有口辯。爲本州迎主簿。起家祕書郎，累遷太子洗馬。

天監十二年，改造太極殿畢，規獻新殿賦，其辭甚工。後爲晉安王綱雲麾諸議參軍，久之，爲新安太守。父憂去職，服闋，襲封南昌縣侯。除中書黃門侍郎，敕與陳郡殷芸、琅邪王錫、范陽張緬同侍東宮，[1]俱爲昭明太子所禮。湘東王繹時爲丹陽尹，與朝士宴集，屬

規為酒令。規從容曰：「江左以來，未有茲舉。」特進蕭琛、金紫光祿大夫傅昭在坐，並謂為知言。朱异嘗因酒卿規，規責以無禮。

普通初，陳慶之北侵，陷洛陽，百僚稱慶。規退曰：「可弔也，又何賀焉。道家有云：非為功難，成功難也。昔桓溫得而復失，宋武竟無成功。我孤軍無援，深入寇境，將為亂階。」俄見覆沒。

六年，武帝於文德殿餞廣州刺史元景隆，詔羣臣賦詩，同用五十韻。規援筆立奏，其文又美，武帝嘉焉，即日授侍中。後為晉安王長史。王立為太子，仍為散騎常侍、太子中庶子，侍東宮。太子賜以所服貂蟬，并降令書，悅是舉也。尋為吳郡太守，主書芮珍宗家在吳，前守宰皆傾意附之。至是珍宗假還，規遇之甚薄，珍宗還都，密奏規不理郡事。俄徵為左戶尚書。郡境千餘人詣闕請留，表三奏不許。求於郡樹碑，許之。

規常以門宗貴盛，恒思減退。後為太子中庶子，領步兵校尉，辭疾不拜，遂於鍾山宋熙寺築室居焉。卒，贈光祿大夫，諡曰文。皇太子出臨哭，與湘東王繹令曰：「王威明風韻遒上，神峰標映，千里絕迹，百尺無枝，實俊人也。一爾過隙，永歸長夜，金刀掩芒，長淮絕涸。去歲冬中，已傷劉子，今茲寒孟，復悼王生。俱往之傷，信非虛說。」規集後漢衆家異同，注續漢書二百卷。文集二十卷。

子褒，魏剋江陵，入長安。

襄字思晦，騫弟也。年數歲而風神警拔，有成人之度。時父儉作宰相，賓客盈門，見襄

曰：「公才公望，復在此矣。」弱冠選尚淮南長公主，拜駙馬都尉，歷祕書丞。齊明帝詔求異

士，始安王遙光薦襄及東海王僧孺。除襄驃騎從事中郎，[八]天監中，歷位侍中、吏部尚書，

領國子祭酒。門貴，與物隔，不能留心寒素，頗稱刻薄。後為尚書左僕射，領國子祭酒。卒，

謚曰靖。子承、幼、訓，並通顯。[九]

承字安期，初為祕書郎，累遷中書黃門侍郎，兼國子博士。時膏腴貴遊，咸以文學相

尚，罕以經術為業，唯承獨好儒業。遷長兼侍中，俄轉國子祭酒。承祖儉父襄皆為此職，三

世為國師，前代未之有。久之，出為東陽太守。政存寬惠，吏人悅之。卒郡，謚曰章。

承性簡貴，有風格。右衛朱异當朝用事，每休下，車馬填門。有魏郡申英者，門寒才

俊，好危言高論以忤權右。嘗指异門曰：「此中輻湊，皆為利往，能不至者，唯大小王東陽

耳。」小東陽卽承弟幼也。時唯承兄弟及褚翔不至异門，世並稱之。

訓字懷範，生而紫胞，師嫗云「法當貴」。幼聰警，有識量，僧正惠超見而奇之，謂門人羅

智國曰：「四郎眉目疏朗，舉動和韻，此是興門戶者。」智國以白暕，暕亦曰：「不墜基業，其在

文殊。」文殊，訓小字也。年十三，暕亡，憂毀，家人莫識。十六召見文德殿，應對爽徹，上目

送久之。[三〇]謂朱异曰：「可謂相門有相。」初補國子生，問說師袁昂。昂曰：「久籍高名，有勞

虛想，及觀容止，若披雲霧。」俄而諸袁子弟來，昂謂諸助教曰：「我見出十數，若有一子如

此，實無所恨。」射策，除祕書郎，累遷祕書丞。嘗賦詩云：[三一]「且慚臣世功，蕭曹佐旺俗。」

追祖儉之志也。

後拜侍中，入見武帝。帝問何敬容曰：「褚彥回年幾為宰相？」敬容曰：「少過三十。」上

曰：「今之王訓，無謝彥回。」訓美容儀，善進止，文章為後進領袖。年二十六，卒，諡溫子。

僧虔，金紫光祿大夫僧綽弟也。父曇首，與兄弟集會子孫，任其戲適。僧達跳下地作

彪子。[三二]時僧虔累十二博棊，既不墜落，亦不重作。僧綽採蠟燭珠為鳳凰，僧達奪取打壞，

亦復不惜。伯父弘歎曰：「僧達俊爽，當不減人，然亡吾家者，終此子也。僧虔必至公，僧綽

當以名義見美。」或云僧虔採燭珠為鳳凰，弘稱其長者云。僧虔弱冠，雅善隸書，宋文帝見

其書素扇，歎曰：「非唯跡逾子敬，方當器雅過之。」為太子舍人，退默少交接。與袁淑、謝莊

善，淑每歎之曰：「卿文情鴻麗，學解深拔，而韜光潛寶，物莫之窺，雖魏陽元之射，王汝南之騎，無以加焉。」遷司徒左西屬。

兄僧綽爲宋元凶所害，親賓咸勸之逃，僧虔泣曰：「吾兄奉國以忠貞，撫我以慈愛，今日之事，苦不見及耳。若同歸九泉，猶羽化也。」

塗得病，僧虔爲廢寢食，同行客慰喻之。僧虔曰：「昔馬援處子姪之間，[三]一情不異，鄧攸於弟子，更逾所生，吾實懷其心，誠未異古。亡兄之胤，不宜忽諸，若此兒不救，便當回舟謝職。」還爲中書郎，再遷太子中庶子。

孝武欲擅書名，僧虔不敢顯跡，大明世常用掘筆書，以此見容。後爲御史中丞，領驍騎將軍。甲族由來多不居憲臺，王氏分枝居烏衣者，位宦微減。僧虔爲此官，乃曰：「此是烏衣諸郎坐處，我亦可試爲耳。」泰始中，爲吳興太守。始王獻之善書，爲吳興郡，及僧虔工書，又爲郡，論者稱之。

徙會稽太守。中書舍人阮佃夫家在東，請假歸，客勸僧虔以佃夫要幸，宜加禮接。僧虔曰：「我立身有素，豈能曲意此輩；彼若見惡，當拂衣去耳。」佃夫言於宋明帝，使御史中丞孫敻奏僧虔，坐免官。尋以白衣領侍中。

元徽中，爲吏部尚書，尋加散騎常侍，轉右僕射。昇明二年，爲尚書令。嘗爲飛白書題

尚書省壁曰：「圓行方止，物之定質，修之不已則溢，高之不已則慄，馳之不已則躓，引之不已則迷，是故去之宜疾。」當時嗟賞，以比坐右銘。兄子儉每覩見，輒勗以前言往行，忠貞止足之道。

雅好文史，解音律，以朝廷禮樂，多違正典，人間競造新聲。時齊高帝輔政，僧虔上表請正聲樂，高帝乃使侍中蕭惠基調正清商音律。

齊受命，轉侍中、丹陽尹。郡縣獄相承有上湯殺囚，僧虔上言：「湯本救疾，而實行冤暴，若罪必入重，自有正刑，若去惡宜疾，則應先啟，豈有死生大命，而潛制下邑。」上納其言而止。

文惠太子鎮雍州，有盜發古冢者，相傳云是楚王冢，大獲寶物：玉屐、玉屏風、竹簡書、青絲編。簡廣數分，長二尺，皮節如新。有得十餘簡以示僧虔，云是科斗書考工記，周官所闕文也。

高帝素善書，篤好不已，與僧虔賭書畢，謂曰：「誰為第一？」對曰：「臣書第一，陛下亦第一。」帝笑曰：「卿可謂善自為謀。」或云帝問：「我書何如卿？」答曰：「臣正書第一，草書第二，陛下草書第二，而正書第三。臣無第三，陛下無第一。」帝大笑曰：「卿善為辭，然天下有道，丘不與易也。」帝示僧虔古迹十一卷，就求能書人名。僧虔得人間所有卷中所無者：吳大皇

帝、景帝、歸命侯書、桓玄書，及王丞相導、領軍洽、中書令珉、張芝、索靖、衛伯儒、張翼十一

卷，奏之。又上羊欣所撰能書人名一卷。遷湘州刺史，侍中如故。清簡不營財產，百姓

安之。

武帝即位，以風疾欲陳解，遷侍中、左光祿大夫、開府儀同三司。僧虔少時，羣從並會，

客有相之云：「僧虔年位最高，仕當至公」及此授，僧虔謂兄子儉曰：「汝任重於

朝，行當有八命之禮，我若復此授，一門有二台司，實所畏懼。」乃固辭，上優而許之。客問

其故，僧虔曰：「吾榮位已過，無以報國，豈容更受高爵，方貽官謗邪。」儉既為朝宰，起長梁

齋，制度小過，僧虔視之不悅，竟不入戶。儉即日毀之。永明三年薨，時年六十。追贈司

空，侍中如故。諡簡穆。

僧虔頗解星文，夜坐見豫章分野當有事故，時僧虔子慈為豫章內史，慮有公事；少時而

僧虔薨，棄郡奔赴。時有前將軍陳天福，坐討唐㝢之於錢唐掠奪百姓財物棄市。先是天福將

行，令家人豫作壽冢，未至東，又信催速就。冢成而得罪，因以葬焉。又宋世光祿大夫劉鎮

之年三十許，病篤，已辦凶具，既而疾愈，因畜棺以為壽，九十餘乃亡，此器方用。因此而

晉，天道未易知也。

僧虔論書云：「宋文帝書，自言可比王子敬。」時議者云『天然勝羊欣，功夫少於欣』。王

平南虞，右軍叔，過江，右軍之前以為最。亡曾祖領軍書，〔二〕右軍云：『弟書遂不減吾。』變

古制今，惟右軍。領軍不爾，至今猶法鍾、張。亡從祖中書令書，子敬云：『弟書如騎驟，駿

駛恒欲度驊騮前。』庾征西翼書，少時與右軍齊名，右軍後進，庾猶不分。在荊州與都下人

書云：『小兒輩賤家雞，皆學逸少書，須吾下當比之。』張翼，王右軍自書表，晉穆帝令翼寫題

後答，右軍當時不別，久後方悟，云『小人幾欲亂真』。張芝、索靖、韋誕、鍾會、二衛，並得名

前代，無以辨其優劣，唯見其筆力驚異耳。張澄當時亦呼有意。郗愔章草亞於右軍。郗嘉

賓草亞於二王，緊媚過其父。〔三〕桓玄自謂右軍之流，論者以比孔琳之。謝安亦入能書錄，

亦自重，為子敬書稽康詩。羊欣書見重一時，親受子敬。行書尤善，正乃不稱名。孔琳之

書，天然縱放，極有筆力，規矩恐在羊欣後。丘道護與羊欣俱面受子敬，故當在欣後。范曄

與蕭思話同師羊欣，後小叛，既失故步，為復小有意耳。蕭思話書，羊欣之影，風流趨好，殆

當不減，筆力恨弱。謝綜書，其舅云緊生起。是得賞也，恨少媚好。謝靈運書乃不倫，遇其

合時，亦得入流。賀道力書亞丘道護。庾昕學右軍，〔六〕亦欲亂真矣。

僧虔嘗自書讓尚書令表，辭制既雅，筆迹又麗，時人以比子敬崇賢。吳郡顧寶先卓越

多奇，自以伎能，僧虔乃作飛白以示之。寶先曰：『下官今為飛白屈矣。』僧虔著書賦，儉為

注序甚工。

知汝恨吾未許汝學，欲自悔厲，或以闔棺自欺，[二七]或更擇美業，且得有慨，亦慰窮

生。但亟聞斯唱，未覩其實，吾未信汝，非徒然也。往年有意於史，取三國志聚置牀

頭，百日許，復徙業就玄。吾曾未窺其題目，未辨其指歸，而終日自欺人，[二八]人不受汝

欺也。由吾不學，無以為訓，然重華無嚴父，放勳無令子，亦各由己耳。汝輩竊議，亦

當云『阿越不學，何忽自課』？汝見其一耳，不全爾也。設令吾學如馬、鄭，亦復甚勝，

復倍不如，今亦必大減，致之有由，從身上來也。汝今壯年，自勤數倍，許勝劣及吾耳。

吾在世雖乏德素，要復推排人間數十許年，[二九]故是一舊物，人或以比數汝耳。即

化之後，若自無調度，誰復知汝事者。舍中亦有少負令譽、弱冠越超清級者，于時王家

門中，優者龍鳳，劣猶虎豹。失蔭之後，豈龍虎之議，況吾不能為汝蔭，政應各自努力

耳。或有身經三公，蔑爾無聞，布衣寒素，卿相屈體，[三〇]父子貴賤殊，兄弟聲名異，何

也？體盡讀數百卷書耳。吾今悔無所及，欲以前車誡爾後乘也。汝年入立境，方應從

官，兼有室累，何處復得下帷如王郎時邪？各在爾身已切，[三一]豈復關吾邪！鬼唯知愛

深松茂柏，寧知子弟毀譽事。因汝有感，故略敍胸懷。

子慈。

慈字伯寶。年八歲，外祖宋太宰江夏王義恭迎之內齋，施寶物恣所取，慈取素琴石硯

及孝子圖而已，義恭善之。袁淑見其幼時，撫其背曰：「叔慈內潤也。」

少與從弟儉共書學。謝鳳子超宗嘗候虔度，仍往東齋詣慈。超宗狠狽而退。慈正學書，未卽放筆，超

宗曰：「卿書何如虔公？」慈曰：「慈書比大人，如雞之比鳳。」超宗狠狽而退。慈正學書，未卽放筆，超

宗約入寺禮佛，正遇沙門懺，約戲慈曰：「眾僧今日可謂虔虔。」慈應聲曰：「卿如此，何以

與蔡氏之宗。」歷位吳郡太守，大司馬長史，侍中，領步兵校尉，司徒左長史。慈患腳，齊武

帝敕王晏：「慈有微疾，不能騎，聽乘車在仗後。」江左以來少例也。

慈妻劉彥節女，子觀尚武帝長女吳縣公主，修婦禮，姑未嘗交答。江夏王鋒為南徐州，

王妃，慈女也，以慈為東海太守，行南徐州府州事。[一]還為冠軍將軍、廬陵王中軍長史，未

拜，永明九年卒。贈太常，謚懿。子泰。

泰字仲通，幼敏悟。年數歲時，祖母集諸孫姪，散棗栗於牀，羣兒競之，泰獨不取。問

其故，對曰：「不取自當得賜。」由是中表異之。少好學，手所抄寫二千許卷。及長，通和溫

雅，家人不見喜慍之色。姊夫齊江夏王鋒為齊明帝所害，外生蕭子友並孤弱，[二]泰資給撫

訓，逾於子姪。

梁天監元年為祕書丞。自齊永元之末，後宮火延燒祕書，圖書散亂殆盡。泰表校定繕寫，武帝從之。歷中書侍郎，掌吏部，仍即真。自過江，吏部郎不復典大選，令史以下，小人求競者輻湊前後，少能稱職。泰為之，不為貴賤請屬易意，天下稱平。

轉黃門侍郎，每預朝宴，刻燭賦詩，文不加點，帝深賞歎。沈約常曰：「王有養、炬，謝有覽、舉。」養，泰小字，炬，筠小字也。

始革大理，以泰為廷尉卿，再歷侍中，後為都官尚書。泰能接人士，故每願其居選官。頃之，為吏部尚書，衣冠屬望。未及選舉，仍疾，改除散騎常侍、左驍騎將軍，未拜，卒，謚夷。子廓。

志字次道，慈之弟也。九歲，居所生母憂，哀容毀瘠，為中表所異。弱冠，選尚宋孝武女安固公主，拜駙馬都尉。褚彥回為司徒，引志為主簿。謂其父僧虔曰：「朝廷之恩，本為殊特，所可光榮，在屈賢子。」

累遷宣城內史，清謹有恩惠。郡人張倪、吳慶爭田，經年不決。志到官，父老相謂曰：「王府君有德政，吾鄉里乃有如此爭。」倪、慶因相攜請罪，所訟地遂成閑田。後為東陽太

守，郡獄有重囚四十餘，冬至日，悉遣還家，過節皆反，唯一人失期。志曰：「此自太守事，主者

勿憂。」明旦果至，以婦孕。吏人益歎服之。

為吏部尚書，在選以和理稱。崔慧景平，以例加右軍將軍，封臨汝侯。固讓，改領右衛

將軍。及梁武軍至，城內殺東昏，百僚署名送首。志歎曰：「冠雖弊，可加足乎？」因取庭樹

葉挼服之，偽悶不署名。梁武覽牋無志署，心嘉之，弗以讓也。霸府開，為驃騎大將軍長

史。梁臺建，位散騎常侍、中書令。

天監初，為丹陽尹，為政清靜。都下有寡婦無子，姑亡舉責以斂，葬既而無以還之。志

愍其義，以俸錢償焉。時年饑，每旦為粥於郡門以賦百姓，眾悉稱惠。常懷止足，謂諸子姪

曰：「謝莊在宋孝武時，位止中書令，吾自視豈可過之。」三年，為散騎常侍、中書令，因多謝

病，簡通賓客。九年，還為散騎常侍、金紫光祿大夫，卒。

志善草隸，〔一五〕當時以為楷法。齊游擊將軍徐希秀亦號能書，常謂志為「書聖」。志家居

建康禁中里馬糞巷。父僧虔門風寬恕，志尤惇厚，所歷不以罪咎劾人。門下客嘗盜脫志車

轓賣之，志知而不問，待之如初。賓客遊其門者，專蓋其過而稱其善。兄弟子姪皆篤實謙

和，時人號馬糞諸王為長者。普通四年，志改葬，武帝厚賵贈之，諡曰安。有五子：緝、休、

陘、操、素。

志弟揖位太中大夫，揖子筠。

筠字元禮，一字德柔，幼而警悟，七歲能屬文。年十六，為芍藥賦，其辭甚美。及長，清

靜好學，與從兄泰齊名。沈約見筠，以為似外祖袁粲，謂僕射張稷曰：「王郎非唯額類袁

風韻都欲相似。」稷曰：「袁公見人輒矜嚴，王郎見人必娛笑。唯此一條，不能酷似。」

仕為尚書殿中郎，王氏過江以來，未有居郎署，或勸不就，筠曰：「陸平原東南之秀，王

文度獨步江東。吾得比蹤昔人，何所多恨。」乃欣然就職。

沈約每見筠文咨嗟，嘗謂曰：「昔蔡伯喈見王仲宣，稱曰王公之孫，吾家書籍悉當相與。

僕雖不敏，請附斯言。自謝朓諸賢零落，平生意好殆絕，不謂疲暮復逢於君。」約於郊居宅

閣齋，請筠為草木十詠書之壁，皆直寫文辭，不加篇題。約謂人曰：「此詩指物程形，無假題

署。」約製郊居賦，構思積時，猶未都畢，示筠草。筠讀至「雌霓（五的反）連蜷」，約撫掌欣抃曰：

「僕常恐人呼為霓（五今反）。」次至「墜石碢星」及「冰懸埳而帶坻」，筠皆擊節稱贊。約曰：「知

音者希，真賞殆絕，所以相要，政在此數句耳。」筠又嘗為詩呈約，約即報書歎詠，以為後進

擅美。筠又能用強韻，每公宴並作，辭必妍靡。約嘗啟上，言晚來名家無先筠者。又於御

筵謂王志曰：「賢弟子文章之美，可謂後來獨步。」謝朓常見語云：「好詩圓美流轉如彈丸」。

近見其數首,方知此言爲實。」

累遷太子洗馬,中舍人,並掌東宮管記。昭明太子愛文學士,常與筠及劉孝綽、陸倕、

到洽、殷鈞等遊宴玄圃,太子獨執筠袖,撫孝綽肩曰:「所謂左把浮丘袖,右拍洪崖肩。」其見

重如此。筠又與殷鈞以方雅見禮。後爲中書郎,奉敕製開善寺寶誌法師碑文,辭甚麗逸。

又敕撰中書表奏三十卷,及所上賦頌都爲一集。

後爲太子家令,復掌管記。普通元年,以母憂去職。筠有孝性,毀瘠過禮。中大通二

年,〔三〕爲司徒左長史。三年,昭明太子薨,敕製哀策文,復見嗟賞。尋出爲臨海太守,在郡

侵刻,還資有芒屬兩舫,他物稱是。爲有司奏,不調累年。後歷祕書監,太府卿,度支尚書,

司徒左長史。及簡文即位,爲太子詹事。

筠家累千金,性儉嗇,外服粗弊,所乘牛嘗飼以青草。及遇亂,舊宅先爲賊焚,乃寓居

國子祭酒蕭子雲宅。夜忽有盜攻,懼墜井,卒,時年六十九。家人十三口同遇害,人棄尸積

於空井中。

筠狀貌寢小,長不滿六尺。性弘厚,不以藝能高人。而少擅才名,與劉孝綽見重當時。

其自序云:「余少好抄書,老而彌篤,雖偶見瞥觀,〔二六〕皆卽疏記。後重省覽,歡與彌深。習

與性成,不覺筆倦。自年十三四,建武二年乙亥,至梁大同六年,四十六載矣。〔二七〕幼年讀五

經，皆七八十遍。愛左氏春秋，吟諷常爲口實。廣略去取，凡三過五抄，餘經及周官、儀禮、

國語、爾雅、山海經、本草並再抄，子史諸集皆一遍。未嘗倩人假手，並躬自抄錄，大小百餘

卷。不足傳之好事，蓋以備遺忘而已。」又與諸兒書論家門集云「史傳稱安平崔氏及汝南

應氏並累葉有文才，所以范蔚宗云崔氏彫龍。〔二六〕然不過父子兩三世耳，非有七葉之中，名

德重光，爵位相繼，人人有集，如吾門者也。沈少傅約常語人云『吾少好百家之言，身爲四

代之史。自開闢以來，未有爵位蟬聯、文才相繼如王氏之盛也。』汝等仰觀堂搆，思各努

力。」筠自撰其文章，以一官爲一集，自洗馬、中書、中庶、吏部、左佐、臨海、太府各十卷，尚

書三十卷，凡一百卷，行於世。

子祥，仕陳位黃門侍郎。　揖弟彬。

彬字思文，好文章，習篆隸，與志齊名。　時人爲之語曰：「三眞六草，爲天下寶。」齊武帝

起舊宮，彬獻賦，文辭典麗。　尚齊高帝女臨海長公主，拜駙馬都尉。仕齊，歷太子中庶子，

徙永嘉太守。　卜室於積穀山，有終焉之志。　梁天監中，歷吏部尚書、祕書監。卒，諡惠。　彬

立身清白，推賢接士，有士君子風。　彬弟寂。

寂字子玄，性迅動，好文章。讀范滂傳，未嘗不欷悒。王融敗後，賓客多歸之。齊建武

初，欲獻中興頌，兄志謂曰：「汝膏粱年少，何患不達？不鎮之以靜，將恐貽譏。」寂乃止。位

祕書郎。卒年二十一。

論曰：王曇首之才器，王僧綽之忠直，其世祿不替也，豈徒然哉。仲寶雅道自居，早懷

伊、呂之志，竟而逢時遇主，自致宰輔之隆，所謂衣冠禮樂盡在是矣。齊有人焉，於斯為盛。

其餘文雅儒素，各稟家風，箕裘不墜，亦云美矣。

校勘記

〔一〕既從神武之師　「之師」二字各本並脫，據宋書補。
〔二〕曇首固陳　「陳」各本作「諫」，據宋書改。
〔三〕應須白獸幡銀字棨　「獸」本字「虎」，避唐諱改。
〔四〕尚書左丞羊玄保奏免御史中丞傅隆以下　「以下」各本作「旨下」，據宋書改。
〔五〕既無墨敕　「墨」各本作「異」，據宋書改。

南史卷二十二

六一二

〔六〕弟名位應與新建齊　「應」字各本並脫，據宋書補。

〔七〕湛之欲立隨王誕　「湛之」二字各本並脫，據宋書補。

〔八〕幾事雖密　「雖」各本作「難」，據宋書改。

〔九〕帝以儉嫡母武康公主同太初巫蠱事　「公」字各本並脫，據南齊書補。

〔一〇〕褚彥回唯爲禪詔　「禪」字各本並脫，據南齊書、通志補。

〔一一〕趙充國猶能自舉西零之任　「西零」漢書趙充國傳作「先零」。錢大昕廿二史考異：「西零即先零，西、先聲相近。」

〔一二〕宜依禮爲舊君之妻齊衰三月而除　「禮爲」二字各本並脫，據南齊書禮志補。

〔一三〕其年九月崩　晉書明帝紀，明帝死於太寧三年閏八月，非九月。

〔一四〕簡文咸安二年南郊　「二年」各本作「三年」。按咸安無三年，據晉書簡文帝紀、南齊書禮志改。

〔一五〕謂明年正月宜饗祀二郊虔祭明堂　「饗祀」、「虔祭」各本作「饗禮」、「虞祭」。據晉書簡文帝紀、南齊書禮志改。王鳴盛十七史商榷六〇：「明堂安得稱『虞祭』？」疑當作『虔祭』。按二郊亦當稱「饗祀」，今並據南齊書禮志改正。

〔一六〕尚書令史出外諮事　「外」字各本並脫，據南齊書補。

〔一七〕敕與陳郡殷芸琅邪王錫范陽張緬同侍東宮　「殷芸」梁書作「殷鈞」，冊府元龜二六〇、七〇八、八〇七並同梁書。

〔一八〕除諫驃騎從事中郎 「驃」字各本並脱，據梁書補。

〔一九〕子承幼訓並通顯 「幼」梁書作「稚」，此避唐諱改。

〔二〇〕上目送久之 「久之」各本作「之久」，據册府元龜二〇四乙正。

〔二一〕嘗賦詩云 「賦」字各本並脱，據通志補。

〔二二〕僧達跳下地作彪子 「彪子」通鑑作「虎子」，此避唐諱改。

〔二三〕昔馬援處子姪之間 「處」字各本並脱，據南齊書補。

〔二四〕亡曾祖領軍書 「書」字各本並脱，據南齊書補。

〔二五〕緊媚過其父 「過」字各本並脱，據册府元龜八六一、法書要錄補。

〔二六〕庾昕學右軍 「庾昕」法書要錄作「康昕」。

〔二七〕或以闔棺自欺 張森楷南史校勘記：「『欺』，南齊書作『期』，於誼較長。」按嚴可均全齊文作「期」。

〔二八〕而終日自欺人 「自」字南齊書、册府元龜八一七並無。

〔二九〕要復推排人間數十許年 「數」字各本並脱，據南齊書補。

〔三〇〕卿相屈體 「卿相」各本作「輕相」，據南齊書、册府元龜八一七及通志改。

〔三一〕各在爾身已切 「在」字各本並脱，據南齊書、通志補。

（二二）行南徐州府州事　「南」字各本並脫。按上云「江夏王鋒爲南徐州」，則此不當云「徐州」，今補正。

（二三）外生蕭子友並孤弱　「並」字疑衍文。

（二四）志善草隸　「草隸」各本並作「藁隸」，據梁書改。

（二五）中大通二年　「中」字各本並脫，據梁書補。

（二六）雖偶見瞥觀　「偶見」各本並作「遇見」。李慈銘南史札記：「遇當作偶」，今從改。

（二七）建武二年乙亥至梁大同六年四十六載矣　「六」字據册府元龜七七〇補。按自齊建武二年至梁大同六年適四十六年。

（二八）所以范蔚宗云崔氏彫龍　李慈銘南史札記：「後漢書崔駰傳贊云，『崔爲文宗，世禪雕龍。』此處『雕』上脫『世禪』二字。」按梁書、册府元龜八七一並作「崔氏世擅雕龍」，禪擅古字通用。

南史卷二十三

列傳第十三

王誕 兄子偃　偃子藻　藻弟子瑩　瑩從弟亮　王華 從弟琨　王

惠 從弟球　王彧 子絢　絢弟繢　繢孫克　彧兄子蘊　奐　奐弟份

份孫銓　錫　僉　通　勘　實　固

王誕字茂世，太保弘從祖兄也。祖恬，晉中軍將軍。父混，太常卿。誕少有才藻，晉孝武帝崩，從叔尚書令珣為哀策，出本示誕，曰：「猶恨少序節物。」誕攬筆便益之，接其「秋冬代變」後云：「霜繁廣除，風回高殿。」珣歎美，因而用之。襲爵雉鄉侯，為會稽王世子元顯後軍長史、琅邪內史。誕結事元顯嬖人張法順，故見寵。元顯納妾，誕為之親迎。隨府轉驃騎長史，內史如故。元顯討桓玄，欲悉誅諸桓，誕救桓脩等，由此得免。脩，誕甥也。及玄

得志，將見誅，脩爲陳請，乃徙廣州。

盧循據廣州，以誕爲其平南府長史，甚賓禮之。誕久客思歸，乃說循曰：「下官與劉鎮軍情味不淺，若得北歸，必蒙任寄。」時廣州刺史吳隱之亦爲循所拘留，誕又曰：「將軍今留吳公，公私非計。孫伯符豈不欲留華子魚，但以一境不容二君耳。」於是誕及隱之俱得還。

誕爲宋武帝太尉長史，盡心歸奉，帝甚仗之。盧循自蔡洲南走，劉毅固求追討。誕密白帝曰：「公既平廣固，復滅盧循，則功蓋終古，勳無與二。如此大威，豈可使餘人分之？毅與公同起布衣，一時相推耳，今既喪敗，不宜復使立功。」帝納其說。後爲吳國內史，母憂去職。

武帝伐劉毅，起爲輔國將軍，誕固辭，以墨絰從行。時諸葛長人行太尉留府事，心不自安，武帝甚慮之。毅既平，誕求先下。帝曰：「長人似有自疑心，卿詎宜便去？」誕曰：「長人知下官蒙公垂盼，今輕身單下，必當以爲無虞，可少安其意。」帝笑曰：「卿勇過賁、育矣。」於是先還。後卒。追封作唐縣五等侯。

子訒早卒。誕兄㝸字偉世，侍中、左戶尚書，始興公。㝸子㦬。

㦬字子游，母晉孝武帝女鄱陽公主。[一]宋受禪，封永成君。㦬尚宋武帝第二女吳興長

公主，諱榮男。常保傴縛諸庭樹，時天夜雪，縈凍久之。傴兄恢排閤訴主，乃免。

傴謙虛恭謹，不以世事關懷，位右光祿大夫，贈開府儀同三司，諡恭公。

長子藻，位東陽太守，尚文帝第六女臨川長公主，諱英媛。公主性妒，而藻別愛左右人吳崇祖。景和中，主譖之於廢帝，藻下獄死，主與王氏離婚。宋世諸主莫不嚴妒，明帝每疾之。湖熟令袁慆妻以妒賜死，使近臣虞通之撰妒婦記。左光祿大夫江湛孫戮當尚孝武帝女，上乃使人為戮作表讓婚曰：

伏承詔旨，當以臨汝公主降嬪，〔三〕榮出望表，恩加典外。顧審輶葸，伏用憂惶。臣寒門悴族，人凡質陋，閭閻有對，本隔天姻。如臣素流，家貧業寡，年近將冠，皆已有室。荊釵布裙，足得成禮。每不自解，無偶迄茲，媒訪莫尋，素族弗問。自惟門慶，屬降公主，〔二〕天恩所覃，庸及醜末。懷憂抱惕，慮不獲免，徵命所當，果膺茲舉。雖門泰宗榮，於臣非倖，仰緣聖貸，冒陳愚實。

自晉氏以來，配尚王姬者，雖累經美胄，亦有名才。至如王敦懾氣，桓溫斂威，真長佯愚以求免，子敬炙足以違禍，王偃無仲都之質，而保雪於北階，何瑀闕龍工之姿，而投軀於深井，謝莊殆自害於矇瞍，殷沖幾不免於強鉏。彼數人者，非無才意，而勢屈於

崇貴，事隔於聞覽，吞悲茹氣，無所逃訴。制勒甚於僕隸，防閑過於婢妾，往來出入，人

理之常，當待賓客，〔四〕朋從之義，而令掃轍息駕，無闕門之期，廢筵抽席，絕接對之理。

非唯交友離異，乃亦兄弟疏闊。第令受酒肉之賜，制以動靜，監子待錢帛之私，節其言

笑。姆嬭爭媚，相勸以嚴，尼媼競前，相詔以急。第令凡庸下才，監子皆唱葭萌愚豎。

議舉止則未閑是非，聽言語則謬於虛實。姆嬭敢恃恃舊，唯贊妬忌，尼媼自唱多知，務

檢口舌。其間又有應答問訊，卜筮師母，乃至殘餘飲食，詰辯與誰，衣被故弊，必責頭

領。又出入之宜，繁省難衷，或進不獲前，或入不聽出。不入則嫌於欲疎，求出則疑有

別意。召必以三晡為期，遣必以日出為限。夕不見晚魄，朝不識曙星。至於夜步月而

弄琴，晝拱袂而披卷，一生之內，與此長乖。又聲影裁聞，則少婢奔進，裾袂向席，則醜

老叢來。左右整刷，以疑寵見嫌，賓客未冠，以少容致斥。禮有列媵，象有貫魚，本無

嫛嫡之嫌，豈有輕婦之誚？今義絕傍私，虔恭正匹，而每事必言無儀適，設辭輒云輕易

我。又竊聞諸主聚集，唯論夫族，緩不足為急者法，急則可為緩者師。更相扇誘，本其

恒意，不可貸借，固實常辭。或云野敗去，或云人笑我。雖曰家事，有甚王憲，發口所

言，恒同科律。王藻雖復強狠，頗經學涉，戲笑之事，遂為冤魂，褚曖憂慎，用致夭絕，

傷理害義，難以具聞。夫蠢斯之德，實致克昌，專妬之行，有妨繁衍。是以尚主之門，

往往絕嗣，駙馬之身，通離聲咎。以臣凡弱，何以克堪。必將毀族淪門，豈伊身害？〔三〕

前後嬰此，其人雖衆，然皆患彰退邁，事隔天朝，故吞言咽理，無敢論訴。

臣幸屬聖明，矜照由道，弘物以典，處親以公，臣之鄙懷，可得自盡。如臣門分，世

荷殊榮，足守前基，便預提拂。清官顯位，或由才升，一叨婚戚，咸成恩假。是以仰冒

非宜，披露丹實，非唯止陳一己，規全身願，實乃廣申諸門受患之切。伏願天慈照察，

特賜鐲停，使燕雀微羣，得保叢蔚，蠢物憐生，自己彌篤。若恩詔難降，披請不申，便當

刊膚剪髮，投山竄海。

帝以此表遍示諸主以諷切之，幷爲戲笑。　元徽中，臨川主表求還身王族，守養弱嗣，許之。

藻弟巒字昌業，光祿大夫，封南鄉侯。　巒子瑩。

瑩字奉光，選尚宋臨淮公主，拜駙馬都尉。累遷義興太守，代謝超宗。超宗去郡，與瑩

交惡，〔六〕還都就巒求書屬瑩求一吏，曰：「丈人一旨，如湯澆雪耳。」及至，瑩答旨以公吏不

可。超宗往巒處，對諸賓謂巒曰：「湯定不可澆雪。」巒面洞赤，唯大恥愧。　巒後往超宗處，

設精白鮑、美鮓、麞肚。　巒問那得佳味，超宗詭言義興始見餉；陽驚曰：「丈人豈應不得邪？」

巒大怒，言於朝廷，稱瑩供養不足，坐失郡，廢棄久之。

後歷侍中，東陽太守。以居郡有惠政，遷吳興太守。齊明帝勤憂庶政，瑩頻處二郡，皆

有能名。還爲中領軍隨王長史。意不平，改爲太子詹事、中領軍。

永元初，政由羣小，瑩守職而已，不能有所是非。及尚書令徐孝嗣誅，瑩頗綜朝政，啟

取孝嗣所居宅，及取孝嗣封名枝江縣侯以爲己封。從弟亮謂曰：「此非盛德也。」瑩怒曰：

「我昔從東度爲吳興，束身登岸，徐時爲宰相，不見知，相用爲領軍長史。今住其宅，差無

多慚。」時人咸謂失德。亮既當朝，於瑩素雖不善，時欲引與同事。遷尚書左僕射，未拜，會

護軍崔慧景自京口奉江夏王內向，瑩拒慧景於湖頭。衆敗，瑩赴水，乘舫入樂遊，因得還

臺城。慧景敗，瑩還居領軍府。梁武兵至，復假節，都督宮城諸軍事。建康平，瑩乃以宅還

徐氏。

初爲武帝相國左長史，及踐阼，封建城縣公，累遷尚書令。瑩性清愼，帝深善之。時有

猛獸入郭，[七]上意不悅，以問羣臣，羣臣莫對。瑩在御筵，乃斂板答曰：「昔擊石拊石，百獸

率舞。陛下膺籙御圖，虎象來格。」帝大悅，衆咸服焉。

十五年，位左光祿大夫、開府儀同三司，丹陽尹。既爲公，須開黃閤。宅前促，欲買南

鄰朱价半宅。价懼見侵，貨得錢百萬，瑩乃回閣向東。時人爲之語曰：「欲向南，錢可貪，遂

向東，爲黃銅。」及將拜，印工鑄印，六鑄而龜六毀。及成，頭空不實，補而用之。居職六日

暴疾薨，諡曰靜恭。

　少子實嗣。起家祕書郎，尚梁武帝女安吉公主，襲爵建城縣公，爲新安太守。實從兄密於郡市貨，還都求利。及去郡數十里，就求告。實乃知，命追之。呼從兄上岸盤頭，令卒與杖，搏頰乞原，劣得免。後爲南康嗣王湘州長史、長沙郡。王三日出禊，實衣冠傾崎，王性方嚴，見之意殊惡。實稱主名謂王曰：「蕭玉誌念實，殿下何見憎？」王驚赧即起。後密啓之，因此廢錮。

　亮字奉叔，瑩從父弟也。父攸字昌達，仕宋位太宰中郎，贈給事黃門侍郎。亮以名家子，宋末選尚公主，拜駙馬都尉。歷任祕書丞。齊竟陵王子良開西邸，延才俊，以爲士林館，〔七〕使工圖其像，亮亦預焉。

　累遷晉陵太守，在職清公，有美政。時有晉陵令沈巑之性粗疏，好犯亮諱，亮不堪，遂啓代之。巑之怏怏，乃造坐云：「下官以犯諱被代，未知明府諱。若爲攸字，當作無骹尊傍犬？爲犬傍無骹尊？若是有心攸？無心攸？乞告示。」〔八〕亮不履下牀跣而走，巑之撫掌大笑而去。

　建武末，累遷吏部尙書。時右僕射江祏管朝政，多所進拔，爲士所歸。亮自以身居選

部，每持異議。始亮未爲吏部郎時，以祏帝之內弟，故深友祏。祏爲之延譽，益爲帝所器

重。至是與祏情好攜薄，祏昵之如初。及祏遇誅，羣小放命，凡所除拜，悉由內寵，亮弗能

止。外若詳審，內無明鑒，所選用，拘資次而已，當時不謂爲能。後爲尚書左僕射。及東昏

肆虐，亮取容以免。

梁武帝至新林，內外百僚皆道迎，其不能拔者亦間路送誠款，亮獨不遣。及東昏遇殺，

張稷仍集亮等於太極殿前西鍾下坐，議欲立齊湘東嗣王寶晊。領軍臺瑩曰：「城閉已久，人情

離解，征東在近，何不諮問？」張稷又曰：「桀有昏德，鼎遷于殷。今實微子去殷、項伯歸漢之

日。」亮默然。朝士相次下牀，乃遣國子博士范雲齎東昏首送石頭，推亮爲首。

城平，朝士畢至，亮獨後，裙履見武帝。帝謂曰：「顚而不扶，安用彼相？」亮曰：「若其可

扶，明公豈有今日之舉。」因泣而去。霸府開，以爲大司馬長史。梁臺建，授侍中、尚書令，

固讓，乃爲侍中、中書監，兼尚書令。及受禪，遷侍中、尚書令、中軍將軍，封豫寧縣公。

天監二年，轉左光祿大夫。元日朝會，亮辭疾不登殿，設饌別省，語笑自若。數日，詔

公卿問訊，亮無病色。御史中丞樂藹奏亮大不敬，論棄市。詔削爵，廢爲庶人。

四年，帝宴華光殿，求讜言。尚書左丞范縝起曰：「司徒謝朏本有虛名，陛下擢之如此；

前尚書令王亮頗有政體，陛下棄之如彼。愚臣所不知。」帝變色曰：「卿可更餘言。」縝固執

不已，帝不悅。御史中丞任昉因奏縝妄陳褒貶，請免縝官。詔可。亮因屏居閉掃，不通賓客。遭母憂，居喪盡禮。後為中書監，加散騎常侍。卒，諡煬子。

王華字子陵，誕從祖弟也。祖薈，衛將軍、會稽內史。父廞，司徒右長史。晉安帝隆安初，王恭起兵討王國寶，時廞丁母憂在家。恭檄廞起兵，以女人為官屬。及國寶死，恭檄廞罷兵。廞起兵之際，多所誅戮，至是不復得已，因舉兵以討恭為名。恭遣劉牢之擊廞，廞敗走，不知所在。長子泰為恭所殺。華時年十三在軍中，與廞相失，隨沙門釋曇冰逃，使提衣襆從後，津邏咸疑焉。華行遲，曇冰罵曰：「奴子怠懈，行不及我。」以杖捶華數十，眾乃不疑，由此得免。遇赦還吳，以父存沒不測，布衣蔬食，不交游者十餘年。

宋武帝欲收其才用，乃發廞喪，使華制服。服闋，武帝北伐長安，領鎮西將軍、北徐州刺史，辟華為州主簿。後為別駕，歷職著稱。文帝鎮江陵，為西中郎主簿、諮議參軍。文帝未親政事，悉委司馬張邵。華性尚物，不欲人在己前。邵性豪，每行來常引夾轂。華出入乘牽車，從者不過兩三人以矯之。嘗相逢，華陽若不知是邵，謂左右曰：「此鹵簿甚盛，必是

殿下。」乃下牽車立於道側，及邵至乃驚。邵白服登城，爲華所糾，邵坐被徵，華代爲司馬。

文帝將入奉大統，以少帝見害，不敢下。華曰：「先帝有大功於天下，四海所服。雖嗣主不綱，人望未改。徐羨之中才寒士，傅亮布衣諸生，非有晉宣帝、王大將軍之心明矣。畏廬陵嚴斷，將來必不自容。殿下寬叡慈仁，天下所知，〔一〇〕已且越次奉迎，冀以見德，悠悠之論，殆必不然。羨之、亮、晦又要檀道濟、王弘五人同功，孰肯相讓，勢必不行。今日就徵，萬無所慮。」帝從之，曰：「卿復欲爲吾之宋昌矣。」乃留華總後任。

上即位，以華爲侍中、右衞將軍。先是，會稽孔甯子爲文帝鎮西諮議參軍，以文義見賞，至是爲黃門侍郎，領步兵校尉。甯子先爲何無忌安成國侍郎，還東修宅，令門可容高蓋，隣里笑之。甯子與華並有富貴之願，自羨之等執權，日夜搆之於文帝。甯子嘗東歸至金昌亭，左右欲泊船，甯子命去之，曰：「此殺君亭，不可泊也。」華每閑居諷詠，常誦王粲登樓賦曰：「冀王道之一平，假高衢而騁力。」出入逢羨之等，每切齒憤叱，歎曰：「當見太平時否。」元嘉二年，甯子卒。三年，誅羨之等。華遷護軍將軍，侍中如故。宋世唯華與南陽劉湛不爲飾讓，得官即拜，以此爲常。

華以情事異人，未嘗預宴集。終身不飲酒，有宴不之詣。若有論事者，乘車造門，主人出車就之。及王弘輔政，而弘弟曇首爲文帝所任，與華相埒。華常謂己力用不盡，每歎曰：

「宰相頓有數人，天下何由得安。」四年卒，年四十三。九年，以誅羨之功，追封新建縣侯，謚

曰宣。孝武即位，配享文帝廟庭。

子定侯嗣，卒。〔二〕子長嗣，坐罵母奪爵，以長弟修紹封。齊受禪，國除。

琨，華從父弟也。父憚不辨菽麥，時以為殷道矜之流。人無肯與婚，家以獲婢恭心侍

之，遂生琨。初名崑崙，懼後娶南陽樂玄女，無子，故即以琨為名，立以為嗣。

琨少謹篤，為從伯司徒謐所愛。宋武帝初為桓脩參軍，脩待帝厚。後帝以事計圖脩，

猶懷昔顧，使王華訪素門，嫁其二女。華為琨娶大女，以小女適潁川庾敬度，亦是舊族。除

琨郎中、駙馬都尉、奉朝請。

先是，琨伯父廞得罪晉世，諸子並從誅，唯華得免。華宋世貴盛，以門襄，提攜琨，恩若

同生，為之延譽。歷位宣城、義熙太守，皆以廉約稱。華終，又託之宋文帝，故琨屢居清顯。

孝建中，為吏部郎。吏曹選局，貴要多所屬請，琨自公卿下至士大夫，例為用兩門生。江夏

王義恭嘗屬琨用二人，後復屬，琨答不許。

出為平越中郎將、廣州刺史，加都督。南土沃實，在任者常致巨富。世云廣州刺史但

經城門一過，便得三千萬。琨無所取納，表獻祿俸之半。鎮舊有鼓吹，又啟輸還。及罷任，

孝武知其清，問還資多少？琨曰：「臣買宅百三十萬，餘物稱之。」帝悅其對。　後爲歷陽內

史。上以琨忠實，徙爲寵子新安王北中郎長史。再歷度支尚書，加光祿大夫。

初，琨從兄華孫長襲華爵新建縣侯，嗜酒多愆失，琨表以長將傾基緒，請以長小弟俤嗣

焉。琨後出爲吳郡太守，遷中領軍，坐在郡用朝舍錢三十六萬，營餉二宮諸王及作絳襖奉

獻軍用，左遷光祿大夫。尋加太常及金紫，加散騎常侍。　廷尉虞龢議社稷各一神，[三]琨案

舊糾駮，不爲屈。　時龢見寵，朝廷歎琨強正。

明帝臨崩，出爲會稽太守，加都督，坐誤竟囚，降爲冠軍。　順帝卽位，進右光祿大夫。

順帝遜位，百僚陪列，琨攀畫輪輪尾慟泣曰：「人以壽爲歡，老臣以壽爲戚。　旣不能先驅螻

蟻，頻見此事。」鳴噎不自勝，百官人人雨淚。

齊高帝卽位，領武陵王師，加侍中。　時王儉爲宰相，屬琨用東海郡迎更，琨使謂曰：「語

郎，三臺五省，皆是郎用人，外方小郡，當乞寒賤，省官何容復奪之。」遂不過其事。尋解王

師。及高帝崩，琨聞國諱，牛不在宅，去臺數里，遂步行入宮。　朝士皆謂曰：「故宜待車，有

損國望。」琨曰：「今日奔赴，皆自應爾。」遂得病卒，贈左光祿大夫，年八十四。

琨謙恭謹愼，老而不渝，朝會必早起，簡閱衣裳，料數冠幘，如此數四，或爲輕薄所笑。

大明中，尙書僕射顏師伯豪貴，下省設女樂，琨時爲度支尙書，要琨同聽，傳酒行炙，皆悉內

妓。琨以男女無親授，傳行每至，令置牀上，回面避之然後取，畢又如此，坐上莫不撫手嗤笑，琨容色自若。師伯後為設樂邀琨，琨不往。中領軍劉勔，晚節有栖退志，表求東陽郡，尚書令袁粲以下莫不贊美之。琨曰：「永初、景平，唯謝晦、殷景仁為中領軍，元嘉有到彥之，為人望才譽，勔不及也。近聞加侍中，已為快快，便求東陽，臣恐子房赤松未易輕擬。」〔二〕其鯁直如此。而儉於財用，設酒不過兩盌，輒云「此酒難遇」。鹽豉薑蒜之屬，並挂屏風，酒漿悉置牀下，內外有求，琨手自賦之。景和中，討義陽王昶，六軍戒嚴，應須紫樹，左右欲營辦，琨曰：「元嘉初征謝晦，有紫樹在匣中，不須更作。」檢取果得焉。而避諱過甚，父名懌，母名恭心，並不得犯焉，時咸謂矯枉過正。

王惠字令明，誕從祖弟也。祖劭，車騎將軍。父默，左光祿大夫。惠幼而夷簡，為叔父司徒謐所知。恬靜不交遊，未嘗有雜事。陳郡謝瞻才辯有風氣，嘗與兄弟羣從造惠，談論鋒起，文史間發，惠時相詶應，言清理遠，瞻等慚而退。宋武帝聞其名，以問其從兄誕，誕曰：「惠後來秀令，鄙宗之美也。」即以為行參軍，累遷世子中軍長史。

時會稽內史劉懷敬之郡，遂過從弟球，球問：「向何所見？」惠言：

「唯覺逢人耳。」素不與謝靈運相識，嘗得交言，靈運辯博，辭義鋒起，惠時然後言。時荀伯

子在坐，退而告人曰：「靈運固自蕭散直上，王郎有如萬頃陂焉。」嘗臨曲水，風雨暴至，坐者

皆馳散。惠徐起，不異常日，不以沾濡而改。

宋國初建，當置郎中令，武帝難其人，謂傅亮曰：「今用郎中令，不可減袁曜卿。」既而

曰：「吾得其人矣，曜卿不得獨擅其奇。」乃以惠居之。

宋少帝即位，以蔡廓為吏部尚書，不肯拜，乃以惠代焉。惠被召即拜，未嘗接客。人有

與書求官，得輒聚閣上，及去職，印封如初。時以廓不拜惠即拜，事異而意同也。

兄鑒頗好聚斂，惠意不同，謂曰：「何用田為？」鑒怒曰：「無田何由得食。」惠又曰：「何用

食為？」其標寄如此。卒，贈太常，無子。

球字蒨玉，司徒謐之子，惠從父弟也，少與惠齊名。宋武帝受命，為太子中舍人，宜都

王友，轉諮議參軍。文帝即位，王弘兄弟貴動朝廷，球終日端拱，未嘗相往來，弘亦雅敬之。

歷位侍中，中書令，吏部尚書。時中書舍人徐爰有寵於上，上嘗命球及殷景仁與之相知。

球辭曰：「士庶區別，國之章也。臣不敢奉詔。」上改容謝焉。

球簡貴勢，不交游，[二四]筵席虛靜，門無異客。曇首常云：「蒨玉亦是玉屑無當耳。」既而

尚書僕射殷景仁、領軍將軍劉湛並執重權，傾動內外，球雖通家姻戚，未嘗往來。居選職，

接客甚稀，不視求官書疏，而銓衡有序。遷光祿大夫，領廬陵王師。

時大將軍彭城王義康專以政事為本，刀筆幹練者多被意遇。謂劉湛曰：「王敬弘、王球

之屬，竟何所堪施？為自富貴，復那可解。」球兄子履深結劉湛，委誠義康與劉斌等。球每

訓厲，不納。 自大將軍從事中郎轉太子中庶子，流涕訴義康不願違離，故復為從事中郎。

文帝銜之。 及誅湛之夕，履徒跣告球。球命為取履，先溫酒與之，謂曰：「常日謂汝何？」

履怖不得答。 球徐曰：「阿父在，汝何憂。」命左右扶履還齋，上亦以球故，履免死廢於家。[二五]

殷景仁卒，球除尚書僕射，王師如故。 素有腳疾，多病還家，朝直至少。錄尚書江夏王

義恭謂尚書何尚之曰：「當今乏才，擘下宜加勗力，而王球放恣如此，宜以法糾之。」尚之曰：

「球有素尚，加又多疾，公應以淡退求之，未可以文案責也。」義恭又面啓文帝曰：「王球誠有

素譽，頗以物外自許。 端任要切，或非所長。」帝曰：「誠知如此，要是時望所歸。昔周伯仁

終日飲酒而居此任，蓋所以崇素德也。」遂見優容。後以白衣領職。十八年，卒，時年四十

九。 贈特進、金紫光祿大夫。無子，從孫奐為後。

王彧字景文，球從子也。祖穆字伯遠，司徒謐之長兄，位臨海太守。父僧朗，仕宋位尙

書右僕射，明帝初，以后父加特進，贈開府儀同三司，諡元公。或名與明帝諱同，故以字行。

伯父智少簡貴，有高名，宋武帝甚重之。常言「見王智使人思仲祖」。武帝與劉穆之討劉毅

而智在焉，他日，穆之白武帝曰：「伐國重事，公言何乃使王智知。」武帝笑曰：「此人高簡，豈

問此輩論議。」其見知如此。爲宋國五兵尙書，封建陵縣五等子，追贈太常。

智無子，故父僧朗以景文繼智。幼爲從叔球所知憐。美風姿，爲一時推謝。袁粲見之

歎曰：「景文非但風流可悅，乃哺歠亦復可觀。」有一客少時及見謝混，答曰：「景文方謝叔

源，則爲野父矣。」粲惆悵良久，曰：「恨眼中不見此人。」

景文好言理，少與陳郡謝莊齊名。文帝嘗與羣臣臨天泉池，〔六〕帝垂綸良久不獲。景

文越席曰：「臣以爲垂綸者淸，故不獲貪餌。」衆皆稱善。文帝甚相欽重，故爲明帝娶景文妹

而以景文之名名明帝。武帝第五女新安公主先適太原王景深，離絕，當以適景文，景文固

辭以疾，故不成婚。襲爵建陵子。元凶以爲黃門侍郎，未及就，孝武入討，景文遣間使歸

款。以父在都下，不獲致身，事平，頗見嫌責。猶以舊恩，累遷司徒左長史。

上以散騎常侍舊與侍中俱掌獻替，欲高其選，以景文及會稽孔覬俱南北之望以補之。

尋復為司徒左長史。以姊墓開不臨赴，免官。後拜侍中、領射聲校尉、左衛將軍，加給事

中、太子中庶子。坐與奉朝請毛法因摴戲得錢百二十萬，白衣領職。

景和元年，為尚書右僕射。明帝即位，加領左衛將軍，尋加丹陽尹。遭父憂，起為尚書

左僕射，丹陽尹，固辭僕射。出為江州刺史，加都督，服闋乃受詔。封江安縣侯，固讓不許。

後徵為尚書左僕射，領吏部、揚州刺史，加太子詹事。不願還朝，求為湘州，不許。時又謂

景文在江州不能潔己，景文與上幸臣王道隆書，深自申理。

景文屢辭內授，上手詔譬之曰：「尚書左僕射，卿已經此任，東宮詹事用人雖美，職次政

可比中書令耳。庶姓作揚州，徐干木、王休元、殷鐵並處之不辭，卿清令才望，何愧休元，貺

贊中興，豈謝干木，綢繆相與，何後殷鐵邪？司徒以宰相不應帶神州，遠遵先旨，京口鄉基

義重，密邇畿內，又不得不用驃騎。[一七]陝西任要，由來用宗室，驃騎既去，巴陵理應居之，中

流雖閒地，控帶三江，[一八]通接荊、郢，經塗之要，由來有重鎮。如此，則揚州自成閫刺史。

卿若有辭，便不知誰應處之。此選大備與公卿疇懷，非聊爾也。」固辭詹事、領選，徙為中書

令，常侍、僕射、揚州如故。又進中書監，領太子太傅，常侍、揚州如故。景文固辭太傅，上

遣新除尚書右僕射褚彥回宣旨，不得已乃受拜。

時太子及諸皇子並小，上稍為身後計，[一九]諸將帥吳喜、壽寂之之徒，慮其不能奉幼主，

並殺之。而景文外戚貴盛，張永累經軍旅，又疑其將來難信，乃自爲謠言曰：「一士不可親，弓長射殺人。」一士王字，指景文，弓長張字，指張永。景文彌懼，乃自陳求解揚州。詔

答曰：

人居貴要，但問心若爲耳。大明之世，巢、徐二戴位不過執戟，權亢人主；顏師伯白衣僕射，横行尚書中。袁粲作僕射領選，而人往往不知有粲。粲遷爲令，居之不疑。今既省錄，令便居昔之錄任，〔二〇〕置省事及幹僮，並依錄格。粲作令來亦不異爲僕射，人情向粲，淡然亦復不改常。以此居貴位要任，當有致憂兢不？卿今雖作揚州，太子太傅，位雖貴而不關朝政，可安不懼，差於粲也。卿虛心受榮，有而不爲累。貴高有危殆之懼，卑賤有溝壑之憂，張單雙災，木雁兩失。有心於避禍，不如無心於任運。夫千仞之木，既摧於斧斤，一寸之草，亦悴於踐蹋。高崖之修幹，與深谷之淺條，存亡之要，巨細一揆耳。晉將畢萬七戰皆獲，死於牖下，〔三〕蜀相費禕從容坐談，斃於刺客。故甘心於履危，未必逢禍，縱意於處安，不必全福。但貴者自惜，故每憂其身，賤者自輕，故易忘其己。然爲歡者每誡貴不誡賤，言其貴滿好自恃也。凡名位貴達，人以存懷，泰則觸人改容，否則行路嗟愕。至如賤者，否泰不足以動人，存亡不足以絓數，死於溝瀆，困於塗路者，天地之間，亦復何限，人不係意耳。以此而推，貴何必難處，賤何必易安。

但人生自應卑慎為道，行己用心，務思謹惜。

若乃吉凶大期，正應委之理運。遭隨參差，莫不由命也。既非聖人，不能見吉凶之先，正是依俙於理，[三]言可行而為之耳。得吉者是其命吉，遇不吉者是其命凶。以近

事論之：景和之世，晉平庶人從壽陽歸亂朝，人皆為之戰慄，而乃遇中興之運。袁顗圖

避禍於襄陽，當時皆羨之，謂為陵霄駕鳳，遂與義嘉同滅。駱宰見狂主，語人言「越王

長頸鳥喙，可與共憂，不可共樂。范蠡去而全身，文種留而遇禍。今主口頸頗有越王

之狀，我在尚書中久，不去必危」。遂求南江小縣。[三]諸都令史住京師者，皆遭中興

之慶，人人蒙爵級；宰逢義嘉染罪，金木纏身，性命幾絕。卿耳目所聞見，安危在運，何

可豫圖邪？

上既有疾，而諸弟並已見殺；唯桂陽王休範人才本劣，不見疑，出為江州刺史。慮一旦

晏駕，皇后臨朝，則景文自然成宰相，門族強盛，藉元舅之重，歲暮不為純臣。泰豫元年春，

上疾篤，遣使送藥賜景文死，使謂曰：「朕不謂卿有罪，然吾不能獨死，請子先之。」因手詔

曰：「與卿周旋，欲全卿門戶，故有此處分。」敕至之夜，景文政與客棊，扣函看，復還封置局

下，神色怡然不變。方與客棊思行爭劫竟，斂子內奩畢，徐謂客曰：「奉敕見賜以死。」方以

敕示客。酒至未飲，門客焦度在側，憤怒發酒覆地曰：「大丈夫安能坐受死。州中文武可數

謂客曰：「此酒不可相勸。」自仰而飲之。時年六十。追贈開府儀同三司，諡曰懿。長子絢。

百人，足以一奮。」景文曰：「知卿至心，若見念者，為我百口計。」乃墨啟答敕，拜謝贈詔。酌

書丞。先景文卒，諡曰恭世子。絢弟續。

絢字長素，早惠。年五六歲，讀論語至「周監於二代」，外祖何尚之戲之曰：「可改耶耶乎文哉。」絢應聲答曰：「尊者之名，安可戲，寧可道草翁之風必舅。」及長，篤志好學。位祕

衣領職。後長兼侍中。武帝出射雉，續信佛法，稱疾不從。永元元年，卒於太常，諡靖子。

續字叔素，弱冠祕書郎、太子舍人，轉中書舍人。景文以此授超階，令續經年乃受。景文封江安侯，〔二二〕續襲其本爵為始平縣五等男。〔二三〕元徽末，為黃門郎，東陽太守。齊武帝為撫軍，吏部尚書張岱選續為長史，呈選牒，高帝笑曰：「此可謂素望。」再遷義興太守，輒錄郡吏陳伯喜付陽羨獄，欲殺之，縣令孔逿不知何罪，不受續敕，為有司奏，坐白

續女適武帝寵子安陸王子敬，永明二年納妃，修外舅姑之敬。武帝遣文惠太子相隨往續家，置酒設樂，公卿皆冠冕而去，當世榮之。梁武帝時為太子中庶子，嘗謂約曰：「卿方當富貴，必不

續弟約，齊明帝世數年廢錮。

容久滯屈。」及帝作輔，謂曰：「我嘗相卿當富貴，不言卿今日富貴便當見由。」歷侍中、左戶

尚書、廷尉。

續長子僑，不慧，位止建安太守。

僑子克。克美容貌，善容止，仕梁歷司徒右長史、尚書僕射。

景敗，克迎候王僧辯，問克曰：「勞事夷狄之君」，克不能對。次問璽綬何

在？克默然良久曰：「趙平原將去。」平原名思賢，景腹心也，景授平原太守，故克呼焉。僧

辯乃誚克曰：「王氏百世卿族，便是一朝而墜。」仕陳，位尚書右僕射。

蘊字彥深，或兄子也。父楷，太中大夫。楷人才凡劣，故蘊不爲羣從所禮，常懷恥慨。

家貧，爲廣德令。明帝卽位，四方叛逆，欲以將領自奮，每撫刀曰：「龍泉太阿，汝知我者。」

叔父景文常誡之曰：「阿荅，汝滅我門戶，」蘊曰：「荅與童烏貴賤異。」童烏，絢小字，荅，蘊小

字也。及事寧，封吉陽男。歷晉陵、義興太守，所莅並貪縱。後爲給事黃門侍郎。

桂陽之逼，王道隆爲亂兵所殺，蘊力戰，重創御溝側，或扶以免。事平，撫軍長史褚澄

爲吳郡太守，司徒左長史蕭惠明言於朝曰：「〔二六〕褚澄開城以納賊，更爲股肱大郡，王蘊被甲

死戰，棄而不收，賞罰如此，何憂不亂！」褚彥回慚，乃議用蘊爲湘州刺史。及齊高帝輔政，

煥與沈攸之連謀，事敗，斬於秣陵市。

煥字道明，彧兄子也。父粹字景深，位黃門侍郎。煥繼從祖球，故小字彥孫。年數歲，常侍球許，甚見愛。煥諸兄出身諸王國常侍，而煥起家著作佐郎。琅邪顏延之與球情款稍異，常撫煥背曰：「阿奴始免寒士。」

煥少而強濟，叔父景文常以家事委之。仕宋歷侍中，祠部尚書，轉掌吏部。昇明初，遷丹陽尹。初，王晏父普曜為沈攸之長史，常懼攸之舉事，不得還，煥為吏部，轉普曜為內職，晏深德之。及晏仕齊，武帝以煥宋室外戚，而從弟蘊又同逆，疑有異意，煥叩頭保煥無異志。時晏父母在都，請以為質，武帝乃止。

永明中，累遷尚書右僕射。王儉卒，上欲用煥為尚書令，以問晏。晏位遇已重，意不推煥，答曰：「柳世隆有勳望，恐不宜在煥後。」乃轉左僕射，加給事中。出為雍州刺史，加都督。與寧蠻長史劉興祖不睦。十一年，煥遣軍主朱公恩征蠻失利，興祖欲以啟聞，煥大怒，收付獄。興祖於獄以針畫漆合盤為書，報家稱枉，令啟聞，而煥亦馳信啟上，誣興祖扇動荒蠻。上知其枉，敕送興祖還都，煥恐辭情翻背，輒殺之。上大怒，遣中書舍人呂文顯、直閣將軍曹道剛領兵收煥，又別詔梁州刺史曹武自江陵步出襄陽。煥子彪凶愚，頗干時政，士

人咸切齒。時文顯以漆匣箜篌在船中，因相誑云「臺使封刀斬王彪」。及道剛、曹武、文顯俱至，衆力既盛，又懼漆匣之言，於是議閉門拒命。長史殷叡，奐女壻也，諫曰：「今開城門，白服接臺使，不過檻車徵還，隃官免爵耳。」彪堅執不從，叡又曰：「宜遣典籤間道送啓自中，亦不患不被宥。」乃令叡書啓，遣典籤陳道齊出城，便爲文顯所執。叡又曰：「忠不背國，勇不逃死，百世門戶，宜思後計，乹與仰藥自全，則身名俱泰，叡請先驅螻蟻。」又不從。奐門生鄭羽叩頭啓奐，乞出城迎臺使，奐曰：「我不作賊，欲先遣啓自申，政恐曹、呂輩小人相陵藉，故且閉門自守耳。」彪遂出戰，敗走歸。土人起義，攻州西門，彪登門拒戰，却之。司馬黃瑤起，寧蠻長史裴叔業於城內起兵攻奐，奐聞兵入，禮佛，未及起，軍人斬之，彪及弟爽、弼、殷叡皆伏誅。奐長子太子中庶子融，融弟司徒從事中郎琛，於都棄市，餘孫皆原宥。琛弟肅、秉並奔魏，後得黃瑤起臠食之。弟仙女爲長沙王晃妃，以男女並長，又且出繼，特不離絕。

奐既誅，故舊無敢至者，汝南許明達先爲奐參軍，躬爲殯斂，經理甚厚，當時高其節。

奐弟份。

份字季文。仕宋位始安內史。袁粲之誅，親故無敢視者，份獨往致慟，由是顯名。累

遷大司農。奐誅後，其子肅奔魏，份自拘請罪，齊武帝宥之。蕭厲引魏人至邊，份嘗因侍

坐，武帝謂曰：「比有北信不？」份改容對曰：「蕭既近忘栢，寧遠憶有臣。」帝亦以此亮焉。

後位祕書監。仕梁位散騎常侍，領步兵校尉，兼起部尚書。

武帝嘗於宴席問羣臣曰：「朕爲有爲無？」份曰：「陛下應萬物爲有，體至理爲無。」帝稱

善。後累遷尚書左僕射。歷侍中，特進，左光祿大夫，監丹陽尹。卒，諡曰胡子。

長子琳，字孝璋，位司徒左長史。[二]琳齊代取梁武帝妹義興長公主，有子九人，並

知名。

長子銓，字公衡，美風儀，善占吐，尚武帝女永嘉公主，拜駙馬都尉。銓雖學業不及弟

錫，而孝行齊焉，時人以爲銓、錫二王，可謂玉昆金友。母長公主疾，銓形貌瘠貶，人不復

識。及居喪，哭泣無常，因得氣疾。位侍中，丹陽尹。卒於衞尉卿。

子溥，字伯淮，尚簡文帝女餘姚公主。

銓弟錫字公赧，幼而警悟，與兄弟受業，至應休散，輒獨留不起，精力不倦，致損右目。

十二爲國子生，十四舉清茂，除祕書郎，再遷太子洗馬。時昭明太子尚幼，武帝敕錫與祕書

一郎張續使入宮,不限日數。與太子游狎,情兼師友。又敕陸倕、張率、謝舉、王規、王筠、劉孝綽、到洽、張緬爲學士,十人盡一時之選。錫以戚屬,封永安侯。

普通初,魏始連和,使劉善明來聘,敕中書舍人朱异接之。善明彭城舊族,氣調甚高,負其才氣,酒酣謂异曰:「南國辯學如中書者幾人?」异曰:「异所以得接賓宴,乃分職是司,若以才辯相尚,則不容見使。」善明乃曰:「王錫、張續,北間所聞,云何可見?」异具啓聞,敕即使南苑設宴,錫與張續、朱异四人而已。善明造席,遍論經史,兼以嘲謔。錫、續隨方酬對,無所稽疑,善明甚相歎挹。他日謂异曰:「一日見二賢,實副所期,不有君子,安能爲國」。引宴之日,敕使左右徐僧權於坐後,言則書之。

累遷吏部郎中,時年二十四。謂親友曰:「吾以外戚謬被時知,兼比羸病,庶務難擁,安能捨其所好而徇所不能。」乃稱疾不拜。便謝遣胥徒,拒絕賓客,掩扉覃思,室宇蕭然。諸子溫凊,隔簾趨倚。公主乃命穿壁,使子涉、湜觀之。[二○]卒年三十六,贈侍中,諡貞子。錫弟僉。

僉字公會,八歲丁父憂,哀毀過禮。初補國子生,祭酒袁昂稱爲通理。累遷始興內史,丁所生母憂,固辭不拜。又除南康內史,在郡義興主薨,詔起復郡。後爲太子中庶子,掌東

宮管記。卒，贈侍中。元帝下詔：「賢而不伐曰恭，追諡曰恭子。」斂弟通。

通字公達，仕梁為黃門侍郎。敬帝承制，以為尚書右僕射。陳武帝受禪，遷左僕射。[二九]太建元年，為左光祿大夫。六年，加特進，侍中、將軍、光祿、佐史、扶並如故。[三〇]未拜，卒，諡曰成。弟勘。

勘字公齊，美風儀，博涉書史，恬然清簡，未嘗以利欲干懷。仕梁為輕車河東王功曹史。王出鎮京口，勘將隨之蕃。范陽張纘時典選舉，勘造纘言別，纘嘉其風采，乃曰：「王生才地，豈可游外府乎？」奏為太子洗馬。後為南徐州別駕從事史。

大同末，梁武帝謁園陵，道出朱方，勘隨例迎候，敕令從輦側。所經山川，莫不顧問，勘隨事應對，咸有故實。又從登北顧樓賦詩，辭義清典，帝甚嘉之。

時河東王為廣州刺史，乃以勘為冠軍河東王長史、南海太守。王至嶺南，多所侵掠，因懼罪稱疾，委州還朝，勘行州府事。越中饒沃，前後守宰，例多貪縱，勘獨以清白著聞。入為給事黃門侍郎。

侯景之亂，奔江陵，歷位晉陵太守。時兵饑之後，郡中彫弊，勘為政清簡，吏人便安之。

徵爲侍中，遷五兵尚書。

會魏軍至，元帝徵湘州刺史宜豐侯蕭循入援，以勱監湘州。及魏平江陵，敬帝承制，以勱爲中書令，加侍中。歷陳武帝司空、丞相長史，侍中、中書令並如故。及蕭勃平，以勱爲廣州刺史。未行，改爲衡州刺史。王琳據有上流，衡、廣攜貳，勱不得之鎮，留于大庾嶺。

太建元年，累遷尚書右僕射。時東境大水，以勱爲晉陵太守。在郡甚有威惠，郡人表請立碑，頌勱政德，詔許之。徵爲中書監，重授尚書右僕射，〔二〕領右軍將軍。卒，謚曰溫子。勱弟質。

質字子貞，少慷慨，涉獵書史。梁世以武帝甥，封甲口亭侯。位太子中舍人、庶子。侯景濟江，質領步騎頓于宣陽門外。景軍至都，質不戰而潰，爲桑門，潛匿人間。城陷後，西奔荊州。元帝承制，歷位侍中，吳州刺史，領鄱陽內史。

魏平荊州，侯瑱鎮盆城，與質不協，質率所部依于留異。質與琳素善，或譖云於軍中潛信交通，武帝命文育殺質，文育啓救之，獲免。文帝嗣位，以爲五兵尚書。宣帝輔政，爲司徒左長史。坐招聚博徒，免官。後爲

列傳第十三　王勱

都官尚書。卒，謚曰安子。弟固。

固字子堅，少清正，頗涉文史。梁時以武帝甥，封莫口亭侯。位丹陽尹丞。梁元帝承制，以爲相國戶曹屬，掌管記。尋聘魏，魏人以其梁氏外戚，待之甚厚。

承聖元年，爲太子中庶子，遷尋陽太守。魏剋荆州，固之鄱陽，隨兄質度東嶺，居信安縣。陳永定中，移居吳郡。文帝以固清靜，且欲申以婚姻。天嘉中，歷位中書令，散騎常侍，國子祭酒。以其女爲皇太子妃，禮遇甚重。

廢帝卽位，授侍中、金紫光祿大夫。宣帝輔政，固以廢帝外戚，嬌媼恒往來禁中，頗宣密旨，事洩，比黨皆誅，宣帝以固本無兵權，且居處清素，止免所居官，禁錮。太建中，卒於太常卿，謚恭子。

固清虛寡欲，居喪以孝聞。又信佛法。及丁所生母憂，遂終身蔬食，夜則坐禪，晝誦佛經。嘗聘魏，因宴饗際，〔三〕請停殺一羊。羊於固前跪拜。又宴昆明池，魏人以南人嗜魚，大設罟網，固以佛法呪之，遂一鱗不獲。子寬，位侍中。

論曰：王誕夙有名輩，而間關夷險，卒獲攀光日月，遭遇蓋其時焉。奉光、奉叔，並得富貴，榮貴之來，匪由勢至。若使泰始之朝，身非外戚，與袁粲羣公，方驂並路，傾覆之災，庶幾可免。庚元規之讓中書令，義歸此矣。奐有愚子，自致誅夷。份胤嗣克昌，特鍾門慶，美矣。

校勘記

〔一〕母晉孝武帝女鄱陽公主　張森楷南史校勘記：「晉書王導傳以公主爲簡文帝女，孝武稱長公主，則是孝武帝妹，非女也。女字蓋當爲妹。」此沿宋書文穆皇后傳文而誤。

〔二〕當以臨汝公主降嬪　「臨汝」各本作「臨海」。洪頤煊諸史考異：「按何尙之傳，顗之尙太祖第四女臨海惠公主，封號不應同名。南齊書江敩傳，尙孝武帝女臨汝公主，臨海當是臨汝之譌。」今據改。

〔三〕屬降公主　「屬」各本作「屢」，據宋書后妃孝武文穆王皇后傳改（後簡稱宋書后妃傳）。

〔四〕當待賓客　宋書后妃傳作「當賓待客」。

〔五〕豈伊身昔　「昔」各本作「責」，據宋書后妃傳改。

〔六〕超宗去郡與瑩交惡　各本脫「超宗」二字，據通志補。

〔七〕時有猛獸入郭　「獸」本字「虎」，此避唐諱改。下「虎象來格」李延壽原文本亦作「獸象來格」，經後人追改。

〔八〕以爲士林館　「館」字各本並脫，據梁書補。

〔九〕若爲攸字至乞告示　錢大昕廿二史考異：「予謂無骸骨者，爸也。爸旁犬爲獻，犬旁爸爲猶。有心爲悠；無心爲攸。攸悠猷同紐同音，俗讀攸悠如憂音，而史文難通矣。」按骸訓腥，此以指「尊」之「寸」言。

〔一〇〕殿下寬叙慈仁天下所知　「天下」二字各本並脫，據通志補。

〔一一〕子定侯嗣卒　「定侯」宋書作「宣侯」。

〔一二〕廷尉虞龢議社稷各一神　「各一神」南齊書作「合爲一神」。按社、土神，稷、穀神，社稷分立各祭，江左無改，故宋書禮志云：「宋仍舊無所改作。」是虞龢之議當爲「合爲一神」，而下云「琨案舊糾駁」，乃主「各一神」也。

〔一三〕臣恐子房赤松未易輕擬　張森楷南史校勘記：「『臣』疑當作『誠』。琨非對帝語，無爲稱臣也。若以周秦間語例之則憒矣。」

〔一四〕球簡貴勢不交游　「勢」宋書作「素」，屬下爲句。

〔一五〕命左右扶郎還齋上亦以球履免死廢死於家　「命」、「上」二字各本並脫，據宋書補。

〔一六〕文帝嘗與羣臣臨天泉池　「天泉池」即「天淵池」，此避唐諱改。

〔一七〕又不得不用驃騎　「用」各本作「同」，據宋書改。

〔一八〕控帶三江　「三」各本作「二」，據宋書改。

〔一九〕上稱爲身後計　「稱」各本作「猶」，據宋書改。

〔二〇〕令便居昔之錄任　「任」各本作「至」，據宋書改。

〔二一〕晉將畢萬七戰皆獲死於牖下　「皆獲」二字各本並脫，據宋書補。按事見左傳哀二年。

〔二二〕不能見吉凶之先正是依俙於理　「先」下各本衍一「見」字，據宋書刪。

〔二三〕逐求南江小縣　「南江」各本作「江南」，又無「小」字，據宋書乙補。按南江即贛江，謂求一江州小縣也。册府元龜四六三亦作南江。

〔二四〕景文封江安侯　「江安」各本作「曲安」，據南齊書改。按宋書、南史本傳並作「江安」。

〔二五〕續襲其本爵爲始平縣五等男　錢大昕廿二史考異：「本爵之語未詳，景文初襲伯父封建安縣子，非始平男。」

〔二六〕司徒左長史蕭惠明言於朝曰　「蕭惠明」各本作「蕭惠開明」，衍「開」字，據通鑑刪。

〔二七〕長子琳字孝璋位司徒左長史　「孝璋」梁書作「孝章」，「司徒」陳書王通傳作「司空」。

〔二六〕使子涉湜觀之 「涉」梁書作「泛」，册府元龜三〇〇亦作「泛」。

〔二七〕遷左僕射 「左」各本作「右」，據陳書改。按上云「爲尚書右僕射」，則此作「左」是也。

〔二八〕侍中將軍光祿佐史扶並如故 「佐史」各本作「佐吏」，據陳書改。按此敍通所歷官不云爲侍中、將軍，則「如故」不知所自來矣。陳書謂爲侍中，自翊右將軍進號安右將軍，又無給扶之文，則此「扶」亦無着落。

〔二九〕重授尚書右僕射 「右」各本作「左」。按上云「累遷尚書右僕射」，此云「重授」，何得爲「左」，據陳書改。

〔三〇〕因宴饗際 「際」各本作「祭」，據陳書改。